KÖLNER DOMBLATT

JAHRBUCH DES ZENTRAL-DOMBAU-VEREINS

2024

89. Folge

Im Auftrag des Vorstandes herausgegeben von
Peter Füssenich & Klaus Hardering

Schriftleitung
Klaus Hardering

65. Dombaubericht
Von Oktober 2023 bis
September 2024
Peter Füssenich
6

Zehn Jahre Steinrestaurierungswerkstatt am Kölner Dom – eine
Fachtagung zum Jubiläum
Albert Distelrath
70

Materialwissenschaft trifft Praxis
Die fortschreitende Restaurierung
des Chorkapellenkranzes am Dom
zu Köln
Tanja Pinkale
84

Werkspuren am Stein
Entstehung – Entwicklungen –
Konservierung
Peter Völkle
98

Die Restaurierung mittelalterlicher
Gesteine am Utrechter Domturm
Karlijn M. L. de Wild
114

Konservierungsaufgaben am Xantener Dom im Wandel der Zeit
Johannes Schubert & Torsten Knapp
138

Forschung zu Festigungs-
möglichkeiten des Drachenfels-
Trachyts
Kathrin Bommes & Elisabeth Mascha
150

Zwischen Erhalt und Neu-
schöpfung
Restaurierungsmethoden
am Freiburger Münster
Anne-Christine Brehm & Tilman Borsdorf
160

Die Rekonstruktion neugotischer
Skulpturen und Zierelemente
Tests zu modernen und traditio-
nellen Ergänzungsmethoden am
Michaelsportal
Uta Tröger & Tanja Pinkale
174

Erste Hilfe für den Kölner Dom
Die »Monuments Men« und der
Beginn des Wiederaufbaus im
Jahr 1945
Jürgen Brautmeier
192

Kleine Beiträge

Ein Bildnisrelief August Reichenspergers, modelliert von Albert Wolff im Jahre 1862
Michael Puls
216

Monte Merlo: Berg, Steinbruch, Siedlung – Steinabbau in den Euganeischen Hügeln
Michael Jürkel
226

Berichte

Zentral-Dombau-Verein 238

Erzbischof und Domkapitel 248

Dombauhütte und Dombauverwaltung 254

Dom und Ausstattung 262

Domschatzkammer 265

Kölner Domverlag 270

Kleine Nachrichten 273

Bildnachweis 280

65. Dombaubericht
Von Oktober 2023 bis September 2024*

Peter Füssenich

Der erste Eintrag in die Stammrolle der Steinmetzen von Peter Sturm am 15. Juni 1824 markiert einen wichtigen Schritt zur Wiederbegründung der Kölner Dombauhütte vor 200 Jahren.[1] Die Neubegründung dieser Institution war die Voraussetzung für den Erhalt und die Vollendung des Domes im 19. Jahrhundert. In einem Brief vom 5. Februar 1812 an seinen Bruder Melchior hatte Sulpiz Boisserée bereits 12 Jahre zuvor die Einrichtung einer dauerhaften »Steinmetzenhütte« angeregt.[2] Die Dombauhütte feierte im Jahr 2024 daher nicht nur den 200. Geburtstag ihrer Wiederbegründung, sondern erinnerte sich auch ihres Freundes und Förderers Sulpiz Boisserée. Dieser war nicht nur Initiator der Domvollendung, sondern auch ein geistiger Gründungsvater unserer Institution.

Ein kleineres Jubiläum konnte bereits im Oktober 2023 begangen werden: Zehn Jahre zuvor war die Steinrestaurierungswerkstatt der Kölner Dombauhütte eingerichtet worden. Sie ist ein gutes Beispiel für die stetige Weiterentwicklung der Dom-

---

* Der 65. Dombaubericht wurde mit Unterstützung der einzelnen Abteilungen der Kölner Dombauhütte verfasst.
1 Stammrolle der Steinmetzen, DBA, Köln, AB 212, fol. 1r. – Zum Jubiläumsjahr der Dombauhütte vgl. Wiederbegründung der Kölner Dombauhütte, Ausstellungsbroschüre, Köln 2024.
2 Sulpiz an Melchior Boisserée, Heidelberg, 5. Februar 1812, in: Sulpiz Boisserée, hg. von Mathilde Boisserée, Bd. 1, Stuttgart 1862, S. 166–168. – Wiederbegründung [1], S. 8.

bauhütte. Bauhütten bewahren nicht nur handwerkliche Techniken und Methoden, die ohne sie sicher verloren gingen, sie waren und sind auch stets Innovationsschmieden, die mit neuen Techniken und Forschungen den Bau und Erhalt großartiger Baudenkmäler möglich machen. Anlässlich dieses Jubiläums lud die Steinrestaurierungswerkstatt zahlreiche Kolleginnen und Kollegen anderer Bauhütten und Forschungseinrichtungen zu einem wissenschaftlichen Symposium ein, um sich über den aktuellen Forschungs- und Entwicklungsstand der Steinrestaurierung auszutauschen. Dieses Domblatt ist daher der Steinrestaurierung gewidmet und veröffentlicht die Beiträge dieses Symposiums.

Mein Dank gilt in diesem Jahr ganz besonders Sulpiz Boisserée für seine unermüdlichen Initiativen, seinen Traum von der Vollendung des Domes Wirklichkeit werden zu lassen, und allen Mitarbeiterinnen und Mitarbeitern der Kölner Dombauhütte, die in den vergangenen 200 Jahren ihre Arbeit ganz und gar dem Kölner Dom widmeten und widmen.

Ad multos annos!

Wiederherstellungs- und Erhaltungsarbeiten

1. Arbeiten am Bauwerk
1.1 Sicherungsarbeiten im Rahmen des Bauwerksmonitorings

Neben dem regelmäßigen, systematischen Baumonitoring, bei dem die Steintechniker und Steinmetzen der Dombauhütte die äußeren Oberflächen des Domes mithilfe von Hubsteigern und Drohnen kontrollieren, ist ein stets wachsames Auge der Belegschaft von größter Bedeutung. Beim wöchentlichen Baustellenrundgang wurde das Verhalten einer kritischen Schadstelle an einer kleinen Kreuzblume an Fialaufbau B 19 im Bereich des Domchores unter stürmischen Wetterbedingungen in Augenschein genommen. Dabei wurde festgestellt, dass sich nicht die im Verdacht stehende Kreuzblume, sondern vielmehr der gesamte Riese mitsamt der zentralen großen Kreuzblume bewegte. Der Wind ließ den tonnenschweren Fialaufbau, der im Rahmen der Chorrestaurierung in den 1920er-Jahren in Muschelkalk ersetzt worden war, in über 45 m Höhe über der Bleifuge mit dem zentralen Eisendübel schaukeln. Eine Abschätzung, wie viele Monate dieser labile Zustand noch folgenlos geblieben wäre, ist kaum möglich. Ein zügiges, überlegtes Handeln war gefordert. Die Sicherung von einem Mannkorb aus erwies sich als die schnellste und sicherste Variante.

Als Stellplatz für den 72 Tonnen schweren Kran der Firma Wasel GmbH kam aufgrund der verkehrlichen und statischen Gegebenheiten nur die Straße »Am Domhof« im Bereich zwischen den Unterführungen, vor dem Dionysos-Brunnen

Kölner Dom

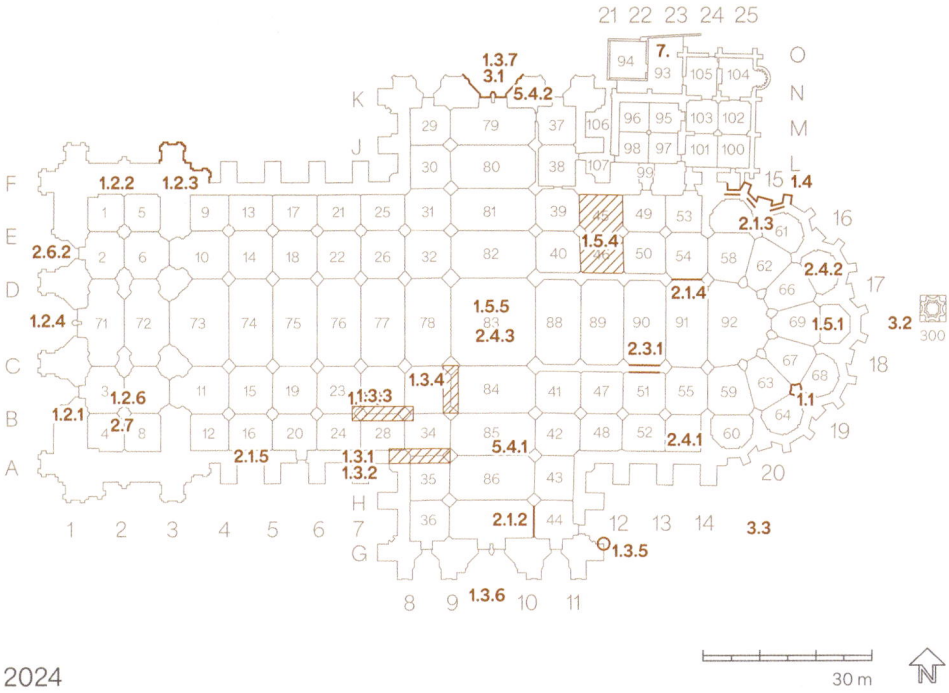

2024

1 | *Schematischer Grundriss des Kölner Domes mit Eintragungen der wichtigsten Arbeiten des Berichtszeitraums 2023/24. Die roten Zahlen verweisen auf die Abschnitte des 65. Dombauberichts.*

infrage. Da es sich um eine wichtige Zufahrtsstraße handelt, wurde mit dem Amt für Verkehrsmanagement der Stadt Köln die notwendige Vollsperrung für Sonntag, den 12. November 2023, vereinbart. Aus dem Mannkorb heraus befestigten die Steinmetzen Wolfgang Küpper und Daniel Schubert vier Edelstahlsteifen allseitig per Dübel und stemmten das ausgetriebene Blei nach (Abb. 2). Nur wenige Tage nach der Entdeckung konnte der wackelige Riese somit gesichert werden.

Um seinen kostspieligen Einsatz bestmöglich zu nutzen, fand der Kran auch den übrigen Tag über Verwendung, um die ansonsten nur schwer zugänglichen Bereiche des Chorstrebewerks zu befahren. Alle Werkstücke, deren Standsicherheit nicht langfristig gewährleistet werden konnte, wurden dabei vorsichtshalber entfernt.

Weitere Inspektionen am Südturm sowie an der Nordseite des Chores und an Fialaufbau C 01 sollen im kommenden Jahr folgen, wenn die vielen aktuellen Baustellen in der Domumgebung dies zulassen.

PETER FÜSSENICH

2 | *Vom Mannkorb aus wurde der Fialaufbau durch vier Edelstahlsteifen stabilisiert.*

1.2 Westbau

1.2.1 Erneuerung der Schallluken im Glockenstuhl

Die morschen Schallbretter und schadhaften Bleideckungen an den Schallluken des westlichen Fensters im Glockenstuhl[3] (ABB. 3) wurden inzwischen weitgehend entfernt. Für die Bleideckung der neuen Schallbretter erstellten die Dachdecker Muster. Mithilfe der Metallbauer wurden mehrere Varianten eines möglichst unauffälligen Taubenschutzes überprüft. Die Wahl fiel auf ein kaum sichtbares und einfach zu montierendes anthrazitfarbenes Metallnetz.

Zur Beseitigung der Schäden und Ausbrüche im Steinwerk der Fenstergewände und Maßwerke wurden Vierungen aus Obernkirchener Sandstein erstellt. Insbesondere die Verbindungen zwischen den Fenstereisen und dem Naturstein werden überarbeitet, da die Eisen in Teilen der Wand- und Pfeileranschlüsse sowie im Bereich der Pfeilerdurchdringungen Steinsprengungen durch Korrosionsausdehnung verursachten. Ein kompletter Austausch der Eisen wäre unverhältnismäßig aufwendig und hätte zu erheblichen Eingriffen in die vorhandene Bausubstanz geführt. Daher sollen die historischen Eisen des 19. Jahrhunderts verbleiben und die Anschlüsse an den Stein flexibler ausgeführt werden. In späterer Zeit eingebrachte starre Zementergänzungen wurden daher entfernt und die Zwischenräume mit Blei geschlossen.

Mit dem LVR-Amt für Denkmalpflege im Rheinland wurde ein Korrosionsschutzanstrich abgestimmt, der die Eisenkonstruktion künftig vor Rostentwicklung schützen soll. Bestehende Anstrichsysteme wurden überprüft und ihre Wirksamkeit bestätigt. Zur Untergrundvorbereitung wurden gelöste Partien der Altbeschichtungen abgebürstet und ein mehrlagiger Neuanstrich aufgetragen. Freiliegende Eisen wurden mit Owatrol vorbehandelt und beschichtet.

Im kommenden Jahr kann parallel zur lagenweisen Abrüstung mit der schrittweisen Erneuerung der Holzunterkonstruktion und der anschließenden Neueindeckung in Blei begonnen werden.

1.2.2 Arbeiten am Nordturmhelm

Zu den prägenden Architekturelementen des Domes gehören die acht großen Fialaufbauten, welche die Ansätze beider Turmhelme auf etwa 100 m Höhe bekränzen. Von August bis Oktober dieses Jahres arbeiteten die Gerüstbauer und Versetzsteinmetzen eng zusammen, um die Versetzarbeiten für die drei letzten fehlenden Fialaufbauten am Helmansatz des Nordturmes noch 2024 abschließen zu können. Dazu musste der Bereich der Domplatte vor dem Nordturm über mehrere Wochen mit Bauzäunen gesperrt werden. Die Gerüststellungen erfolg-

---

[3] 64. Dombaubericht, 2023, S. 11–12.

3 | *Schallbretter und schadhafte Bleideckungen an den Schallluken des nördlichen Fensters im Glockenstuhl, Vorzustand*

4 | *Nachstemmen der Bleifugen an einem der wiederhergestellten Fialaufbauten am Helmansatz*

ten vom Helmumgang aus. Anschließend wurden die großen Werkstücke von der auf 45 m Höhe gelegenen Dachwerkstatt auf die 100-m-Ebene hochgezogen. Nachdem zunächst die noch vorhandenen Fialstümpfe vorbereitet und geglättet worden waren, wurden die einzelnen Werkstücke aufgesetzt und die Fugen traditionell verbleit (Abb. 4). Anschließend erfolgte das Versetzen der noch fehlenden Begleitfialen und Kreuzblumen. Der Blitzschutz wurde an allen Fialaufbauten ergänzt. Dabei konnte ein guter Vorschlag der Steinmetzen in die Tat umgesetzt werden: Durch den Schlosser der Dombauhütte hergestellte Halterungen für die Blitzschutzleitungen wurden bereits beim Versetzen der einzelnen Werkstücke in die Fugen eingebracht. Diese dezenten Halterungen ersetzen damit die bisher verwendeten Verklammerungen für den Blitzschutz. Die Arbeiten konnten im Oktober 2024 abgeschlossen werden. Nach etwa achtzig Jahren ist die seit dem

5 | *Wiederhergestellter Fialaufbau am Helmansatz*

6 | *Nach der Wiederherstellung der Fialaufbauten am Helmansatz ist die Silhouette des Nordturmes nach etwa achtzig Jahren wieder vervollständigt.*

Zweiten Weltkrieg beeinträchtigte Silhouette des Nordturmes somit weitgehend wiederhergestellt (Abb. 5–6). Die noch ausstehende Restaurierung des etwa 30 m hohen Fialturmes an der Nordostecke des Nordturmes (F 03) wird die Dombauhütte in den kommenden Jahren beschäftigen.[4]

1.2.3 Restaurierung des Nordturmpfeilers F 03

Für die Fortführung der Restaurierungsarbeiten am spätgotischen Trachytmauerwerk des Nordturmpfeilers im Bereich der oberen Gerüstlagen werden fehlende Vierungen ausgearbeitet.[5] Der Bauzaun vor dem Pfeiler wurde ebenso wie die Zugangstür zum Bauaufzug auf der Nordseite durch die Gerüstbauer erneuert.

4 64. Dombaubericht, 2023, S. 13.

5 64. Dombaubericht, 2023, S. 13.

1.2.4 Erneuerung der Baldachine am Marienportal
Der Ersatz für den im Zweiten Weltkrieg zerstörten Baldachin über der Figur des Moses konnte durch die Steinmetzmeisterin Annette Gonera fertiggestellt werden.[6] Wolfgang Küpper und sie erstellen derzeit die fehlenden sechs Baldachinaufsätze. Aufgrund der filigranen Strukturen erfordern diese Arbeiten viel Erfahrung und Fingerspitzengefühl.

1.2.5 Forschung zu mittelalterlichen Kirchenportalen
Im Rahmen ihrer Dissertation zum Petersportal[7] tauschte sich Anna Chiara Knoblauch bei mehreren Ortsterminen mit den Mitarbeiterinnen und Mitarbeitern der Dombauhütte aus. Neben der Architekturanalyse stehen die Betrachtung der Skulpturen sowie Beobachtungen an den mittelalterlichen Planrissen im Vordergrund der Arbeit, die Ende 2024 eingereicht werden soll.

1.2.6 Wärterhäuschen auf der Besucherplattform des Südturmes
Im Wärterhäuschen auf der 100-m-Plattform wurde ein durch eindringendes Wasser verursachter Schimmelbefall behoben. Dazu musste der Fußboden an den betroffenen Stellen aufgenommen und ersetzt werden. Die Undichtigkeiten ließen sich durch eine Silikonfuge schließen.

1.3 Lang- und Querhaus
1.3.1 Restaurierung des Strebewerks A 08–A 09
Die Restaurierung des Strebewerks A 08–A 09[8] bildete eine der Schwerpunktbaustellen der Dombauhütte. Die Steinmetzen fertigten zahlreiche weitere Aufbau- und Profilstücke sowie Vierungen, so für die östliche und westliche Fiale über A 08 wie auch für die beiden Maßwerkbrücken. Die Fertigung und das Versetzen der Werkstücke wird noch weitere Zeit in Anspruch nehmen. Zur statischen Entlastung des Strebewerks beim Abbau der schadhaften Strebebogenbrücken wird im kommenden Jahr der Einbau einer Zugverbindung zwischen den Wänden des Südquerhauses erforderlich sein. Die planerischen Vorbereitungen laufen bereits.

Der Bildhauer Michael Oster hat das 1:1-Modell für das Werkstück mit den beiden Wimpergaufnehmern an A 09 fertiggestellt (Abb. 7); die Umsetzung in Božanov-Sandstein steht kurz vor dem Abschluss. Es handelt es sich um die Kopie eines von Dombildhauer Christian Mohr in der Mitte des 19. Jahrhunderts entworfenen Werkstücks, das zwei Kreuzritter zeigt.

---

6 64. Dombaubericht, 2023, S. 13.
7 64. Dombaubericht, 2023, S. 13.
8 64. Dombaubericht, 2023, S. 14–15.

7 | *Bildhauer Michael Oster erstellt das 1:1-Modell für die beiden Wimpergaufnehmer an A 09.*

Nachdem im vergangenen Jahr die zentrale Fiale über A 08 versetzt wurde, musste im Berichtszeitraum die durch die Bombardements im Zweiten Weltkrieg um einige Zentimeter verschobene südliche Fiale A 08 abgebaut und in den Werkstätten der Dombauhütte im Partikelstrahlverfahren gereinigt werden. Anschließend konnte die Fiale bis zur Kapitellzone wieder aufgebaut werden.

Zur Vorbereitung des Setzens der zahlreichen, zum Teil großflächigen Vierungen an der Pfeilerbasis A 08 wurden alle zerstörten und verwitterten Bereiche ausgestemmt. Die anstrengenden Arbeiten verlangten den Steinmetzen viel ab (Abb. 8). Anschließend erfolgte eine Vorreinigung, bei der grobe Schmutzkrusten mechanisch entfernt wurden. In den kommenden Monaten wird die Pfeilerbasis eingehaust und ebenfalls im Partikelstrahlverfahren gereinigt.

1.3.2 Untersuchungen zu Steinrestauriermörteln für den Schlaitdorfer Sandstein

Im Zuge eines ersten Versuches, Steinrestauriermörtel für Schlaitdorfer Sandstein herzustellen,[9] wurden die Gefügestrukturen und -texturen sowie die diversen Erhaltungszustände der Werkstücke aus Schlaitdorfer Sandstein im Strebe-

---

9 64. Dombaubericht, 2023, S. 15.

8 | *Ausbau für Vierungen an der Strebepfeilerbasis A 08*

werk A 08–A 09 untersucht und mit Recherchen zu den Gesteinseigenschaften und -lieferungen abgeglichen. Beide Ansätze ergeben übereinstimmend, dass es sich beim vorliegenden Baumaterial nicht nur um Steine aus der Gemeinde Schlaitdorf, sondern vielmehr um zahlreiche Varietäten des sogenannten Stubensandsteins aus dem Stuttgarter Raum handelt. Es ist auf die unterschiedlichen Gesteinszusammensetzungen zurückzuführen, dass einige Werkstücke im Strebewerk verwitterungsbeständiger sind als andere. Diesen Materialmix gilt es bei der Herstellung von Mörteln, deren technische Eigenschaften sich an denen des Ausgangsgesteins orientieren, zu berücksichtigen. Daher wurden die Mörteltestflächen im Strebewerk sowie auf dem Dach des Kurienhauses am Roncalliplatz im Berichtszeitraum engmaschig überprüft. Dabei stellte sich heraus, dass letztere nach Absanden der obersten Kornschicht zwar eine stabile Oberfläche ausbilden, die Kanten der Mörtelantragungen aber bei geringer Belastung ausbrechen und Eisenanteile aus dem Stein in den Mörtel wandern. An den Testflächen im Strebewerk wurde zudem deutlich, dass sich die Mörtel zu stark vom gealterten Gesteinsbestand absetzen und anfänglich ebenfalls absanden.

Da der Zerfall der Werksteine im Strebewerk vor allem auf Salzbildung durch das Zusammentreffen des gesteinseigenen Bindemittels mit Luftschadstoffen zurückgeführt wird, erfolgen neben den Bewitterungstests auch Versuche zur Salz-

9 | *Untersuchungen an Prüfkörpern der verwendeten Werktrockenmörtel*

aufnahmekapazität und -resistenz der Eigenrezepturen sowie der bislang genutzten Werktrockenmörtel (ABB. 9). Die Untersuchungsreihe zeigt folgendes Mörtelverhalten: Die Eigenrezepturen lagern bauschädliche Salze ein und zermürben oberflächlich, wodurch es zum Absanden der äußeren Kornstruktur kommt. Die Werktrockenmörtel auf Zementbasis lagern hingegen deutlich weniger Salz ein. Sie zeigen nahezu keine Materialverluste in den Oberflächen, neigen aber zur Rissbildung durch den gesamten Prüfkörper, die zum Bruch des Materials führt.

Bei Klimaschwankungen lösen, kristallisieren oder hydratisieren Salze in mineralischen Bauteilen. Bei der Hydratation werden Wassermoleküle unter deutlicher Volumenzunahme in die Kristallstruktur eingelagert; sogenannte Salzsprengungen rufen dann Materialausbrüche im Baustoff hervor. Obwohl die Salzkristallisationszyklen damit zur Zermürbung mineralischer Baustoffe beitragen, stabilisieren Salze in ihrer Festform gleichzeitig das verwitternde Gefüge, indem sie bereits vom Untergrund gelöste Partikel binden. Dieses Paradoxon wird besonders bei Salzreduzierungsversuchen deutlich, die in Kombination mit Reinigungsarbeiten viele restauratorische Maßnahmen überhaupt erst ermöglichen: Durch die Salzreduzierung wird dem Baustoff der bindende Salzkristall entzogen, und lose Sandkörner fallen ab. So weisen Werkstücke nach Salzreduzierungsmaßnahmen oft eine reduzierte Kantenschärfe und stärkere Verwitterungserscheinungen auf.

Die Herausforderungen bei Salzreduzierungsmaßnahmen am Schlaitdorfer Sandstein sind der Münsterbauhütte in Ulm ebenfalls gut bekannt, weshalb ein Austausch angeregt wurde. Nachdem im Frühjahr bereits zwei Mitarbeiter aus Ulm in Köln zu Besuch waren, hatten Mitarbeitende der Kölner Dombauhütte im Juli Gelegenheit, sich beim Gegenbesuch über die genutzten Reinigungs-, Salzreduzierungs-, Festigungs-, Mörtel- und Schlämmmaterialien zu informieren. Neben dem Steinaustausch von Werkstücken, die restauratorisch nicht mehr stabilisiert werden können, verfolgt die Ulmer Münsterbauhütte an den historischen Sandsteinwerkstücken derzeit ein nahezu rein konservatorisches Konzept mit verkieselnden Produkten, wobei auf rekonstruierende Mörtelergänzungen verzichtet wird. Optisch wie technisch überzeugten das Kölner Team insbesondere die Schlämmmörtel und deren Verarbeitung: So passen die Schlämme farblich wie strukturell ideal zum Gestein und erhalten durch den dünnen, aber dennoch stabilen Auftrag die ursprüngliche Gesteinstopografie. Maßnahmen und Materialien, die sich in Ulm bereits über Jahre bewährt haben, werden nun auch in Köln in die Entwicklung des Restaurierungskonzeptes einbezogen. Zeitgleich führt der Austausch aber auch dazu, dass Materialien und Maßnahmen aus der Testreihe ausgeschlossen werden können. Es zeigt sich immer wieder, dass der fachliche Austausch zwischen den Bauhütten segensreich ist.

10 | *Die Maßwerkbrücken an den Strebebögen B 07–B 08 zeigen teils drastische Verwitterungszustände.*

1.3.3 Restaurierung des Strebewerks B 07–B 08
Die Stellung des Gerüstes A 08–A 09 wurde in die Bereiche der Strebebögen B 07–B 08 erweitert. Die Schadensbilder insbesondere in Teilbereichen der Maßwerkbrücken sind so erheblich (Abb. 10), dass vorsichtshalber eine Notsicherung der witterungsgeschädigten Bauteile vorgenommen wurde.

11 | *Wiederhergestellte Fialaufbauten B 09 und C 09 an der Dachgalerie vor dem Abbau der Gerüste*

12 | *Neu geschlagener Wasserspeier für Pfeiler G 11 der Südquerhausfassade*

1.3.4 Restaurierung der Obergadenwand B 09–C 09
Die Arbeiten zur Restaurierung der Obergadenwand sowie am Steinwerk des Agilolphusfensters wurden fortgesetzt.[10] Die Restaurierung der beiden benachbarten, etwa 10,5 m hohen Fialaufbauten B 09 und C 09 an der Dachgalerie konnte mit Einbau sämtlicher Begleitfialen und Kreuzblumen abgeschlossen werden (ABB. 11). Die in Kooperation mit der Firma Schwartzenberg aus Aachen erfolgte versuchsweise Fertigung eines Blattfrieses durch einen CNC-Roboter hat nach einigen Versuchen sehr zufriedenstellende Ergebnisse hervorgebracht. Alle vorgefrästen Werkstücke wurden händisch durch die Steinmetzen der Firma Schwartzenberg nachgearbeitet.

1.3.5 Restaurierung der Südquerhausfassade
Der von Bildhauerin Uta Tröger gefertigte Wasserspeier[11] konnte im Herbst 2024 fertiggestellt werden (ABB. 12). Eine Versetzung ist noch für November geplant. Das dafür noch vorgehaltene Gerüst an Pfeiler G 11 des Südquerhauses kann danach abgebaut werden.

13 | *Anpassen der 1:1-Gipsmodelle für die Vierungen an der Skulptur des heiligen Pantaleon*

14 | *Archivoltenfiguren des Michaelsportals mit Taubenschutz*

1.3.6 Ergänzung von Skulpturen der Südquerhausportale
Die Skulpturen der heiligen Cordula und Pantaleon (ABB. 13) wurden von Bildhauerin Nina Ohldag mit exakt angepassten Vierungen und Antragungen ergänzt und konnten fertiggestellt werden.[12] Bildhauer Hans-Christoph Hoppe erstellt derzeit noch die Ergänzungen für die Figur des heiligen Alban von Mainz. Die restauratorischen Arbeiten werden in enger Zusammenarbeit mit der Steinrestaurierungswerkstatt durchgeführt. Die Versetzung der Skulpturen ist nach Abschluss der Bildhauerarbeiten vorgesehen.

1.3.7 Restaurierung des Michaelsportals
Nach Abschluss des ersten Bauabschnitts des Michaelsportals im vergangenen Jahr[13] und der Fertigstellung des Taubenschutzes Anfang 2024 (ABB. 14) wurde mit dem zweiten Bauabschnitt begonnen, der Reinigung und Restaurierung des

---

10 64. Dombaubericht, 2023, S. 15–16.
11 64. Dombaubericht, 2023, S. 16.
12 64. Dombaubericht, 2023, S. 16–18.
13 64. Dombaubericht, 2023, S. 18–20.

15 a–b | *Fenstergewände und Strebepfeiler nach der Restaurierung des mittelalterlichen Trachytmauerwerks*

Portalwimpergs und der fünf Wimpergfiguren. Um die notwendigen Reinigungsarbeiten auch im Winter durchführen zu können, wurde das im Herbst 2023 errichtete Gerüst erweitert und mit einer Plane eingehaust. Eine neue Hinweistafel am Portalgitter erläutert nun die Beweggründe, weshalb die im Krieg zerstörte Archivoltenfigur des Werner von Bacharach als antijüdisches Artefakt nicht mehr angebracht wurde.[14]

1.4 Chor

1.4.1 Restaurierung des mittelalterlichen Trachytmauerwerks am Chorkapellenkranz

Nachdem das Restaurierungskonzept für die Außenwände des Chorkapellenkranzes im Sommer 2023 an die jüngsten Forschungsergebnisse angepasst worden war,[15] konnten im Juli 2024 die Arbeiten in der oberen Gerüsthälfte abgeschlossen werden (ABB. 15 a–b).

Entsprechend der Dämmung, die die Gerüstbauer im Vorjahr im oberen Bereich des Gerüstes montiert hatten,[16] ist Mitte dieses Jahres auch an der unteren Gerüsthälfte eine Gitterplane mit aufkaschierter Luftpolsterfolie angebracht worden. Der regenreiche Sommer machte die Einhausung schon vor dem Herbst erforderlich, da die Restaurierungsarbeiten am Chor auf durchfeuchtetem Mauerwerk sonst zum Erliegen gekommen wären. So jedoch konnten die Arbeiten in den unteren Gerüstbereich im Juli ohne Unterbrechung fortgesetzt werden.

Mit gleicher Kontinuität laufen auch die Untersuchungen durch das Baustofflabor der Technischen Hochschule (TH) Köln weiter. Dabei standen in diesem Jahr die Druckfestigkeit der konzipierten Mörtel und die langfristige Festigkeitsentwicklung sowie die Anhaftung der Steinersatzmasse auf dem Untergrund im Fokus.[17] Bislang liegen alle Ergebnisse im definierten Anforderungsprofil.

Mit diesem Wissen und den handwerklichen Erfahrungen der vergangenen sechs Jahre wird gegenwärtig ein Erhaltungskonzept für die bislang zurückgestellten Wasserspeier des Baustellenabschnitts erarbeitet. Von den vier wasserführenden Skulpturen bestehen drei aus Drachenfels-Trachyt. Sie stammen aus der mittelalterlichen Bauphase und sind um 1300 entstanden. Ihrer Erhaltung wird höchste Priorität beigemessen. Aus diesem Grund wurden die Skulpturen im Sommer fotografisch dokumentiert, detailliert kartiert, Ausblühungen und Krusten analysiert sowie die Funktion und intakte Beschaffenheit der Rinnen und Wasserführung überprüft. Da die allseitig bewitterten Wasserspeier Schadensbilder aufweisen, die im Mauerwerk nicht vorgefunden wurden, muss das Restaurierungskonzept entsprechend angepasst werden. So erfolgen in der Werkstatt Tests zu Klebstoffen und zur möglichen Vergütung des Schlämmmörtels, um dessen Fließfähigkeit und Beständigkeit zu verbessern. Ziel ist es, Risse und Brüche kraftschlüssig zu verkleben und langanhaltend mit der Schlämme zu schützen, um Wassereintrag zu verhindern, ohne die Wasserspeier ästhetisch zu beeinträchtigen. Insgesamt wird sich der Eingriff an den Skulpturen mit dem Sichern der herstellungszeitlichen Oberflächen und der Montage von Absturzsicherungen auf konservatorische und präventive Arbeiten beschränken.

---

14 64. Dombaubericht, 2023, S. 20. – Sie enthält einen Hinweis auf den Rundgang »Der Dom und ›die Juden‹« auf der Website des Domes www.koelner-dom.de/rundgang/de-dom-und-die-juden [15. November 2024].
15 64. Dombaubericht, 2023, S. 26.
16 64. Dombaubericht, 2023, S. 21.
17 Vgl. Tanja Pinkale: Materialwissenschaft trifft Praxis. Die fortschreitende Restaurierung des Chorkapellenkranzes am Dom zu Köln, in diesem Domblatt, S. 84–97.

1.5 Dachbereich

1.5.1 Chorkapellendächer

Die Arbeiten zur Erneuerung der Dächer über den drei östlichen Chorkapellen beschäftigte die Dachdecker im vergangenen Jahr weiterhin intensiv.

1.5.2 Wartung und Reparatur von Rinnen und Fallleitungen

Ebenso intensiv arbeiteten die Dachdecker an der Erneuerung der Kastenrinnen im Anschluss an das nördliche Triforium im Bereich D 12–D 13 und der innenliegenden Rinnen im Bereich der südlichen Chorkapellendächer A 12–B 12 sowie der Pfeilerdurchführungen in den Bereichen A 12, B 11 und B 12. Die Arbeiten sind aufgrund der beengten Verhältnisse nicht leicht durchzuführen.

1.5.3 Arbeiten an den Dachbereichen der Dombauhütte

Eine weitere Aufgabe der Dachdecker ist die Überprüfung und Reparatur der Dachflächen der Werkstätten und Lagerräume der Dombauhütte. Dazu gehörte im Berichtszeitraum die Erneuerung der Dachflächen von Lagerräumen an der Nordseite des Domes. Hier wurden die Dachpappen erneuert, die Wandanschlüsse wiederhergestellt und die Rinnen und Fallleitungen erneuert. Eindringendes Wasser hatte im Bereich der Glasrestaurierungswerkstatt Feuchtigkeitsschäden verursacht. Die schadhaften Partien der Dachbereiche wurden von den Dachdeckern repariert und abgedichtet.

1.5.4 Preußische Kappendecken über den Chorkapellen

Mit der Wiederherstellung der Massivdecke über den Seitenschiffgewölben in Feld 045 und 046 konnte die temporäre Lücke im System an Zwischendecken geschlossen werden, die bei Wassereinbrüchen oder im Brandfall dem Schutz der darunterliegenden Gewölbe und des Innenraumes dienen. Nach dem Rückbau der preußischen Kappendecken[18] ergab sich erstmals seit ihrer Errichtung im Jahr 1883, vor genau 140 Jahren, wieder eine allein durch das Gerippe der Eisenkonstruktion gestörte Sicht auf zwei der ältesten Gewölbe des Domes. Diese Gelegenheit wurde zur wissenschaftlichen Untersuchung und Dokumentation genutzt. Mit der Bauforschung wurde Dr.-Ing. Maren Lüpnitz betraut.[19] Zudem wurde der besondere Bauzustand als 3-D-Laserscan für die Nachwelt archiviert.

---

18 Zum Rückbau der Kappendecken vgl. 64. Dombaubericht, 2023, S. 29–31.

19 Vgl. unter anderem die Dissertation von Maren Lüpnitz: Die Chorobergeschosse des Kölner Domes. Beobachtungen zur mittelalterlichen Bauabfolge und Bautechnik (Forschungen zum Kölner Dom 3), Köln 2011.

20 Die neue Stahlbetondecke hat eine Stärke von nur 15 cm (im Vergleich zu rund 55 cm Deckenaufbau der gewölbten preußischen Kappendecke).

Die Ergebnisse der Bauforschung und des Laserscannings bildeten die Planungsgrundlage für die Konstruktion einer neuen Schutzdecke. Besondere Herausforderungen ergaben sich aus der denkmalpflegerischen Zielsetzung, die schützende Funktion der Decke ohne Eingriff in die wertvolle mittelalterliche Bausubstanz wiederherzustellen und nach Möglichkeit auch die Eisenkonstruktion des 19. Jahrhunderts zu bewahren. In Zusammenarbeit mit dem auf denkmalpflegerische Projekte spezialisierten Bauunternehmen Bennert aus dem thüringischen Klettbach und dem Kölner Ingenieurbüro Finck Billen konnte eine Lösung entwickelt werden.

Da sich die Wiedererrichtung einer gemauerten Kappendecke auf den durch Krieg und Korrosion stark geschädigten Eisenträgern aus Gründen der Standsicherheit verbot, wurde der Einbau einer Stahlbetondecke beschlossen. Wie die Vorgängerkonstruktion liegt diese an fünf Positionen auf. Die notwendigen Auflager auf dem Mauerwerk wurden nur in Bereichen geschaffen, die mit dem Bau der Kappendecke im 19. Jahrhundert aufgemauert worden waren. Die Werkstücke aus dem 13. Jahrhundert als Teil des mittelalterlichen Rinnensystems – auskragende Trachytkonsolen auf der Nordseite und gewaltige Trachytwulste auf der Südseite – mussten unbedingt unversehrt bleiben. Um in Letzteren Bohrungen oder gar eingestemmte Auflagertaschen zu vermeiden, wurden von Schlosser und Schmied eigens vier z-förmige Konsolen aus Stahlprofilen gefertigt, deren unterer Schenkel später in die Bewehrung der Decke eingeflochten wurde. Um auch für die Stahlbeton-Unterzüge keine neuen Auflager in den mittelalterlichen Baubestand einstemmen zu müssen, wurden die eisernen Unterzüge der Kappendecke in die Stahlbetonbalken integriert. Die zusammengenieteten Eisenprofile der Kappendecke blieben sichtbar erhalten. Die neue Stahlbetondecke schwebt nun oberhalb der aufgegebenen Eisenträger, die im Bauzustand als Unterkonstruktion für die notwendige Schalung diente.[20] Aus der Erfahrung heraus, dass die Einstiegsluken ein hinderliches Nadelöhr für alle späteren Revisionen sind, wurde die Anzahl der Luken von eins auf vier erhöht.

Kompliziert wurden Bau und Konstruktion auch durch die aufwendige Baustellenlogistik, befindet sich das Deckenfeld 045–046 doch schwer zugänglich im Winkel zwischen Chor und Nordquerhaus, oberhalb des angrenzenden Schatzkammer- und Sakristeikomplexes. Als einziger Materialzugang stand daher der Seilzug am Gerüst der Chorbaustelle zur Verfügung, von dem aus Werkzeug, Schalung und Bewehrung händisch zum Bauplatz verbracht werden mussten. Die schmalen Türöffnungen in den beengten Dachraum verhinderten den Einsatz der beim Bau von Stahlbetondecken üblichen Betonstahlmatten. Für die gesamte Bewehrung musste daher auf einzelne Stäbe und Bügel zurückgegriffen werden, die vor Ort zusammengebunden wurden.

16 | *Betonieren der neuen Decke über Feld 045 und 046*

Besonders knifflig gestaltete sich die Anlieferung und das Einbringen der erforderlichen Menge Beton. Letztendlich wurde mit einer Kombination aus zwei Schneckenpumpen gearbeitet, eine positioniert auf dem nördlichen Zuweg zum Domfriedhof, eine weitere aufgestellt in Höhe der Seitenschiffdächer. Die untere Pumpe, die händisch mit Sackware bestückt wurde, förderte den Frischbeton in die 20 m höher liegende zweite Pumpe, die wiederum den notwendigen Druck für die Förderungen der über 30 m langen Strecke horizontal durch den Dachraum bereitstellte. Da es auch für die auf Betonförderung spezialisierte Firma Eska ein Novum war, zwei Förderpumpen »in Reihe zu schalten«, war das Verfahren auf dem Firmengelände zuvor getestet worden.

Die Betonagearbeiten am Dom erfolgten in zwei Abschnitten. Nachdem am 29. November 2023 die Unterzüge betoniert waren, konnte am 15. Februar 2024 auch die Decke erfolgreich gegossen werden (Abb. 16). Um einen dritten kostspieligen Pumpeneinsatz zu vermeiden, war eine zunächst geplante Schicht Estrich schon vorab verworfen worden. Diese wirtschaftliche Entscheidung hatte zur Folge, dass das Gefälle der Schutzdecke, die zur Ableitung von Regen- und Löschwasser nach außen geneigt ist, bereits in der Rohbetondecke abgebildet sein muss. Dass der aufgrund der Pumpentechnik notwendige Fließbeton sich bei Vibrationen und Erschütterungen selbsttätig ausnivelliert, erhöhte den Anspruch an den ohnehin schon komplexen Betoniervorgang, der dank der herausragenden Sorgfalt des Teams der Firma Bennert makellos gelang.

Nach dem mühsamen Ausschalen der Decke in den beengten Gewölbezwickeln konnte das Schutzgerüst im Dominnenraum noch vor den Osterfeiertagen zurückgebaut werden. Zur Abdichtung der Decken und der Fugen zum Mauerwerk wurde eine Beschichtung mit umlaufender Hohlkehle durch eine armierte Dichtschlämme aus zwei Komponenten gewählt.

1.5.5 Hohes Dach und Vierungsturm

Im Rahmen der Wartungsarbeiten wurden die Hauptdachflächen des Domes geprüft, dabei wurden die Wulste der schadhaften Bereiche geöffnet und gereinigt. Die testweise Freilegung der originalen Eisenoberfläche an der gusseisernen Treppe des Vierungsturmes durch Malermeister Wolfgang Hippler wurde weitergeführt.[21]

1.6 Weitere Arbeiten am Bauwerk

1.6.1 Erneuerung der Außenbeleuchtung

Die Arbeiten an der neuen Dombeleuchtung wurden durch die RheinEnergie AG in enger Zusammenarbeit mit der Firma Elektro Baeth und der Dombauhütte weitergeführt.[22] Die Installation der über 800 LED-Leuchten ist weitgehend abgeschlossen. Wie im vergangenen Berichtszeitraum begleiteten die Dachdecker und Gerüstbauer die Arbeiten. So unterstützten die Gerüstbauer die Firma Kölner Seil Kommando, die bei der besonders aufwendigen Verlegung der Elektroleitungen am Nord- und Südturm behilflich war. Die Strahler zur Beleuchtung des Sterns von Bethlehem auf dem Vierungsturm wurden eingebaut. Im gesamten Domumfeld werden zurzeit die bisherigen Kugelleuchten gegen moderne Standleuchten ausgetauscht, in denen auch LED-Strahler für die Fassadenbereiche des Domes eingebaut sind. Abschließend steht die korrekte Einrichtung beziehungsweise Programmierung der Lichtfarbe und Intensität der einzelnen Strahler aus. Aktuelle Tests vermitteln bereits einen ersten Eindruck der künftigen Dombeleuchtung. Die Inbetriebnahme ist für das Frühjahr 2025 vorgesehen.

1.6.2 Schutzgitter im Außenbereich

Die Arbeiten für die Schutzgitter zwischen den Strebepfeilern der Domsüdseite wurden durch die Schmiede fortgeführt.[23] Die für 2024 geplante Montage

---

21 64. Dombaubericht, 2023, S. 32.
22 64. Dombaubericht, 2023, S. 32.
23 64. Dombaubericht, 2023, S. 32.

musste wegen zahlreicher prioritärer Aufgaben auf das kommende Jahr verschoben werden.

1.6.3 Wartung der elektrischen Anlagen des Domes

Die Wartung sämtlicher elektrischer Anlagen des Domes wurde vom Elektriker der Dombauhütte Daniel Andrade sowie von Michael Arnold von der Firma Elektro Baeth durchgeführt. Die Umstellung der Beleuchtung im Innenraum des Domes auf LED-Technik wurde weitergeführt.[24] Der Austausch der Leuchten in der Vierung steht noch aus.

1.6.4 Blitzschutz

Das im Vorjahr erarbeitete Gesamtkonzept[25] sieht die sukzessive Erweiterung der bestehenden Blitzschutzanlagen über die kommenden Jahrzehnte vor. Da hierfür jeweils die Gerüste größerer Baustellen genutzt werden sollen, wurden im Bereich des Südquerhauses jene am Helenafenster und am Strebepfeiler G 11 eingesetzt, um eine weitere Ableitung vom Hohen Dach bis zur Erdung zu montieren.

Die Gerüste am Nordturm wurden ebenfalls zur Verbesserung des Blitzschutzes genutzt. So waren bei der Domvollendung 1880 nur vier der jeweils acht großen Fialaufbauten am Helmansatz der Türme mit Blitzableitungen ausgestattet worden. Auch wenn die Wahrscheinlichkeit eines Blitzeinschlags in eine der Fialen neben den hohen Maßwerkhelmen insgesamt eher gering ist, könnte theoretisch doch jede Kreuzblume getroffen werden. In Absprache mit der Firma Blitzschutz Graff GmbH in Wesseling wurden beim Wiederaufbau der fehlenden Nordturmfialen auf allen Kreuzblumen Fangspitzen aus Kupferdraht aufgesetzt.

1.6.5 Erweiterung der Brandschutzanlage

Vorbeugender Brandschutz ist für den Kölner Dom eine der wichtigsten Aufgaben. Die Feuerwehr Köln führt in enger Kooperation mit der Dombauhütte regelmäßige Übungen in allen Bereichen des Domes durch. Neben Anleiterproben, Überprüfungen von Steigleitungen zur Löschwasserversorgung finden auch Übungen mit der Höhenrettung statt, zum einen zur Versorgung und Bergung von Besuchern der Turmbesteigung im Südturm, zum anderen aber auch für Mitarbeitende der Dombauhütte bei ihrer täglichen Arbeit auf den Gerüsten des Domes. Regelmäßig erfolgen Abstimmungstermine zur Verbesserung des Brandschutzes.

---

24 64. Dombaubericht, 2023, S. 33.

25 64. Dombaubericht, 2023, S. 33.

Im Oktober 2023 fand ein Entrauchungstest mit einem mobilen LUF (Löschunterstützungsfahrzeug) im Dom statt. Das kleine ferngesteuerte Raupenfahrzeug dient normalerweise zur Entrauchung bei Bränden in Straßentunneln. Der Test mit künstlichem Nebel verlief erfolgreich, sodass das Innere des Domes mit seinem riesigen Raumvolumen durch den Einsatz der neuen und mobilen Geräte gut entraucht werden konnte. Neben dem Schutz der Dombesucher ist die Wahrung der wertvollen Ausstattung des Domes von größter Bedeutung. So wird auch der Schutz der Kulturgüter wie beispielsweise Altäre, Chorschranken, Grabmäler, Schreine und anderes regelmäßig verbessert und getestet. Diese sollen im Brandfall möglichst schnell mit Brandschutzdecken und Folien vor Rauch, Wärme und Löschwasser geschützt werden. An dieser Stelle sei der Kölner Feuerwehr mit all ihren Mitarbeitenden für den besonderen Einsatz am und für den Dom herzlich gedankt.

Früherkennung ist immer die beste Vorsorge. Daher erhalten die besonders sensiblen Dachräume derzeit eine neue Brandmeldeanlage. Dazu wird das bisherige System in enger Abstimmung mit der Berufsfeuerwehr der Stadt Köln und der Firma Siemens AG erneuert und mit modernen technischen Komponenten ergänzt.[26] So kommt künftig ein modernes RAS (Rauchansaugsystem) zum Einsatz, das den Dachboden im Hohen Dach überwachen wird und selbst bei der kleinsten Rauchentwicklung einen Alarm auslöst. Ebenso sollen die Bereiche der Dächer über den Seitenschiffen auf der 20-m-Ebene des Domes vollständig mit Brandmeldern überwacht werden. Die Arbeiten können voraussichtlich Anfang 2025 abgeschlossen werden.

1.6.6 Sonstige technische Installationen
Die Arbeiten zur Erneuerung der Druckluftleitungen wurden weitergeführt und der Austausch des alten Druckluftkompressors auf dem Hohen Dach gegen zwei neue Kompressoren, die zum Abfangen von Spitzenlasten dienen, abgeschlossen. Der Kompressor der Dombauhütte wurde ebenfalls ausgetauscht. Alle vorhandenen Druckluftkessel wurden mit elektrisch gesteuerten Kugelhähnen ausgestattet. Diese regeln zeitgesteuert, dass der Druckluftbehälter nur zu den Arbeitszeiten geöffnet wird, um durch die Vermeidung unnötiger Druckverluste Energie zu sparen und die Lebensdauer des Behälters zu verlängern.

Nach einigen technischen Modernisierungen des Lastenaufzugs in der Dombauhütte wurden nun Kabine und Türen vom Malermeister neu lackiert und die Holzverkleidungen von der Schreinerei erneuert.

---

26 64. Dombaubericht, 2023, S. 34.

2. Arbeiten an Kunstwerken und Inventar
2.1 Glasgemälde und Fenster
2.1.1 Instandsetzung der Langhausverglasung
Die Arbeiten an Fenster S XVIII (C 08–C 09) stehen weiterhin aus.[27] Es soll daher geprüft werden, ob die Arbeiten bei einer hohen Arbeitsbelastung der Glasrestaurierungswerkstatt auch fremdvergeben werden können.

2.1.2 Arbeiten am Welterzyklus im Südquerhaus
Die Arbeiten konzentrieren sich weiterhin auf das Helenafenster S XII (G 10–H 10).[28] Die Außenschutzverglasung ist für das gesamte Fenster fertiggestellt. Während in den Langbahnen lediglich noch die Verkittung und abschließende Reinigung der bereits eingesetzten Schutzgläser erfolgen musste, waren am darüber befindlichen und bisher nicht bearbeiteten Maßwerk umfangreiche Arbeiten erforderlich.

Die bereits rekonstruierten farbigen Ornamentfelder der vier Langbahnen sind mit stabilisierenden Messingrahmen, Haften sowie Windeisen versehen worden und somit einbaubereit. Die sich nach oben anschließenden Lanzettspitzen und etwa die Hälfte aller Maßwerkteile sind fertig verbleit. Das Maßwerk zeigt eine reiche Formensprache und ist teilweise bemalt. Für das harmonische Zusammenspiel der intensiv farbigleuchtenden Gläser wurden Farbkombinationen, die aus der Nähe betrachtet gut aussehen, sich aber in ihrer Fernwirkung überlagern können, testweise in provisorischen Feldern zusammengestellt und beurteilt. Eingebaut im benachbarten Fenster[29] im Dom (ABB. 17) ist eine zuverlässige Bewertung der Farbwirkung aus mehr als 30 m Entfernung vom Boden aus möglich. Nuancen eines Farbtons entscheiden manchmal über das Auftreten von Mischfarben oder das Überstrahlen angrenzender Farbgläser bei der Fernansicht.

Die untere Partie des Fensters wird die vier überlebensgroßen Heiligen Helena, Monika, Elisabeth und Mathilde zeigen, die auf Sockeln stehen und von

17 | *Provisorischer Einbau von zwei Maßwerkteilen zur Prüfung der Farbwirkung zweier unterschiedlicher Blautöne*

18 | *Die beiden Glasmalerinnen erzeugen Stofflichkeit und Plastizität mit unterschiedlich stark deckenden Überzügen und Schraffuren.*

Baldachinen bekrönt sind. Zur malerischen Gestaltung der Figuren wurden die einzelnen Farbglasstücke bislang auf Leuchttischen in der Werkstatt ausgelegt und die deckenden Konturlinien der Faltenwürfe, Gesichtszüge und Muster analog der Vorlage bemalt. Die modellierende Gestaltung erfordert unterschiedlich helle und zugleich lichtdurchlässige Abstufungen der Farbaufträge. Dieser Schritt der Bemalung kann nicht von der gezeichneten Vorlage abgepaust werden und erfordert vorrangig das Arbeiten bei Tageslicht mit einem freien, möglichst ungestörten Durchblick im Hintergrund. Um gleichmäßige Modellierungen über die vielen Glasstücke hinweg – vor allem in den großen Gewändern – zu erreichen, müssen die Einzelteile der Figuren im unmittelbaren Zusammenhang gesehen und bearbeitet werden. Deswegen wurden alle Farbglasstücke entlang der Kanten mit kleinen Wachstropfen versehen und auf großen tragenden Glasscheiben angeheftet. Auf einer eigens errichteten Staffelei in einem Raum mit großen Fenstern

27 64. Dombaubericht, 2023, S. 34.
28 64. Dombaubericht, 2023, S. 35–38.
29 Das Fenster S XI ist mit der ornamentalen Bleiverglasung der Nachkriegszeit (Willy Weyres) ausgestattet, und da es keine Außenschutzverglasung besitzt, lassen sich einzelne Felder ohne ein Innengerüst entnehmen.

konnten die modellierenden Überzüge und Schraffuren auf den überlebensgroßen Gewändern der Heiligenfiguren aufgetragen werden (ABB. 18). Der Brand im Glasbrennofen für die dauerhafte Verschmelzung der Glasmalfarbe steht unmittelbar bevor.

2.1.3 Instandsetzung der Fenster in der Engelbertus- und Maternuskapelle

Die Metallarbeiten für die Installation einer Außenschutzverglasung sind abgeschlossen,[30] sodass nun die Entscheidung über ein geeignetes Schutzglas zu treffen war, das künftig in allen Chorkapellen einheitlich zur Anwendung kommen soll. Besonderes Augenmerk liegt darauf, Spiegelungen und Reflexionen der Umgebung weitestgehend zu minimieren und somit eine Durchsicht auf die im Innenraum befindlichen Glasmalereioberflächen zu gewähren. Zum unmittelbaren Vergleich verschiedener Schutzgläser sind sowohl entspiegelte als auch strukturierte Verbundsicherheitsglasscheiben nebeneinander in einer Musterachse eingebaut worden. Das überzeugendste Resultat wurde mit dem Antireflexglas Luxar® NG der Firma Glas Trösch Holding AG erreicht. Es soll nun zuerst in den beiden Fenstern der Engelbertuskapelle[31] und einem Fenster der Maternuskapelle[32] eingesetzt werden. Die historischen Verglasungen der drei Fenster sind bereits seit Längerem ausgebaut.[33]

Die Reinigung der bemalten Figurenfelder der beiden Fenster aus der Engelbertuskapelle von 1956 wurde abgeschlossen.[34] Weitere Arbeiten an der Verbleiung und das Kleben gesprungener Gläser stehen noch aus. Die über den Figuren befindliche, zu helle Ornamentpartie von 1948 soll künftig verändert werden, was als Fotomontage bereits visualisiert wurde.[35] Eines der Ornamentfelder ist inzwischen entbleit und als Musterfeld neu zusammengesetzt worden. Dabei wurden die ursprüngliche Form des Rapports beibehalten und alle farbigen Originalgläser wiederverwendet. Die farblosen Kathedralgläser hingegen sind durch neue in vier Grüntönen ersetzt worden, die dem Farbkanon mittelalterlicher Waldgläser nahekommen. Ein glasmalerischer Überzug verleiht den Gläsern zusätzlich die gewünschte Dichte und mindert den Lichteinfall. Dieses Musterfeld und ein eingelagertes Ornamentfeld aus der Nachkriegszeit sollen vor Ort eingebaut werden, um die Wirkung der beiden Optionen zu bewerten und eine Entscheidung zur zukünftigen Gestaltung treffen zu können. Die Bearbeitung

30 64. Dombaubericht, 2023, S. 38.
31 Gero-Bruno-Fenster (n IX) sowie Heribert-Engelbert-Fenster (n X).
32 Barbara-Evergislus-Fenster (n VIII).
33 63. Dombaubericht, 2022, S. 28–29.
34 Die Arbeiten der Dombauhütte wurden im Zeitraum von November 2023 bis Juli 2024 durch Julia Drach unterstützt.
35 64. Dombaubericht, 2023, S. 38.
36 64. Dombaubericht, 2023, S. 38–39.
37 64. Dombaubericht, 2023, S. 39.

19 | *Die vorsichtige Entfernung von Schmutzauflagerungen und Korrosionsschichten führt zu deutlich mehr Transparenz und Farbigkeit der mittelalterlichen Gläser.*

der Kunstverglasung des Barbara-Evergislus-Fensters aus der benachbarten Maternuskapelle ruht derzeit noch, und die Scheiben sind weiterhin eingelagert.

2.1.4 Konservierung der Fenster im Chorobergaden
Am mittelalterlichen Chorobergadenfenster N V (D 13–D 14) werden die Konservierungsmaßnahmen kontinuierlich fortgesetzt.[36] Der Fokus liegt weiterhin auf der Bearbeitung der unbemalten Felder mit Flechtbandornament (ABB. 19). Ziel der vorsichtigen Restaurierung ist es, die Farbigkeit der stark korrodierten Gläser wieder erlebbar zu machen.

2.1.5 Klimamessungen
Am Anbetungsfenster s XXII (A 04–A 05) aus dem Zyklus der Bayernfenster laufen die Messungen von Oberflächentemperatur, relativer Luftfeuchte sowie den Windgeschwindigkeiten im Spalt zwischen Außenschutzverglasung und der Glasmalerei weiter.[37] Die Messungen belegen insgesamt eine gute Wirksamkeit der Schutzverglasung. An zwei benachbarten Bahnen führen leicht unterschied-

liche technische Umsetzungen der Belüftungsschlitze erwartungsgemäß auch zu etwas unterschiedlichen klimatischen Verhältnissen. Vor allem hinsichtlich der gewünschten Luftzirkulation wirkt sich der größere Luftspalt von circa 6 cm entlang des unteren Fensterabschlusses gegenüber dem kleineren vorteilhaft aus. Bei künftigen Arbeiten am Fenster soll dies berücksichtigt und der Luftspalt an den anderen Bahnen erweitert werden.

Die bauklimatischen Messungen im Innenraum und Außenbereich des Domes werden unverändert an den festgelegten Positionen fortgeführt.[38] Im Vergleich mit den Vorjahren zeigten sich keine nennenswerten Auffälligkeiten.

2.1.6 Neuordnung der Depotbestände im Nordturm

Eingelagerte Felder der ornamentalen Nachkriegsverglasungen, die mit der fortschreitenden Rekonstruktion des Welterzyklus im Obergaden der Querhausarme ausgebaut werden mussten, sind neu sortiert und platzsparend gelagert worden. Zudem erfolgte eine Aktualisierung des digitalen Bestandskatalogs. Die mittelalterlichen Glasmalereifelder des Gnadenstuhlfensters, das sich bis 1991 an der Stelle des heutigen Kinderfensters (n XIX, J 08–K 08) befand, wurden in einem neuen, gut handhabbaren Regalsystem untergebracht.

2.1.7 Amtshilfe durch die Glasrestaurierungswerkstatt

Die laufenden Restaurierungsmaßnahmen an den mittelalterlichen Glasmalereien von St. Kunibert wurden weiterhin beratend begleitet. Außerdem wurde die Stadt Köln bei der Bewertung von Fenstern der Kapelle St. Maria Magdalena und Lazarus auf dem Melatenfriedhof unterstützt. Zudem fand eine rege fachliche Zusammenarbeit mit dem Corpus Vitrearum Medii Aevi, Arbeitsstelle Freiburg, statt, der derzeit an der Publikation »Die mittelalterlichen Glasmalereien in Köln – übrige Kirchen und Museen« arbeitet. Der Fokus liegt auf der kunsthistorischen Bearbeitung der Glasmalereien, die ursprünglich für andere Kirchen gefertigt und erst später in den Dom überführt wurden.

2.2 Fußböden

Der Kölner Dom gehört nach wie vor zu den meistbesuchten Kathedralen in Deutschland. Zwischen 20.000 und während der Spitzenzeiten im Sommer und Advent bis zu 36.000 Menschen besuchen täglich den Dom. Schmutzeinträge, Kaugummis auf den Fußböden, Streusalze sowie Textilfasern und Stäube, die sich auf dem Boden des Domes absetzen, sind für die Reinigungskräfte des Domes eine tägliche Herausforderung. 4.500 qm Sandsteinböden und 1.300 qm Mosaik-

---

38 63. Dombaubericht 2022, S. 30.   39 64. Dombaubericht 2023, S. 41.

20 | *Chorschranke Süd I, Außenseite, jugendlicher Prophet nach der Restaurierung*

böden im Chor sind täglich zu reinigen. Die Reinigung der Natursteinböden des Kapellenkranzes und des Chormosaiks werden daher regelmäßig in den Nachtstunden durchgeführt. Scheuersaugmaschinen der Firma Kärcher sorgen dafür, dass möglichst wenig Feuchtigkeitseintrag in die Böden gelangt und die Reinigung damit ebenso gründlich wie substanzschonend erfolgt. Kleinere Reparaturen am Mosaik und den Steineinfassungen wurden durch die Restauratoren und Steinmetzen der Dombauhütte durchgeführt.

2.3 Wandmalereien

2.3.1 Kontrolle und Restaurierung der Chorschrankenmalereien und Malereifragmente der Außenchorschranken

Die im Sommer 2023 begonnenen Wartungsarbeiten an der Marienschranke durch die Dipl.-Restauratorinnen Uta-Barbara Riecke M. A. und Birgit Schwieder konnten im Juli und August 2024 beendet werden.[39] Die Arbeiten konzentrierten sich auf die Festigung weniger neu entstandener Malschichtabhebungen mit Störleim und eine behutsame Oberflächenreinigung mit sehr feinen Spezialschwämmen und Wattestäbchen. Weißliche Fehlstellen wurden abschließend mit Gouachefarben dem Umgebungston retuschierend angeglichen. Außerdem wurde der Zierkamm gereinigt.

Von August bis November 2024 wurden im Chorumgang vor der Marienkapelle Konservierungsarbeiten an den Malereifragmenten auf der Chorschranken-Außenseite Süd I zwischen den Pfeilern C 12 und C 13 durchgeführt. Diese Wandmalereien stammen wie jene auf den Innenseiten der Chorschranken aus der ersten Hälfte des 14. Jahrhunderts. Während an den Außenschranken des nördlichen Chorumganges die Wandmalereien fast vollständig zerstört sind, finden sich an den Chorschranken im südlichen Chorumgang noch bedeutende Fragmente der ursprünglichen Wandmalerei (Abb. 20). Dargestellt sind in den

21 a–b | *Chorschranke Süd I, Außenseite, Bereich eines Gewandes vor und nach der Restaurierung*

schmalen Hauptfeldern vermutlich Propheten mit Spruchbändern vor plastisch gestalteten Hintergründen. Im Bereich des reichen Couronnements sind in den großen Fünfpässen Reste von Wappenschildern, in den blauen, stehenden Vierpässen Reste von schwebenden Engeln und in den roten, liegenden Vierpässen Fragmente floraler Ornamente erhalten. Besonders das Couronnement hatte nach Jahrzehnten, die seit der letzten Restaurierung vergangen sind, eine dickschichtige Staubauflage. Aber auch die Malereibereiche wiesen starke Verschmutzungen auf. Neben einer vorsichtigen trockenen und feuchten Reinigung bestand die wichtigste Maßnahme an den Wandmalereien in der Festigung zahlreicher Malschichtabhebungen (ABB. 21 a–b). Auch die Fassungsreste des Maßwerks wurden gefestigt. Abschließend wurden sehr helle, kleinere Fehlstellen behutsam retuschiert.

2.4 Altäre, Grabmäler, Gemälde, Skulpturen und weitere Ausstattung
Die Reinigung und Pflege der sonstigen Chorausstattung, des Chorgestühles sowie der Altäre in den Chorkranzkapellen wurde in bewährter Weise von der Restauratorin der Dombauhütte Bettina Grimm durchgeführt. Aufgrund der vielen Besucher im Dom setzen sich Staub und Textilfasern auf allen Kunstwerken des

Domes ab. Die ständige Pflege und Reinigung der künstlerisch hochbedeutenden Ausstattung ist Voraussetzung für ihren dauerhaften Erhalt.

Regelmäßig notwendige Reparaturmaßnahmen an Türen und Bänken des Domes wurden routiniert durch die Schreinerei der Dombauhütte durchgeführt.

2.4.1 Altar der Stadtpatrone

Eine turnusmäßige Reinigung erfuhr der Altar der Stadtpatrone von Stefan Lochner in der Marienkapelle durch die Dipl.-Restauratorinnen Dorothee Fobes-Averdick und Linda Schäfer-Krause der Restaurierungswerkstatt Kunstgriff GbR im Oktober 2024. Nach dem Gerüstaufbau durch die Dombauhütte wurde eine systematische Reinigung und die Konservierung der Malschichten des Altares durchgeführt. Bei der Gelegenheit wurde auch die Holzkonstruktion des Altaraufbaus in Augenschein genommen. Zahlreiche Textil- und Staubablagerungen wurden von den zum Teil rauen Oberflächen der Malschichten entfernt. Es zeigte sich, dass der etwa sechs- bis siebenjährige Rhythmus bei der Reinigung ein gutes Wartungsintervall ist.

2.4.2 Grabmal der seligen Richeza

Auch das Grabmal der seligen Richeza in der Johanneskapelle wurde durch die Restauratorinnen der Firma Kunstgriff einer behutsamen Restaurierung unterzogen. Neben der Reinigung wurden einige Retuschen an den Malereien durchgeführt.

2.4.3 Reinigung des Vierungspodestes

Im Juni 2024 wurde das Vierungspodest durch Holzrestaurator Karl-Heinz Kreuzberg gereinigt und mit einem zweifachen Öl-Wachs-Auftrag beschichtet (Abb. 22). Dazu wurden zunächst die Holzflächen mit einem Ethanol-Wasser-Gemisch eingesprüht, dann mit einer Einscheibenmaschine gereinigt und die so gelöste Schmutzschicht mit einer Scheuersaugmaschine (Gregormatic) aufgenommen. Die Reinigung aller Stufen erfolgte händisch. Nach der anschließenden Reinigung mit einem feuchten Wischmopp wurde ein Öl-Hartwachs (Osmo) doppelt aufgetragen. Da das Podest zwischenzeitlich für Gottesdienste genutzt werden musste, war die Durchführung der Reinigung unter Berücksichtigung der notwendigen Trocknungszeiten auch eine besondere planerische Herausforderung.

2.5 Textilien des Domes

Die Sicherungs- und Konservierungsmaßnahmen an den liturgischen Gewändern des täglichen Gebrauchs und an den historischen Paramenten durch die Dipl.-Textilrestauratorin Gabriele Muders wurden weitergeführt. An verschiedenen Messgewändern und Velen sicherte sie Fehlstellen durch farblich angepasste Unterle-

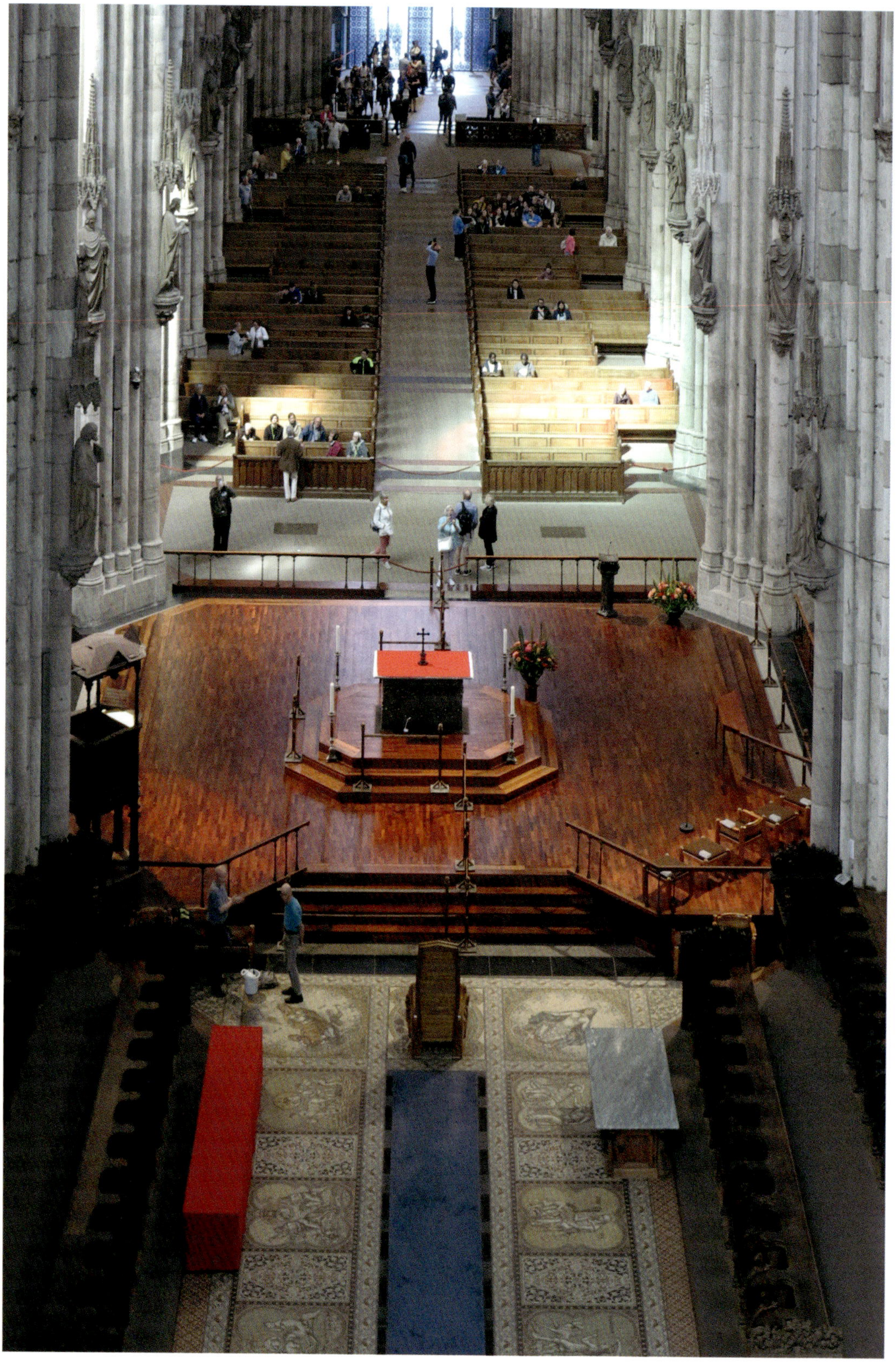

22 | *Vierungspodest nach der Reinigung und Erneuerung des Öl-Wachs-Auftrags*

gungen, nähte lose Stickfäden an, schloss aufgerissene Nähte, entfernte Wachsflecken und befestigte die silbernen Schließen am Segensvelum von Martha Kreutzer-Temming. Das Antependium am Altar in der Agneskapelle wurde auf Schäden untersucht und entstaubt. Zudem betreute Frau Muders das Auf- und Abhängen des Hungertuches vor dem Gerokreuz, das in diesem Jahr vor der Einlagerung vorsichtig vom Staub befreit wurde. Ebenso bereitete sie die verschiedenen Kreuzverhüllungen für die Verwendung in der Fastenzeit vor. Aus organisatorischen Gründen musste die Installation der Rubenstapisserien in diesem Jahr ausgesetzt werden. Zur Fronleichnamsprozession half die Textilrestauratorin beim Aufbau des Prozessionsbaldachins und befestigte lose Behänge, Borten und Fransen. Die Fehlstellen an den Goldstickereien auf den Behängen wurden unterlegt und mit Spannstichen gesichert. Die aussortierten historischen Gewänder des Domes wurden in die eigens dafür angefertigten Schränke im Depot der Burgmauer eingelagert. Die dort in zahlreichen Umzugskartons aufbewahrten und nicht mehr benutzten Kleintextilien wurden durchgesehen und eingelagert oder aussortiert. Im Rahmen der jährlichen Pflegemaßnahmen an den ausgestellten Gewändern in der Schatzkammer befestigte Frau Muders an der Kasel des Manderscheider Ornats aus dem 18. Jahrhundert die losen Borten und sicherte die flottierenden Fäden durch Spannstiche.

2.6 Goldschmiede- und Metallrestaurierungswerkstatt
2.6.1 Gold- und Silberschmiedewerke des Domes und der Schatzkammer
Bei den jährlich stattfindenden Pflegemaßnahmen an den Gold- und Silberschmiedewerken der Domschatzkammer wurden alle Objekte hinsichtlich Veränderungen und Schäden untersucht und anschließend gereinigt. Auch in diesem Jahr haben sich die Objekte nicht verändert und befinden sich in einem guten und stabilen Zustand. Lediglich der gefasste Steinbesatz der Mitra von Johannes Kardinal Geissel, um 1850, war stärker verschmutzt und wurde einer intensiveren Reinigung unterzogen. Im Rahmen der Pflegemaßnahmen wurden auch die Ausstellungsvitrinen in der Schatzkammer begutachtet und bei Bedarf gereinigt. Als Präventivmaßnahme werden die Klimadaten der einzelnen Ausstellungsräume regelmäßig kontrolliert und ausgewertet. Die schriftliche Erfassung der Objekte hinsichtlich neuer Schäden und Veränderungen sowie die daraus resultierenden Maßnahmen wurden fortgeführt.

In diesem Jahr wurden in der Domschatzkammer die Ausstellungen »Ausgegraben – Archäologische Schätze aus dem Kölner Dom« vom 15. Dezember 2023 bis 1. April 2024 und »Elisabeth Treskow (1898–1992) – Goldschmiedin in Köln«

vom 20. April bis 25. August 2024 gezeigt.[40] Die Goldschmiede- und Metallrestaurierungswerkstatt übernahm die konservatorische Betreuung der Exponate beim Transport sowie beim Ausstellungsauf- und -abbau.

Der Vorsängerstab mit der Anbetung der Heiligen Drei Könige und der Vorsängerstab mit Bergkristallknauf, beides Hauptwerke der Domschatzkammer, sowie der Bergkristallanhänger und zwei Bergkristallperlen aus dem fränkischen Frauengrab des Domes wurden in der vom 26. September 2023 bis 14. Januar 2024 vom Musée de Cluny in Paris durchgeführten Ausstellung »Voyage dans le cristal« gezeigt. Die Goldschmiedewerkstatt begleitete die Objekte zum Ausstellungsort und überwachte das Einbringen in die gesicherten Vitrinen. Nach dem Ende der Ausstellung wurden die Objekte begutachtet, für den Rücktransport verpackt und nach ihrer Rückkehr wieder in den Vitrinen der Schatzkammer aufgestellt.

Die Werkstatt führte regelmäßig Reinigungs- und Pflegemaßnahmen an den ständig im Gebrauch befindlichen liturgischen Geräten, Leuchtern, Blakern und Prunkvasen des Domes durch. Ein infolge eines Sturzes deformiertes Weihrauchschiffchen wurde neu ausgerichtet und anschließend gereinigt. Die beschädigten eisernen Innengefäße zweier im 19. Jahrhundert gefertigten Rauchfässer wurden vom Schmied der Dombauhütte nach historischer Vorlage neu angefertigt.

An einer Prozessionslaterne war ein Strahl des bekrönenden, aus vergoldetem Zinkblech gearbeiteten Sterns umgeknickt und fast vollständig abgerissen. Er wurde zurückgeformt und mithilfe einer eingeklebten Innenmanschette stabilisiert. Abschließend wurde die Klebefuge retuschiert. Der Kölner Silberschmiedemeister Micha Peteler unterstützte die verschiedenen Arbeiten der Goldschmiedewerkstatt des Domes.

2.6.2 Metallobjekte

Seit dem Renteneintritt der Metallrestauratorin der Dombauhütte betreut die Goldschmiedewerkstatt auch die Pflege-, Konservierungs- und Restaurierungsmaßnahmen an den historischen Metallobjekten des Domes sowie an den archäologischen Funden der Domgrabung.

Am Dreikönigenportal fehlte eine aus Bronze gegossene Zierrosette. Diese wurde von der Kölner Kunstgießerei Schweitzer in Bronze nachgegossen. Die Patinierung der Rosettenoberfläche auf den gleichen Farbton der am Dreikönigenportal vorhandenen Patina wurde von der Goldschmiedewerkstatt durchgeführt. Die neue Rosette am Dreikönigenportal fügt sich gut ins Gesamtbild ein (ABB. 23).

---

40 Ausgegraben – Archäologische Schätze aus dem Kölner Dom, in diesem Domblatt, S. 265–268. – M[atthias] D[eml]: Elisabeth Treskow 1898–1992 – Goldschmiedin in Köln, in diesem Domblatt, S. 268–269.

Schmiedeeisen und Eisen sind in großen Mengen am Kölner Dom verbaut, so auch an allen Glasfenstern. Sämtliche Windeisen der großen Fensterbahnen sind seitlich in den Stein der Fensterlaibung eingefügt und mit Blei vergossen. Sie geben den großen Glasflächen Stabilität, insbesondere bei Windlast. Die Windeisen sind in der Regel durch Anstriche vor Korrosion geschützt und weisen unterschiedliche Schadensbilder auf: Während manche in einem sehr guten Zustand sind, sind andere sehr stark beschädigt. Die Anstriche sind dann gerissen und blättern ab, wodurch das freiliegende Eisen an der Oberfläche korrodiert. Im Bereich der Wandanbindung verstärken sich mitunter die Korrosionsvorgänge derart, dass sie zu einer massiven Volumenvergößerung des Eisens und infolgedessen zum Aufplatzen der Verbleiung, zu Rissen im Stein und sogar zum Abplatzen des Steines führen. In Zusammenarbeit mit dem stellvertretenden Dombaumeister, der technischen Leitung der Dombauhütte, dem Malermeister und den Stein- und Glasrestauratoren wurde das bestehende Konzept zur Behandlung und Konservierung der Windeisen überarbeitet. Vorbereitend dazu wurden Vorgehensweisen und Erfahrungswerte mehrerer Metallrestauratoren aus der Baudenkmalpflege hinsichtlich der Restaurierung historischer Eisen erfragt und vergleichend ausgewertet. Gemeinsam wurde festgelegt, die bisher durchgeführte Behandlung der Eisen – Entfernung loser Anstriche und Korrosionsprodukte, Reinigung der Oberfläche, Rückformung und Verdichten der beschädigten Verbleiung, zweifacher Korrosionsschutzanstrich und zweifacher Deckanstrich – aufgrund der guten Langzeitergebnisse hinsichtlich Haltbarkeit und Korrosionsschutz weiter anzuwenden.

23 | *Erneuerte Zierrosette am Dreikönigenportal*

Zur Überprüfung der Anwendbarkeit ölgebundener Anstrichsysteme am Dom wurde an einem der Windeisen eine Probe angelegt: Nach der entsprechenden Vorbereitung des Windeisens wurden ein zweifacher Mennigeanstrich als Korrosionsschutzschicht und ein zweifacher Deckanstrich aufgetragen. In den kommenden Jahren wird das Windeisen in regelmäßigen Intervallen auf Veränderungen des Anstriches und erneut auftretender Korrosionserscheinungen am Eisen insbesondere im Anbindungsbereich am Stein überprüft.

Zu klären gilt es außerdem, inwiefern die noch vorhandenen mittelalterlichen Windeisen durch Anstriche vor Korrosion geschützt waren. Dazu werden

24 a–b | *Römische Bronzebeschläge aus der Domgrabung vor und nach der Restaurierung*

sukzessive Fassungsproben entnommen und untersucht. Eine Auswertung der entnommenen Fassungsreste steht noch aus.

An verschiedenen Bronzebeschlägen aus der Domgrabung traten Ausblühungen grüner Kupferkorrosionsprodukte auf. Diese wurden entfernt und die Beschläge abschließend mit einem Wachsüberzug geschützt (Abb. 24 a–b).

2.6.3 Restaurierungs- und Konservierungsarbeiten für das Erzbistum Köln

Die in enger fachlicher Kooperation mit der Stabsstelle Erzdiözesanbaumeister durchgeführten Arbeiten am mittelalterlichen Reliquienschrein des heiligen Suitbertus aus der Pfarrkirche St. Suitbertus in Düsseldorf-Kaiserswerth wurden weitergeführt.[41] Mittlerweile sind die Metallbeschläge vollständig abgenommen, entsprechend ihrer Positionen nummeriert und auf Tableaus aufgesteckt und gesichert. Zurzeit erfolgt die vollständige Erfassung und Dokumentation der etwa 1.200 Metallbestandteile. Durch die Untersuchung der Rückseiten können herstellungs- beziehungsweise goldschmiedetechnische Details sowie Reparaturen und Veränderungen oder Markierungssysteme bestimmt, verglichen, ausgewertet und eingeordnet werden. Die Ergebnisse dieser Beobachtungen werden genauestens erfasst und in einem Katalog dokumentiert.

An den Emailplatten wurden verschiedene Versuche von Konservierungsmaßnahmen durchgeführt. Nach der Reinigung der vergoldeten Oberfläche und der mechanischen Entfernung aufliegender Korrosionsprodukte wurden beispielsweise die als störend empfundenen orangenen Kittungen von einer vorhe-

---

41 64. Dombaubericht 2023, S. 46–47.

rigen Restaurierungsphase retuschiert, wodurch sie im Gesamteindruck visuell deutlich in den Hintergrund treten.

Der hölzerne Kern des Schreines wurde nach der Abnahme der Beschläge zur Untersuchung und Konservierung in die Werkstatt der Kölner Dipl.-Restauratorin für den Fachbereich Holz Verena Kühler transportiert.

Begleitet werden die Konservierungsmaßnahmen von der Beraterkommission zur Sicherung und Konservierung der Reliquienschreine im Erzbistum Köln, die zuletzt im Dezember 2023 zusammentrat. Durch regelmäßige Treffen der Arbeitsgruppe vor Ort werden die einzelnen Arbeitsschritte engmaschig betreut.

Die Ausstattung der Goldenen Kammer von St. Ursula in Köln wird derzeit umfassend restauriert. Der Raum ist mit unzähligen Reliquien bestückt. Auf den meisten der dort in Nischen befindlichen Reliquienbüsten sind getriebene Masken und Gewandteile aus Silber aufgesetzt. Einige Büsten stehen auf mit silbernen Kartuschen und Rosetten gezierten Holzsockeln. Die silbernen Beschlagteile wirken stumpf und sind dunkel, fleckig und streifig sulfidiert. Der überwiegende Teil der Masken wurde bei der letzten Reinigung mit einem Schutzüberzug versehen, der das erneute Anlaufen des Silbers verhindern sollte. Deutlich sind heute die Streifen des Pinselauftrages und zahlreiche störende Unregelmäßigkeiten zu erkennen. Für die in der Goldschmiedewerkstatt durchzuführende Schadenskartierung, technologische Untersuchung und Reinigung wurden alle silbernen Beschlagteile von den Holzbüsten und Sockeln abgenommen. Sie sind mit Silbernägelchen und versilberten Messingnägeln fixiert, die den einzelnen Beschlagteilen zugeordnet wurden.

Für die Minoritenkirche wurde ein silbernes Rauchfass aus der Barockzeit restauriert. Die Ketten waren abgerissen und die Einhängeösen stark deformiert. Die Ketten wurden ergänzt, auf die gleiche Länge gebracht und wieder montiert, die silberne Oberfläche des Rauchfasses wurde gereinigt.

Im Kunsthistorischen Museum in Wien wird derzeit in einem auf drei Jahre ausgelegten Forschungsprojekt die Reichskrone des Heiligen Römischen Reiches aus dem frühen Mittelalter untersucht. Dabei sollen beispielsweise Fragen zur Materialität und Technologie und, wenn möglich, zum Herstellungsort sowie zur Herstellungszeit geklärt werden. Die kostbare Krone ist unter anderem mit Senkemails geschmückt, die sich ganz ähnlich auf dem Ende des 11. Jahrhunderts datierten Emailmedaillon in St. Severin in Köln wiederfinden. Die Goldschmiedewerkstatt betreute die zweitägige Untersuchung dieses aussagekräftigen Vergleichsobjektes mithilfe eines Hirox-3-D-Digitalmikroskops, eines Raman-Spektroskops und einer Röntgenfluoreszenz-Analyse.

Im September 2024 wurde die zweite Stelle in der Goldschmiedewerkstatt mit der Restauratorin und Goldschmiedin Solveig Hoffmann M. A. neu besetzt.

2.7 Domglocken
Alle Glocken des Domes, ihre Klöppel und Aufhängungen wurden turnusmäßig gewartet.

3. Arbeiten außerhalb des Domes und in der Dombauhütte
3.1 11.000 Sterne der Kulturstiftung Kölner Dom
Dank der Spendenbereitschaft vieler Stifter der Kulturstiftung Kölner Dom konnten weitere Sterne im Boden vor dem Michaelsportal verlegt werden. Die Arbeiten wurden von der Steintechnik der Dombauhütte geplant und durch die Kölner Firma Schwieren Steinmetzwerkstätten ausgeführt.

3.2 Domfriedhof
Die Planungen zur Neugestaltung des Domfriedhofs wurden aufgrund der erheblichen Kostenentwicklung durch die äußerst schwierige Baulogistik noch einmal grundlegend überarbeitet. Bedauerlicherweise konnten die Arbeiten auch wegen der Baustelleneinrichtung für die Sanierung der Decken über der Dombauhütte noch nicht begonnen werden.

3.3 Sanierung der Dombauhütte
Die mühevollen und zeitintensiven Sanierungsarbeiten an den Decken oberhalb der Werkstätten der Dombauhütte schreiten voran. Begonnen als Abdichtungsmaßnahme,[42] ist das Projekt aufgrund der unerwartet großen Schäden und Baumängel zu einer umfassenden statisch-konstruktiven Ertüchtigung der Decke herangewachsen.[43] Schwierigkeiten bereitet dabei die als sogenannte Röhbau-Decke ausgeführte Stahlbetonhohlplatte. Allein im aktuellen Sanierungsbereich waren zu diesem Zweck fast 450 einzelne Pappröhren als verlorene Schalung verbaut worden.

Das Sanierungskonzept der laufenden Maßnahme sieht vor, die Stahlbetonhohlplatte zu einer Massivdecke umzuformen, indem die einzelnen Hohlröhren mit Stahlbeton verfüllt werden. Auf diesem Wege soll nicht nur die Wiederherstellung der Tragsicherheit erfolgen, sondern man verspricht sich so auch eine geringere Anfälligkeit bei zukünftigen Undichtigkeiten in der Abdichtung. Der Lastabtrag ähnelt damit künftig prinzipiell jenem einer Balkendecke. Folgende Arbeitsschritte werden vorgenommen: 1. Aufstemmen der Röhren an der Oberseite und Abbruch zwischenliegender Querrippen; 2. Ausräumen der Schalkörper aus Pappe und Säuberung der Röhren; 3. Vorbereitung des Betons im Trockenstrahlverfahren; 4. Beidseitiges Einbohren der Anschlussbewehrung in den angrenzenden Massivstreifen; 5. Einsetzen des vorgeflochtenen Bewehrungskorbes in die Röhre; 6. Ausbetonieren der Hohlröhren; 7. Öffnung der Röhren in Leichtbeton wie vorher oben, Säuberung und Ausbetonierung mit Leichtbeton bis zur Unterkannte der neuen oberen Deckenschicht; 8. Abbruch des Stegs zwischen den Röhren bis zur Unterkante der neuen oberen Deckenschicht; 9. Flächiger Einbau der oberen Bewehrungslage; 10. Betonierung der oberen Deckenschicht. Erst im Anschluss an die konstruktive Sanierung können die ohnehin aufwendigen Abdichtungsarbeiten beginnen.

Eine besondere Herausforderung verursachen die umfangreichen technischen Installationen in den Werkstätten der Dombauhütte. Da fast die gesamte Decke unterseitig mit Leitungen und Rohren verhangen ist, hauptsächlich durch die bei der Bearbeitung von quarzhaltigen Steinen notwendige Entstaubungsanlage,[44] ist der während der Bauphase notwendige Einbau von zahlreichen Schwerlaststützen in einigen Räumen nicht möglich. Um auf die Abstützung verzichten zu können, werden die Röhren nicht zeitgleich, sondern in drei Pilgerschritten jeweils gruppenweise bearbeitet. Zudem werden die Verformungen der Decke vermessungstechnisch überwacht. Hierbei konnten glücklicherweise bisher keine nennenswerten Durchbiegungen festgestellt werden.

Da die betroffenen Räume während der Massivbauarbeiten aus Sicherheitsgründen gesperrt werden müssen, werden die Werkstätten in drei Etappen saniert. Für die Abläufe in der Dombauhütte hat dies erhebliche Konsequenzen: So musste ein Teil der Belegschaft mit anderen Aufgaben betraut werden, näher zusammenrücken oder, wie Schlosser und Schmied, zeitweise in ein Interim ausweichen. Und doch hat dieses Vorgehen den Vorteil, dass die Dombauhütte ihren Betrieb zwar eingeschränkt, aber ohne Unterbrechung aufrechterhalten konnte.

Dem Amt für Gebäudewirtschaft der Stadt Köln sei an dieser Stelle vielmals für ihren Einsatz gedankt. Dass sich die Stadt Köln an einem Gebäude der Hohen Domkirche als Bauherrin engagiert, hat historische Gründe. So wurde die heutige Dombauhütte als Teilprojekt des Baus des Römisch-Germanischen Museums im Jahr 1970 fertiggestellt. Das städtebauliche Konzept des Entwurfs der Architekten Heinz Röcke und Klaus Renner sah die Tieferlegung der Werkstätten vor, um so die Decken der Dombauhütte dem öffentlichen Fuß- und Radverkehr widmen zu können.

Die Wiedereröffnung des wichtigen Durchgangs zwischen Roncalliplatz und Hohenzollernbrücke wird für den Sommer 2025 erwartet.

---

42 Zu den geplanten Abdichtungsarbeiten vgl. 63. Dombaubericht, 2022, S. 40–41.
43 64. Dombaubericht, 2023, S. 50–52.
44 Den Entstaubungsanlagen der Dombauhütte werden von den zuständigen Fachbetrieben und der BG Bau trotz ihres fortgeschrittenen Alters eine gute Funktion attestiert.

Dombauverwaltung

4. Betriebsleitung, Planung und Organisation
4.1 Monitoring
4.1.1 Digitaler Dom

Seit Oktober 2020 wird der in Zusammenarbeit mit der Firma Northdocks in Monheim entwickelte digitale Zwilling genutzt, um das Bauwerk regelmäßig auf ansonsten schwer einsehbare Schäden zu untersuchen. Die digitalen Aufmaßarbeiten und die Ergänzungen am digitalen Zwilling des Domes werden kontinuierlich für die Innenraumbereiche des Domes fortgeführt.

4.1.2 Mitarbeit am Forschungsprojekt KERES

Im November 2023 ging das Projekt »KERES – Kulturgüter vor Extremklimaereignissen schützen und Resilienz erhöhen« nach drei Jahren Forschungsarbeit zu Ende.[45] Es war das erste und bislang einzige Projekt in Deutschland, das sich mit den zukünftigen Extremwetterereignissen und deren Auswirkungen auf das kulturelle Erbe beschäftigte.

Für den Kölner Dom lag ein besonderer Schwerpunkt auf dem Thema Wind.[46] Eine computergestützte Simulation visualisiert erstmals für das Bauwerk die Luftströmungsverhältnisse. Das Modell erlaubt eine Identifizierung von Zonen mit hoher Windbelastung oder ungewöhnlichen Windrichtungen und -verwirbelungen an der gewaltigen und feingliedrigen Domfassade. Durch einen zusätzlichen, eigens für das Projekt über mehrere Monate angebrachten Messpunkt am Südbalkon auf 27 m Höhe wurde auftreffender Wind nochmals genauer erfasst. Dabei zeigte sich, dass die Luftströmung unmittelbar vor der Fassade vor allem nach oben beziehungsweise unten abgelenkt wird und kaum in horizontale Richtung. Die resultierenden Fall- oder Abwinde konnten hierbei höhere Maximalgeschwindigkeiten erreichen als die nach oben abgelenkten Luftströmungen. Die im Projekt gewonnenen Erkenntnisse sind hilfreich, um beobachtete Schäden am Bauwerk besser zu verstehen und Instandsetzungs- sowie Konservierungsmaßnahmen noch besser anzupassen.

Auf der Abschlusskonferenz vom 5. bis 6. Oktober 2023 in der Pflanzenhalle des Orangerieschlosses Sanssouci, Teil der UNESCO-Welterbestätte Potsdam, wurden die Projektergebnisse aller Partner vorgestellt und mit dem Fachpublikum diskutiert.

---

[45] Der Abschlussbericht (KERES-Broschüre) ist als kostenfreies E-Book verfügbar: https://keres-projekt.de/ergebnisse/ [15. November 2024].

4.2 Steinbestellung

Für die Arbeiten an Strebewerk A 08–A 09 wurden weitere Sandstein-Werkstücke und Steinblöcke aus Božanov bestellt.

4.3 Arbeitssicherheit

Staub ist ein ungeliebter ständiger Wegbegleiter des Bauwesens. Besonders gesundheitsgefährdend sind quarzhaltige Stäube, wie sie bei der Bearbeitung von Sandstein anfallen. Es droht die Silikose, auch Staublunge genannt, als eine anerkannte Berufskrankheit von Steinmetzen. Da große Teile des Domes aus Sandstein bestehen, bleiben der sichere Umgang mit dem Material und die damit verbundenen Schutzmaßnahmen eine wichtige Voraussetzung für die Arbeiten in der Dombauhütte. Die zum Gesundheitsschutz festgelegten Arbeitsplatzgrenzwerte sind im Jahr 2016 noch einmal verschärft worden, sodass seither nur noch 0,05 mg/m³ als unbedenklich eingestuft werden.

Eine von mehreren Maßnahmen zur Staubbekämpfung bei der Werksteinfertigung ist die Absaugung möglichst direkt am Ort der Entstehung. Zu diesem Zweck sind die Werkstätten bereits in den Jahren 1985 und 1993 mit Entstaubungsanlagen ausgestattet worden.[47] Ein weiterer mobiler Kompaktentstauber wurde 2018 angeschafft. Die Ergebnisse der letzten Messung durch den Unfallversicherungsträger BG Bau im Jahr 2010 zeigten, dass die Entstaubungsanlagen der Dombauhütte auch den neuen Grenzwerten gerecht werden. Im Berichtszeitraum ließ die Dombauhütte eine erneute Überprüfung durch die BG Bau vornehmen. Die glückliche Erkenntnis war, dass die großen Anlagen noch immer ihren Zweck erfüllen und einen ausreichenden Gesundheitsschutz für die als Steinmetz oder Bildhauer tätigen Mitarbeiterinnen und Mitarbeiter gewährleisten. Einzig bei dem Kompaktentstauber sind noch leichte Nachbesserungen in der Luftführung erforderlich.

Um die Staubbekämpfung weiter zu verbessern und insbesondere die Verschleppung in Umkleide- und Pausenräume zu reduzieren, wurde beim Kölner Familienbetrieb Bauer Lufttechnik eine sogenannte Luftdusche bestellt. Das Gerät, dass in seiner Form etwas an eine Telefonzelle erinnert, sorgt durch ein systematisches Abblasen mit einem von oben nach unten gerichteten Luftstrom für die bestmögliche Entstaubung der Mitarbeiterinnen und Mitarbeiter in ihrer Arbeitskleidung.

---

46 63. Dombaubericht, 2022, S. 30–31. – 64. Dombaubericht, 2023, S. 53.

47 Vgl. 27. Dombaubericht, 1986, S. 168–169. – 34. Dombaubericht, 1993, S. 52–53.

4.4 Managementplan Kölner Dom

Immer wieder ist der Dom von städtebaulichen Entwicklungen seiner unmittelbaren und weiteren Umgebung betroffen. Schlagzeilen machten im vergangenen Jahr Berichte über verschiedene Hochhausprojekte in der nördlichen Domumgebung und in Köln-Deutz. Die Stadt Köln arbeitet derzeit an einem Höhenentwicklungskonzept, das die maximalen Bauhöhen in den Bereichen der inneren und äußeren Stadt regeln soll. Dabei sind neben den Schutzzonen der unmittelbaren und weiteren Domumgebung die Freihaltung der wichtigen Sichtachsen zu berücksichtigen. Ein Schwerpunkt des Managementplans werden die Überprüfung und Anpassung der Schutzzonen für den Kölner Dom sein. Das beauftragte Architektur- und Ingenieurbüro Planinghaus aus Darmstadt begleitet die notwendigen Abstimmungen und Arbeiten für den Managementplan, der bis Ende des Jahres 2026 fertiggestellt werden soll.

4.5 Historische Mitte Köln

Nach Abschluss der Leistungsphase 3 konnten im Herbst 2023 die Entwurfsplanung und Gesamtkostenrechnung für die Historische Mitte abgeschlossen werden.[48] Aufgrund der stark gestiegenen Baukosten und -zinsen musste die Hohe Domkirche im Januar 2024 der Stadt Köln mitteilen, dass sie das Projekt bedauerlicherweise nicht in die Realität umsetzen kann.[49] Es gilt nun, unter den geänderten finanziellen Rahmenbedingungen Alternativen zur adäquaten Unterbringung von Dombauverwaltung und Dombauarchiv zu entwickeln. Diese werden vorerst im Kurienhaus verbleiben.

4.6 Internationaler Kunstwettbewerb

Die erste Phase des Internationalen Kunstwettbewerbs wurde 2024 abgeschlossen.[50] Aus den 15 eingegangenen Entwürfen wählte die Wettbewerbsjury im September 2024 vier besonders überzeugende Umsetzungsideen aus. Sie werden nun von den Finalisten in der laufenden Vertiefungsphase, unter anderem auch in enger Abstimmung mit der Kölner Dombauhütte, konkretisiert. Anfang April 2025 wird das als Siegerentwurf prämierte Kunstprojekt gemeinsam mit allen anderen Entwürfen der Öffentlichkeit vorgestellt.

4.7 Dombeschilderung

Im Rahmen der Anpassung der Dombeschilderung an das neue grafische Erscheinungsbild[51] wurde in diesem Jahr der Schriftenstand in der Südturmhalle

---

48 64. Dombaubericht, 2023, S. 55.
49 M[arkus] F[rädrich]: Abschied von der Historischen Mitte, in diesem Domblatt, S. 276.

neu gestaltet. Hier wurden nun ein Hinweisschild auf den Website-Rundgang »Der Dom und ›die Juden‹« sowie ein Domgrundriss zur Orientierung im Dom angebracht. Unter der Orgelempore wurde ein Monitorständer aufgestellt, der über die Beicht- und Öffnungszeiten des Chorumgangs und der Sakramentskapelle informiert. Zwei weitere Monitorständer in Kombination mit Schriftenständen für die Turmhallen sowie weitere Informationsschilder befinden sich in Vorbereitung.

4.8 Kooperationen

Mit der Technischen Hochschule (TH) Köln ist zum 1. Januar 2024 eine Kooperationsvereinbarung in Kraft getreten, die zum Ziel hat, die Vertiefungsrichtung »Glasrestaurierung« am Institut für Restaurierungs- und Konservierungswissenschaft (CICS) aufzubauen. Durch die Schließung des Fachbereichs Konservierung und Restaurierung an der Fachhochschule Erfurt im Herbst 2024 steht die Spezialisierung »Glasmalerei und Objekte aus Glas« in Deutschland nicht mehr zur Verfügung. Doch hoch qualifizierte Glasrestauratorinnen und Glasrestauratoren werden auch künftig benötigt – nicht nur in privaten Werkstätten und Museen, sondern auch am Dom. Die organisatorischen und planerischen Arbeiten laufen derzeit. Durch die enge fachliche Zusammenarbeit mit der TH Köln werden Synergien in Praxis, Lehre und Forschung geschaffen.

5. Domgrabung

Im Januar 2024 ging nach 37 Jahren der Domarchäologe Dr. Ulrich Back in den Ruhestand. Mit seinem Ausscheiden verliert die Domgrabung nicht nur einen hochgeschätzten Mitarbeiter, sondern vielmehr einen überaus angenehmen und liebenswerten Kollegen.[52] Zu seinem Abschied wurde in der Domschatzkammer die Ausstellung »Ausgegraben – Archäologische Schätze aus dem Kölner Dom« gezeigt.

5.1 Fundbearbeitung und Inventarisation

Die Durchsicht insbesondere der organischen Funde aus den beiden Fürstengräbern sowie die Inventarisation der Baukeramik wurden weitergeführt. Ebenso dauern die Forschungen zu dem umfangreichen römischen Bleifund durch Mitarbeitende des Deutschen Bergbaumuseums Bochum an.[53]

---

50 64. Dombaubericht, 2023, S. 55. – M[arkus] F[rädrich]: Internationaler Kunstwettbewerb, in: KDbl. 88, 2023, S. 283–284. – Ausführlich: M[arkus] F[rädrich]: Internationaler Kunstwettbewerb, in diesem Domblatt, S. 262–263.

51 64. Dombaubericht, 2023, S. 56.
52 R[uth] S[tinnesbeck]: Der langjährige Domarchäologe Ulrich Back in Rente, in diesem Domblatt, S. 256–258.
53 63. Dombaubericht, 2022, S. 44.

Nachdem der Fundbestand inzwischen nach Materialgruppen getrennt wurde, konnten diese weitgehend auf die klimatisch geeigneten Depoträume verteilt werden.[54] Allein zur Aufnahme der Holzfunde muss zunächst eine Magazinierungsmöglichkeit im Grabungsgelände unter dem Hochchor geschaffen werden, während ein Teil der bemalten Wandputzfragmente noch aus den Büroräumen in das archäologische Schaudepot verbracht werden muss. Für eine adäquate Lagerung der Materialproben existiert bislang keine Alternative zu der bisherigen Unterbringung im Norddepot.

5.2 Messungen

Die täglichen Grundwasserspiegel-Messungen wurden fortgeführt. Ebenso wurden die umfangreichen Klimamessungen im Grabungsgelände unter dem Dom und im Baptisterium sowie in den Magazinräumen, seit 2015 im Grabungsareal[55] und seit 2022 engmaschig an der römischen Wandmalerei[56], weitergeführt und von der Steinrestaurierungswerkstatt aufbereitet, gegenübergestellt und in einer Dokumentation zusammengeführt. Anlass dazu gaben der Zustand des Fundamentabschnitts Kaverne K 10 (B1384) mit der sogenannten Hundehütte sowie der Wandmalerei auf der West-Ost-Wand in Feld 085 (B920). Die Messungen dienen zur Kontrolle und Wahrung der klimatischen Verhältnisse und bilden die Voraussetzung für die konservatorische Sicherung und den Erhalt der im Bereich der Ausgrabung aufgedeckten archäologischen Befunde sowie des eingelagerten Fundbestandes.

5.3 Grabungsgelände

Die Elektriker haben die Beleuchtung unter der Südseite des Chorumganges instandgesetzt. Im Grabungsgelände nicht mehr benötigtes Material und Werkzeug wurde durch Mitarbeitende der Dombauhütte gesichtet und abtransportiert sowie ein Verschlag im Südquerhaus und ein Schwerlastregal vor dem Südturmfundament rückgebaut. Damit ist die Blickachse vom Querhausansatz über die Gesamtlänge der Südseitenschiffe für Besucherinnen und Besucher wieder sichtbar. Ferner konnte der über den Zugang der Turmbesteigung erschlossene Zwischenturmbereich und damit der repräsentative Blick in die Ausgrabung und auf die Westapsis des Alten Domes, der aus Sicherheitsbedenken geschlossen worden war, im Juni 2024 wieder für Besucher geöffnet werden.

Als ersten Teil der Grabung hat die Firma Northdocks am 22. Juli 2024 den Tiefschnitt am Südturmfundament in einem 3-D-Scan erfasst. Die sukzessive Aufnahme des gesamten archäologischen Bereichs zur Vervollständigung des digitalen Zwillings ist geplant.

5.4 Restaurierungsarbeiten im Grabungsbereich
5.4.1 Römische Wandmalerei (B920 West-Ost-Wand)

Bei den Ausgrabungen des Jahres 1972 ist im südlichen Querhaus eine römische Mauer mit großflächiger, raumhoch erhaltener polychromer Wandmalerei des 1.–2. Jahrhunderts aufgedeckt worden. An den zunächst kräftigen Farben dieses für Köln nahezu einzigartigen Befundes wird seit den frühen 2010er-Jahren ein zunehmender Substanzverlust beobachtet. Als mögliche Ursache wurde im Zuge der 2015 initiierten Klimamessungen eine Problematik durch Salzausblühungen aufgrund teils starker Luftfeuchteschwankungen ausgemacht. Daraufhin haben in den Folgejahren diverse Modifikationen der Grabungszugänge stattgefunden sowie eine restauratorische Behandlung der Malereioberfläche, welche den fortschreitenden Material- und Farbverlust jedoch nicht eindämmen konnten.

Um die Mechanismen, die zu den Schadensbildern an der Wandgestaltung führen, zu verstehen und ganzheitlich in eine Konzeptentwicklung für deren Erhalt einbeziehen zu können, erfolgte zunächst die Dokumentation des Ist-Zustandes. Dabei konnte auf einer Zustandskartierung von 2020 aufgebaut werden. Da frühere Fotodokumentationen im Gegensatz zur jetzigen nicht farbreferenziert erfolgten, können Aussagen zum Fortschreiten der Vergrauung im Sockelbereich der Polychromie erst bei zukünftigen Vergleichen getroffen werden. Ergänzt wurde die Fotodokumentation mit makro- und mikroskopischen Aufnahmen, auf denen Details zur Herstellungstechnik, charakteristische Merkmale, Geschichtsspuren und Schadensbilder abgebildet sind. Letztere gehen insbesondere auf die Salzbelastung des Wandabschnittes zurück,[57] die sich in Form von ausgeblühten Salzpusteln zeigt. Dennoch konnten bei Anregung der Malerei mit UV-Strahlung noch immer Befunde lokalisiert und nachgewiesen werden, die mit bloßem Auge nicht mehr zu erkennen sind.

Aufgrund des hohen archäologischen Werts der Malerei erfolgt die Untersuchung berührungsfrei. So ist lediglich bereits gelöstes Material, das auf dem Boden vor der Malerei lag, beprobt worden. Bei Schnelltests mit Indikatorstäbchen wurden dabei Nitrat und Sulfat nachgewiesen. Zur Beurteilung des tatsächlichen Schadenspotenzials notwendige Analyseergebnisse stehen zur Zeit noch aus. Unabhängig davon belegen die Klimamessungen an der Malerei die Unbeständigkeit der Luft- und Oberflächentemperatur zwischen November und Ende März sowie starke Schwankungen der Luft- und Oberflächenfeuchtigkeit im Zeitraum von Oktober bis Ende April. Über die Sommermonate kondensiert aus der übersättigten Luft zudem Tauwasser, das die bemalte Wandoberfläche durchfeuchtet.

---

54 64. Dombaubericht, 2023, S. 57.
55 56. Dombaubericht, 2015, S. 24, 49–50.
56 63. Dombaubericht, 2022, S. 44.
57 56. Dombaubericht, 2015, S. 24.

Parallel zu den Untersuchungen am Bauteil selbst erfolgte die Aufarbeitung der Grabungs- und Restaurierungsgeschichte der römischen Wandmalerei durch die Domgrabung und die Steinrestaurierungswerkstatt der Dombauhütte.

5.4.2 Kaverne K 10 (B1384) mit Hundehütte

Die Außenseite des mittelalterlichen Fundaments unter der Nordquerhausfassade, freigelegt während des U-Bahn-Baus der 1960er-Jahre, ist über einen dem Fundament folgenden, heute als Lapidarium genutzten Gang unter der Domplatte zugänglich. Der mittlere Teil des in drei Segmenten errichteten Fundaments springt gegenüber der Querhausfassade um etwa fünf Meter nach Norden vor und weist zwei tonnengewölbte Kavernen auf, als Substruktion einer hier geplanten Treppe. Zudem ist in die Nordwest-Ecke des Fundaments eine kleine Kammer eingelassen, welche auf der gestalteten Westseite nicht nur Scharniere für eine Tür, sondern auch einen schweren Eisenring zeigt und wahrscheinlich als Hundehütte anzusprechen ist. Dieser Befund weist nicht nur auf das zur Bauzeit rund 2,5 m tiefer liegende Geländeniveau hin, sondern wohl auch auf die Sicherung der mittelalterlichen Baustelle durch einen Wachhund.

Seit Mitte der 2010er-Jahre ist an dem gesamten Befund ein erheblicher Substanzverlust entstanden, der auf zeitweilig extreme Durchnässung des Mauerwerks in Verbindung mit hoher Salzbelastung zurückgeführt wird. Gerade im Bereich der Hundehütte ist es dringend notwendig, einem Totalverlust entgegenzuwirken.

Um ein Konzept zum Umgang mit Kaverne K 10 (B1384) und der Hundehütte zu erarbeiten, sind zunächst die zwischen März 2018 und Dezember 2021 erhobenen Klimadaten ausgewertet worden. Für einen vom Außenklima abgetrennten Raum fallen die jährlichen Klimaschwankungen erstaunlich groß aus. Zudem belegen täglich wiederkehrende Muster in den Graphen den Einfluss der Klimaanlage der Schatzkammer, die in räumlichem Zusammenhang mit den Kavernen des Fundaments K 10 steht. Auch scheint Regenwasser aus den über den Kavernen befindlichen Portaltrichtern bis an das Fundament durchzusickern. So trägt neben dem Raumklima auch die Hydrologie im Baubereich zur Mobilisation von Salzen bei.

Gegenwärtig wird daher die Wasserableitung aus den Portaltrichtern sowie die Option, bauliche Veränderungen vorzunehmen, geprüft. Kurzfristig können Rinnen und Tropfkanten im Deckenbereich angebracht werden, die eine unmittelbare Durchfeuchtung der Bausubstanz durch herablaufendes Wasser verhindern. Auch sind die auf dem Fundamentabschnitt gelagerten Werkstücke aus Schlaitdorfer Sandstein zu entfernen, um das vorhandene »Salzdepot« zu reduzieren.

Einen ähnlichen Ansatz verfolgt das vorläufige Restaurierungskonzept: Ausgeblühte Salze sollen abgenommen werden, um Kristallisationszyklen abzumindern. So schloss sich an die obligatorische Bestandsaufnahme das manuelle Anlegen von Reinigungsmustern in verschiedenen Bereichen an: Während sich der Salzflaum und versalzenes Lockermaterial mit Pinsel und Staubsauger abtragen lassen, sind die Krusten selbst mit Drahtbürste und Skalpell nur unter enormem Zeit- und Kraftaufwand auszudünnen. Zum Schutz der Originalsubstanz wird deshalb bis auf Weiteres auf einen vollflächigen Abtrag der Salze verzichtet.

5.4.3 Palmetten-Gesimsstein aus dem Alten Dom – Fragment 4/041724

Bei den Grabungsarbeiten im Südquerhaus 1976 aufgedeckt, wurde der verzierte Kalkstein erst 2012 aus dem Erdprofil geborgen. Die kunstvolle Ausarbeitung des Lotos-Palmettenfrieses weist dieses Gesimsstück als eines der prachtvollsten Architekturfragmente des karolingischen Alten Domes aus. Die Feinheiten der bildhauerischen Arbeit werden durch eine partiell erhaltene Tünche teilweise überdeckt, doch bildet diese als intentioneller Auftrag einen Teil des archäologischen Informationsgehalts. Daher wurden die Tünchereste gesichert, bevor das Stück in der Ausstellung »Ausgegraben – Archäologische Schätze aus dem Kölner Dom« erstmals gezeigt werden konnte.[58]

Die der Farbschichtkonsolidierung vorausgehende Bestandsuntersuchung ergab, dass sich der Norroy-Kalkstein in einem stabilen Zustand befindet und an keiner Seite Schalen oder entfestigte Oberflächen aufweist. Auf dem Gestein befindet sich die zu konsolidierende Tünche, deren Aufbau aus mehreren, verschiedenfarbigen Schichten besteht. Diese Farbschichten, die lediglich berührungsfrei untersucht, aber nicht analysiert wurden, haben untereinander eine gute Adhäsion, haften jedoch sehr unterschiedlich am Naturstein. So waren gerade an Kanten, Wölbungen und Rundungen vermehrt Entfestigungen, Ablösungen, Risse, abstehende Fassungsschollen und Fehlstellen festzustellen, während hohe Schichtstärken mit der Ausbildung von Craquelé einhergingen.

Aufgrund des kurzen Behandlungszeitraumes und der ausstehenden Materialanalytik erfolgte die Stabilisierung der Malschichten äußerst zurückhaltend. Lediglich einzelne Klebepunkte sind mit einem 1–2-prozentigen Methocel-Wasser-Gemisch punktgenau appliziert worden. Die Maßnahmendokumentation erfolgt in Bild- und Schriftform.

---

58 Ausgegraben – Archäologische Schätze aus dem Kölner Dom, in diesem Domblatt, S. 265–268.

5.5 Weitere Projekte und Öffentlichkeitsarbeit

Das von der Kulturstiftung Kölner Dom geförderte Projekt zur Erstellung von 3-D-Rekonstruktionen von Innenansichten des Alten Domes wurde von Dr. Dorothea Hochkirchen unter Mitarbeit von Konstantin Kruse zu einem vorläufigen Abschluss gebracht. Die anschaulichen Ergebnisse werden auf der Internetseite des Kölner Domes präsentiert (ABB. 25).[59] Daneben wird die allgemeine Internetpräsenz der Domgrabung fortlaufend ergänzt und aktualisiert.

Die zusammenfassende Publikation zur Archäologie im Kölner Dom ist im Dezember 2023 erschienen und auf große Resonanz gestoßen.[60] Auch das Faltblatt zur Grabung in deutscher und englischer Sprache wird weiterhin im Dom ausgelegt.

Am 4. November 2023 beteiligte sich die Domgrabung an der Kölner Museumsnacht und betreute 2.811 Besucher unter dem Dom. Anlässlich des UNESCO-Welterbetages am 2. Juni 2024 war das Baptisterium geöffnet. Es hat, wie bereits im vergangenen Jahr, dem römischen Prätorium und dem MiQua einen Raum für eine Präsentation geboten. Im Gegenzug war die Domgrabung am 12. September 2024 zu Gast im MiQua:forum im Roten Haus am Alter Markt. Zum Tag des offenen Denkmals am 7. September 2024 nutzten 364 Personen die Chance, das Baptisterium zu besichtigen.

Insgesamt erfreut sich die Archäologie des Domes eines ungebrochen hohen Interesses in der Öffentlichkeit, was sich anhand der rund 1.200 Besuchergruppen zeigt, die während des Berichtszeitraumes durch das Grabungsgelände geführt wurden.

6. Dombauarchiv
6.1 Allgemeines

Das Thema Digitalisierung und Inventarisation war im vergangenen Jahr im Dombauarchiv wie auch in anderen Abteilungen weiterhin virulent. Um zu gewährleisten, dass in allen Bereichen der Dombauhütte, in denen digitale Daten erfasst werden, die gleichen Begrifflichkeiten zur Bezeichnung aller Bauteile des Domes wie auch aller Kunstwerke verwendet werden, wurde in Zusammenarbeit mit den verschiedenen Abteilungen der Dombauhütte eine Nomenklatur erarbeitet. Sie bildet die Grundlage der Erfassung von Objekten und ist vor allem für die Suchfunktion in Datenbanken von entscheidender Bedeutung. Der Gebrauch der in dieser Nomenklatur vorgegebenen Begrifflichkeiten ist von nun an verpflichtend.

---

59 Vgl. www.koelner-dom.de/rundgang/themenrundgang-der-alte-dom [15. November 2024].
60 Ulrich Back: Archäologie im Kölner Dom – Forschungsergebnisse zu seiner Vor- und Baugeschichte, Köln 2023.

25 | 3-D-Rekonstruktion der Westapsis des Alten Domes

Neben weiteren Schulungen durch Tobias Nagel von der Stadt Köln in der Handhabung der kunsthistorischen Datenbank APS wurden erste Bestände an Druckgrafiken aus der Dreikönigensammlung des Dombauarchivs erfasst.

In den Sommermonaten hat die Archivarin Dr. Carolin Wirtz weitere Aktenbestände aus unserem Vorarchiv in das Dombauarchiv eingearbeitet und in der bestehenden AUGIAS-Datenbank verzeichnet, sodass nun auch sämtliche Unterlagen aus der Zeit der ehemaligen Dombaumeisterin Barbara Schock-Werner, des ehemaligen Archivleiters Rolf Lauer und des ehemaligen technischen Leiters der Dombauhütte Thomas Schumacher Eingang in das Archiv gefunden haben.

Natürlich war das Dombauarchiv auch im vergangenen Jahr bei Anfragen von Forschern, interessierten Bürgern oder Museen behilflich, ob es nun um historische Domaufnahmen berühmter Fotografinnen oder Fotografen, um Fensterstiftungen für ehemalige Präsidenten des Zentral-Dombau-Vereins (ZDV), den Guss der mittelalterlichen Liegefigur des Kölner Erzbischofs Konrad von Hochstaden, die Reliquien der Heiligen Drei Könige oder Leben und Werk verschiedener Kölner Dombaumeister ging. Auch waren Dom und Dombauarchiv wieder

Ziel von Exkursionen verschiedener Kunsthistorischer Institute und Kolleginnen und Kollegen aus anderen Dombauhütten und -archiven.

An der Vorbereitung der gemeinsamen Ausstellung des Domforums und der Kölner Dombauhütte zum 200-jährigen Jubiläum der Wiederbegründung der Kölner Dombauhütte im Foyer des Domforums hat das Dombauarchiv maßgeblich mitgewirkt.[61] So wurden unter anderem alle Texte von Matthias Deml verfasst.

6.2 Bibliothek

Die Bibliothek des Dombauarchivs hat aus historischen und praktischen Gründen einige Sonderstandorte aufzuweisen. So ist unter anderem der Bestand »Domgrabung« in der entsprechenden Abteilung (mit derselben Systematik wie der Hauptbestand) in den Räumlichkeiten der Dombauverwaltung untergebracht. Und auch die Glaswerkstatt kann auf eine Spezialsammlung in ihrer Nähe zurückgreifen. Diese bisher eher kleine »Bibliothek in der Bibliothek« hat nun eine umfangreiche, großzügige Schenkung durch die langjährige Leiterin Ulrike Brinkmann erfahren. Nach der Einarbeitung in den Bibliothekskatalog werden alle relevanten Bereiche der Literatur zur Glasmalerei (unter anderem Literatur zur Geschichte, zur Konservierung/Restaurierung oder zum Werk einzelner Künstlerinnen und Künstler) in einer außerordentlichen Breite zur Verfügung stehen.

Nach einer Unterbrechung wurde die Magazinierung historischer Bestände (bis circa 1900) bis zur Signatur T (Topografie) fortgeführt.[62] Der auf der Website der Dombauhütte digital verfügbare Bibliothekskatalog (OPAC) verzeichnet nunmehr rund 32.900 Einträge (Monografien, Sammelbände, Zeitschriften, Aufsätze).

6.3 Bildarchiv

Die Presse- und Öffentlichkeitsarbeit der Dombauhütte wurde auch in diesem Jahr durch das Bildarchiv umfangreich unterstützt. Für die Ausstellung »200 Jahre Wiederbegründung der Dombauhütte« recherchierte das Bildarchiv zahlreiche Bilder. Auch die Publikation des Kölner Domverlags »Archäologie im Kölner Dom« von Ulrich Back wurde durch die Herausgabe von Bildmaterial unterstützt – ebenso der Sammelband »Die Archäologie des mittelalterlichen Portals« der Universität Bamberg mit einem Beitrag von Matthias Deml und Albert Distelrath zum Michaelsportal des Kölner Domes.[63]

Im Berichtszeitraum konnte ferner die Stiftung Ruhr Museum bei der Erstellung einer Werkschau der Fotografin Ruth Hallensleben durch die Bereitstellung von Bildmaterial unterstützt werden.

Die fotografische Dokumentation der Restaurierungsarbeiten der Dombauhütte ist ebenfalls vom Bildarchiv weitgehend koordiniert worden. Ebenso wurde Bildmaterial für das Einpflegen in das neue Informationssystem MonArch vorbereitet.

Die für die Nutzung und Auffindbarkeit von neu gefertigten Aufnahmen verschiedener Fotografen notwendige Bearbeitung der Metadaten wurde fortgeführt, schwerpunktmäßig an Bilddaten der Fotografin Jennifer Rumbach. Die Sichtung und Bearbeitung des analogen Bildmaterials (Ektachrome, Schwarz-Weiß- und Farbabzüge) sowie der digitalen Bilddaten der Fotografen Reinhard Matz und Axel Schenk wurde fortgeführt.

6.4 Ankäufe und Schenkungen

Im Berichtszeitraum erhielt vor allem die Dreikönigensammlung des Dombauarchivs dank mehrerer Stiftungen von Lisa Weyand reichen Zuwachs. So wurden dem Archiv bereits im Dezember 2023 drei ausgesprochen qualitätvolle Hinterglasmalereien geschenkt, die jeweils einen der Heiligen Drei Könige, also Caspar, Melchior und Balthasar, zeigen. Die von ihrer Rückseite her bemalten und mit Blattgoldfolie versehenen Glasplatten stammen von Thomas Aquinus Rott (1766–1841), dem bekanntesten Vertreter einer über zwei Generationen tätigen Glasmalerfamilie aus der oberpfälzischen Marktgemeinde Winklarn, einem Zentrum der bayerischen Hinterglasmalerei.

Zur gleichen Zeit erhielt das Dombauarchiv ein größeres Ölgemälde des 18. Jahrhunderts mit der Darstellung einer Anbetung der Heiligen Drei Könige, reich an Details gemalt von Johannes Zick (1702–1762), der im Alter von 30 Jahren zum Hofmaler des Freisinger und später auch Lütticher Fürstbischofs Johann Theodor von Bayern avancierte. Er ist auch Vater des berühmten Freskenmalers Januarius Zick (1730–1797).

Außergewöhnlich sind zwei großformatige aquarellierte Kreidezeichnungen aus dem Umkreis des Pariser Malers und Illustrators Luc Olivier Merson (1846–1920), die als Entwurf für die Ausmalung eines kirchlichen Zentralbaus zu gelten haben und das Leben Jesu in verschiedenen ineinander übergehenden Szenen

---

61 Wiederbegründung der Kölner Dombauhütte, hg. vom Domforum und der Hohen Domkirche Köln, Köln 2024. – M[atthias] D[eml]: Jubiläumsjahr 200 Jahre Wiederbegründung Kölner Dombauhütte, in diesem Domblatt, S. 258–260.
62 60. Dombaubericht, 2019, S. 46. – 61. Dombaubericht, 2020, S. 58.
63 Ulrich Back: Archäologie im Kölner Dom – Forschungsergebnisse zu seiner Vor- und Baugeschichte, Köln 2023. – Matthias Deml, Albert Distelrath: Die Restaurierung des Michaelsportals am Kölner Dom, in: Die Archäologie des mittelalterlichen Portals – The Archaeology of the Medieval Portal, hg. von Stephan Albrecht, Ute Engel, Anna Knoblauch (Forschungen des Instituts für Archäologische Wissenschaft, Denkmalwissenschaften und Kunstgeschichte), Petersberg [in Vorbereitung].

26 | *Umkreis Luc Olivier Merson, Entwurf für die Ausmalung eines kirchlichen Zentralbaus,*
Detail, Anbetung der Könige

illustrieren, darunter auch eine Darstellung der Anbetung der Könige (Abb. 26). Beide Kartons wurden von Lisa Weyand im Mai 2024 bei dem Kölner Auktionshaus Lempertz ersteigert und gleich darauf dem Dombauarchiv übergeben.

Von Werner Schäfke erhielt das Dombauarchiv einen mehrfach gefalteten barocken Gebetszettel zum Geschenk mit einem Gebet, »welches zu Köllen am Rhein in der Domkirche mit goldenen Buchstaben geschrieben steht«. Von ihm erwarb das Dombauarchiv auch seltene Goldmünzen mit Dommotiven, darunter eine Fünf-Dollar-Münze von den Marianeninseln.

Im März 2024 konnte das Dombauarchiv eine ebenso qualitätvolle wie umfangreiche private Domsammlung ankaufen, die weit über zweihundert Positionen umfasst. Neben einer originalen Boisserée-Mappe, an die Arnold Wolff 1979 zur Produktion seiner Faksimile-Ausgabe diverse Anleihen machen musste, umfasst die sorgsam zusammengetragene Sammlung der Eheleute Heide und Ulrich Rochels Druckgrafiken des 16.–20. Jahrhunderts, mehrere Handzeichnungen, bestens erhaltene Exemplare der beiden Mappenwerke mit Illustrationen des historischen Festumzugs zur Domvollendung von Adolf Wallraf (1880) und Tony Avenarius (1881), Farblithografien zur Papstadresse von David Levy Elkan

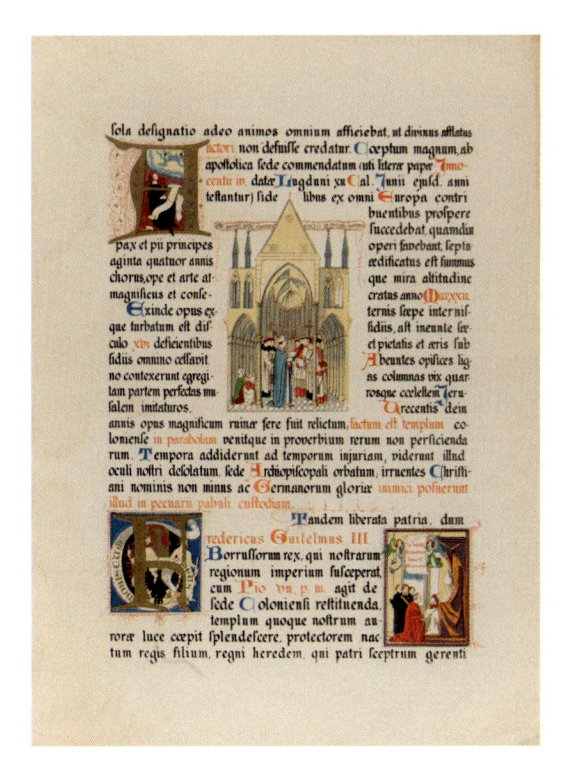

27 | David Levy Elkan, *Papstadresse*, 1848, fol. 3r mit Darstellung der Chorweihe 1322

28 | *Treppenpfostenaufsatz aus dem Holz des Domkrans in Form eines aufrecht sitzenden Löwen*

(1848) (Abb. 27), aber auch Tassen mit Dommotiven und vieles andere mehr. Als besonders spannende Rückkehr an den Dom erwies sich ein offensichtlich von einer Steinskulptur abgebrochener Frauenkopf, der als Haupt der heiligen Afra, einer 1879 von Peter Fuchs geschaffenen Archivoltenfigur aus dem östlichen Seiteneingang des Nordportals identifiziert werden konnte. Kleine Zierwasserspeier von Baldachinen dürften aus dem gleichen Portal stammen. Ein Ankauf der Sammlung Rochels war nur durch eine entsprechende Zuwendung der Kulturstiftung Kölner Dom möglich, der an dieser Stelle herzlich gedankt sei.

Ein weiterer Höhepunkt war sicher auch der Erwerb einer hölzernen Löwenfigur im Rahmen einer Auktion des Bonner Auktionshauses Von Zengen. Die circa 42 cm hohe Skulptur diente als Aufsatz eines Treppenpfostens im Hause der alteingesessenen Kölner Bürgerfamilie Rensing und zeigt einen aufrecht sitzenden Löwen mit einem Wappenschild, auf dem der mittelalterliche Domkran abgebildet ist (Abb. 28). Die ihn umgebende Inschrift nennt 1871 als das Entstehungsdatum der kleinen Skulptur und gibt Auskunft darüber, dass sie aus dem Holz des 1868 abgebauten Domkrans geschnitzt wurde. Damit ist der Löwe eines der seinerzeit überaus beliebten Souvenirs, die sich Kölner Bürger im 19. Jahrhundert aus Domkranholz fertigen ließen. Ein Stuhl aus dem Besitz der Kölner Fabrikantenfamilie Herbertz, ein historisches Kruzifix und ein Modell des Domkrans zählen zu jenen Domkransouvenirs, die bereits Eingang in die Kunstsammlung des Dombauarchivs gefunden haben.[64]

Aus dem Besitz von Dieter Jakob Schaafheim erwarb das Dombauarchiv im Juni 2024 ein besonders schönes zweifarbiges Exemplar des sogenannten Mettlacher Dombechers, ein nach Entwürfen des Architekten und Bildhauers Ludwig Foltz von Villeroy & Boch rund um das Dombaufest von 1848 produzierter Keramikbecher mit reichem Reliefdekor zum Dombau.[65] Zwischen 1845 und 1852 wurde das aufwendig gestaltete Zierstück über siebentausend Mal verkauft.

Ein Fußballtrikot des SC Fortuna Köln gelangte im Oktober als Geschenk des Kölner Bildhauers und Malers Cornel Wachter, der von 1985 bis 1987 auch als Steinmetz in der Dombauhütte tätig war, in das Dombauarchiv.

6.5 »Artist meets Archive«

2024 hat das Dombauarchiv erstmals an einem Programm der Internationalen Photoszene Köln teilgenommen, das sich »Artist meets Archive« nennt, und in dessen Rahmen sich internationale Künstlerinnen und Künstler in einem mehrwöchigen Aufenthalt intensiv mit Kölner Archiven auseinandersetzen. Die daraus entstehenden künstlerischen Arbeiten werden dann während des alle zwei Jahre stattfindenden Photoszene-Festivals der Öffentlichkeit in Ausstellungen präsentiert.

In einem Open Call hatten sich 59 Kunstschaffende aus aller Welt in erster Wahl und weitere 33 in zweiter Wahl für eine Zusammenarbeit mit dem Dombauarchiv entschieden. Unter diesen Bewerbern wurde von einer aus Vertreterinnen und Vertretern der Internationalen Photoszene Köln, der fotografischen Sammlung des Ruhr Museums Essen und des Kölner Dombauarchivs gebildeten Kommission der in Berlin lebende katalanische Künstler Andrés Galeano ausgewählt. Im Sommer 2024 hat er sich für drei Wochen mit den verschiedenen Sammlungen des Dombauarchivs vertraut gemacht. Dabei erregte vor allem ein eher unauffälliges Stück Stein seine Aufmerksamkeit, das in einer Vitrine im Eingangsbereich der Dombauverwaltung ausgestellt ist. Das kleine, mit Profil versehene Fragment aus Schlaitdorfer Sandstein stammt ursprünglich aus dem

---

[64] Klaus Hardering: Von prächtigen Lançaden, einem Festmahl der Kaiserin Augusta und einem Stuhl aus dem Holz des alten Domkranes, in: KDbl. 75, 2010, S. 86–103.

[65] Arnold Wolff: Der Mettlacher Dombecher von 1845 und seine Nachfolger, in: KDbl. 31/32, 1970, S. 29–52. – Klaus Hardering: Der Mettlacher Dombecher, in: Bayern & Preußen & Bayerns Preußen, Ausstellungskatalog Berlin, Augsburg 1999, S. 387–388, Kat.-Nr. 9.32. – Arnold Wolff: Der Mettlacher Kölner-Dom-Becher und sein Entwerfer Ludwig Foltz (Kleine Schriften zur Kölner Stadtgeschichte 12), Köln 2005.

Strebewerk auf der Südseite des Kölner Domes, löste sich dort vor etlichen Jahren infolge von Verwitterung, wurde aufgesammelt und zunächst im Büro des Hüttenmeisters aufbewahrt. Nun landen natürlich nicht alle herabgefallenen Steinfragmente des Domes im Dombauarchiv. Das Besondere an diesem speziellen Stein ist seine jüngere Geschichte.

Im Herbst 2013 erbat die Stadt Köln von der Dombauhütte ein kleines Stück Stein vom Dom, das eine bestimmte Größe wie auch ein ganz bestimmtes Gewicht nicht überschreiten durfte. Der Grund für diese Anfrage musste allerdings zunächst geheim bleiben. Bei einem Besuch des damaligen Kölner Oberbürgermeisters Jürgen Roters im Kölner ESA-Trainingszentrum wurde das kleine Domfragment an Alexander Gerst überreicht, der es am 18. Mai 2014 im Rahmen der Blue-Dot-Mission mit zur Raumstation ISS nahm, von wo er am 26. September 2014 dann auch eine kurze Videobotschaft mit dem in der Aussichtskapsel der Raumstation schwebenden Kölner Domstein sandte. Nach seinem Raumflug hat Alexander Gerst den kleinen Domstein an die Dombauhütte zurückgegeben. Danach wurde er für einige Monate in der Domschatzkammer ausgestellt, landete schließlich im Dombauarchiv und erhielt dort die Inventarnummer X-DBA-00408.

»Das Projekt beschäftigt sich mit dem Thema der Berührungsreliquie und der Auratisierung eines Gegenstandes. [...] Schließlich lädt ›X-DBA-00408‹ dazu ein, die Welt aus der Perspektive eines Steines zu betrachten und möchte auf die Zerbrechlichkeit des Kölner Domes aufmerksam machen, so wie die Blue-Dot-Mission auf die Zerbrechlichkeit des Lebens auf unserem blauen Planeten hingewiesen hat«, schreibt der Künstler in seinem Konzeptpapier.

Die Kosten für das Residency- und Konzeptionshonorar, wie auch einen Sockelbetrag für die Werkproduktions- und Ausstellungskosten hat dankenswerterweise die Kulturstiftung Kölner Dom übernommen.

7. Domschatzkammer

Wie schon im Vorjahr konnte die Domschatzkammer auch 2024 wieder einen erfreulichen Zuwachs der Besucherzahlen registrieren. Große Einbußen erfuhr sie jedoch im Dezember 2023 und im Januar 2024, als Dom und Schatzkammer wegen der Terrorgefahr für einige Wochen schließen mussten. Infolgedessen erfolgte ab Februar 2024 aus Sicherheitsgründen der Zugang zur Schatzkammer nur von außen und nicht mehr zusätzlich direkt vom Dom aus. Dies bescherte der Schatzkammer zwei Drittel weniger Besucher als im vergleichbaren Zeitraum des vergangenen Jahres. Ab März 2024 wurde der Durchgang vom Dom wieder geöffnet; der Eingang von außen ist aber seitdem geschlossen. Alle Besucher betreten daher die Schatzkammer ausschließlich über den Dom und müssen diese auch wieder durch den Dom verlassen. Die Schatzkammer erfuhr seitdem wieder einen regelrechten Besucheransturm, und es kam zeitweilig zu räumlichen Engpässen, vor allem im Foyer der Schatzkammer und im Museumsshop, wo sich die Besucher auf dem Weg zur Schatzkammer beziehungsweise zurück in den Dom begegnen. Es kann sich also bei dieser Lösung nur um einen Kompromiss handeln, der lediglich übergangsweise beibehalten werden sollte.

Zu den Aufgaben der Schatzkammer zählten auch im Berichtszeitraum wieder die fachliche und organisatorische Leitung der Arbeiten in der Goldschmiedewerkstatt des Domes und der Konservierungsmaßnahmen an den Textilien des Domes. Zudem erfolgte die organisatorische und technische Koordinierung des Schatzkammerbetriebes, die Beantwortung von Anfragen zur Sammlung und zu einzelnen Objekten des Domschatzes, die Begutachtung und Abwicklung von Leihanfragen, aber auch die Betreuung von Forschungsvorhaben und die Begleitung von Seminargruppen der unterschiedlichsten Universitäten. Zudem konnten 2023 und 2024 wieder drei Sonderausstellungen mit aufwendigem Leihverkehr konzipiert und realisiert werden.

Wie in jedem Jahr wurden die technischen Anlagen regelmäßig gewartet und von den Elektrikern der Dombauhütte mit großer Sorgfalt und Zuverlässigkeit betreut.

7.1 Ausstellungen
7.1.1 Ausgegraben – Archäologische Schätze aus dem Kölner Dom
Vom 15. Dezember 2023 bis zum 31. März 2024 zeigte die Schatzkammer die Ausstellung »Ausgegraben – Archäologische Schätze aus dem Kölner Dom«. Sie präsentierte erstmals eine Auswahl von charakteristischen Exponaten aus den verschiedenen Epochen der Domgeschichte, die bisher noch nicht gezeigt wurden.[66] Die Ausstellung wurde in enger Zusammenarbeit mit den Kolleginnen der Domgrabung, Vera Holtmeyer-Wild und Ruth Stinnesbeck, konzipiert. Zudem waren sie in den Ausstellungsaufbau und die Präsentation der Exponate eingebunden. Die konservatorische Betreuung lag in den Händen der Goldschmiedewerkstatt. Die Ausstellung wurde am 15. Dezember 2023 zur Verabschiedung des langjährigen Domarchäologen Dr. Ulrich Back in den Ruhestand im Kollegenkreis eröffnet. Begleitend erschien ein Booklet mit einem Katalog der ausgestellten Exponate. Die Beiträge verfassten Leonie Becks, Thomas Höltken, Vera Holtmeyer-Wild, Lily O'Flaherty und Ruth Stinnesbeck.[67] Vom 7. September 2024 bis zum Jahreswechsel 2024/25 ist die Ausstellung erneut zu sehen.

7.1.2 Elisabeth Treskow (1898–1992) – Goldschmiedin in Köln
Unter dem Titel »Elisabeth Treskow (1898–1992) – Goldschmiedin in Köln« zeigte die Schatzkammer vom 20. April bis zum 25. August 2024 eine Ausstellung zum

29 | *Elisabeth Treskow, Replikat der Meisterschale des Deuschen Fußballbundes für den 1. FC Köln, 1948–1949 (Entwurf), 2007 (Replikat von Koch & Bergfeld, Bremen)*

Werk der Kölner Goldschmiedin (ABB. 29).[68] Treskows Verbindung zum Kölner Dom war der Ausgangspunkt für die Präsentation, in der stellvertretend für das umfangreiche Gesamtwerk eine exemplarische Auswahl unterschiedlicher Goldschmiedearbeiten von den Anfängen bis in die 1960er-Jahre hinein gezeigt wurde. Schon kurz nach dem Zweiten Weltkrieg kam Elisabeth Treskow erstmals in Kontakt mit dem Kölner Dom. Als Leiterin der Gold- und Silberschmiedeklasse an den Kölner Werkschulen seit 1948 wurde sie mit der Wiederherstellung und der provisorischen Restaurierung des Dreikönigenschreines beauftragt. Durch seine kriegsbedingte Auslagerung und der damit verbundenen Transporte hatte der Schrein massive Schäden erlitten. Elisabeth Treskow regte schon zu diesem Zeitpunkt eine grundlegende Restaurierung an, die von 1961 bis 1973 auf

66 Ausgegraben – Archäologische Schätze aus dem Kölner Dom, in diesem Domblatt, S. 265–268.
67 Ausgegraben – Archäologische Schätze aus dem Kölner Dom. Eine Ausstellung der Kölner Domschatzkammer und der Kölner Domgrabung, 15. Dezember bis 17. März 2024, hg. von Leonie Becks, Köln 2023.
68 M[atthias] D[eml]: Elisabeth Treskow 1898–1992 – Goldschmiedin in Köln, in diesem Domblatt, S. 268–269.

30 | *Zur Ausstellungseröffnung trug die Kölner Oberbürgermeisterin Henriette Reker die von Elisabeth Treskow geschaffene Amtskette (1954–1955).*

ihre Empfehlung hin von den Silberschmieden Fritz Zehgruber (1889–1977) und Peter Bolg (1938–2020) durchgeführt wurde. Die Ausstellung umfasste 35 Exponate aus verschiedenen profanen und kirchlichen Sammlungen. Dies führte zu einem aufwendigen Leihverkehr mit insgesamt zehn Leihgebern.

Elisabeth Treskow war eine der bedeutendsten und produktivsten Goldschmiedinnen ihrer Zeit in Deutschland und bekannt für die von ihr zu hoher Meisterschaft geführten etruskischen Goldschmiedetechnik der Granulation. Als herausragendes Beispiel für diese Technik ist die Amtskette der Kölner Oberbürgermeister zu nennen, die für die gesamte Dauer der Ausstellung in der Schatzkammer gezeigt werden konnte. Neben weiteren profanen Schmuckstücken sowie kirchlichen und profanen Geräten unter anderem auch aus der ständigen Ausstellung wurde zudem erstmals die Amtskette der Juwelier-, Gold- und Silberschmiedeinnung von 1962–1964 gezeigt, an der neben Elisabeth Treskow verschiedene Kölner Goldschmiedewerkstätten mitgewirkt hatten.

Die festliche Eröffnung der Ausstellung konnte nach den Jahren der Pandemie erfreulicherweise wieder im Binnenchor des Domes stattfinden. Die Kölner Oberbürgermeisterin Henriette Reker sprach ein Grußwort und erwies uns die Ehre, ihre Amtskette zu tragen (Abb. 30).

Für die Präsentation der einzelnen Exponate schuf die Schreinerei der Dombauhütte die Ausstellungsarchitektur und die notwendigen Vitrineneinbauten, Sockel und Präsentationsflächen. Zudem unterstützten die Kolleginnen und Kollegen der Schreinerei die Goldschmiede-Restauratorinnen beim Aufbau und der Einrichtung der Vitrinen. Die konservatorische Betreuung bei Transport, Auf- und Abbau der Leihgaben lag in den Händen der Goldschmiedin und Metallrestauratorin Claudia Magin, die auch die Leihgabentransporte betreute.

Durch den großen Bekanntheitsgrad von Elisabeth Treskow konnte sich die Schatzkammer über zahlreiche Besucher freuen, die eigens zur Ausstellung anreisten. Im Kölner Domverlag erschien ein 60-seitiger von Marko Seeber gestalteter Katalog mit Fotografien von Jennifer Rumbach und Texten von Leonie Becks und Lily O'Flaherty.[69]

8. Der Dom auf Ausstellungen

Das Deutsche Glasmalerei-Museum Linnich widmete sich im Rahmen der Sonderausstellung »Junge Rebellen – Polke, Richter & Friends. Experimentelle Avantgarde im Spannungsfeld von Glaskunst, Malerei und Fotografie« vom 29. Oktober 2023 bis 8. September 2024 moderner Glaskunst und präsentierte zwei Farbverglasungen aus dem Depotbestand der Dombauhütte. Die beiden circa 100 × 85 cm großen Objekte zeigen zwei technisch unterschiedliche Varianten zur Umsetzung des künstlerischen Entwurfes, den Gerhard Richter für das 2007 eingesetzte Südquerhausfenster angefertigt hatte.

Die vom ehemaligen Schreiner der Dombauhütte Norbert Klewinghaus angefertigten Rekonstruktionen von Bettchen und Stuhl aus dem fränkischen Knabengrab reisten nach Abbau der im letzten Berichtszeitraum genannten Bonner Ausstellung »Das Leben des BODI« unmittelbar weiter nach Chemnitz, wo sie vom 26. Oktober 2023 bis 28. April 2024 im Staatlichen Museum für Archäologie im Rahmen der Ausstellung »home sweet home – Archäologie des Wohnens«[70] gezeigt wurden. Nach über vierzehnmonatiger Abwesenheit sind sie in das Schaudepot der Domgrabung zurückgekehrt. Die hier gezeigten Exponate zum Alten Dom wurden im Januar 2024 um das Fragment einer karolingischen Wandmalerei aus dem Fundbestand der Grabung bereichert.

Die Domschatzkammer war mit verschiedenen Exponaten in folgenden Ausstellungen vertreten. Unter dem Titel »Voyage dans le cristal« zeigte das Musée de Cluny in Paris vom 26. September 2023 bis zum 14. Januar 2024 eine Ausstellung zur Kunst- und Kulturgeschichte des Bergkristalls. Aus der Domschatzkammer wurden neben dem Vorsängerstab mit Bergkristallbekrönung, Köln, um 1200 (Inv.-Nr. L 183), und dem Vorsängerstab mit der Anbetung der Könige, Köln, um 1178–1350/60 (Inv.-Nr. L182), der kugelförmige Bergkristallanhänger (Inv.-Nr. DGF 1/11700) sowie zwei weitere Bergkristallperlen (Inv.-Nr. DGF 1/11695 und DGF 1/11731) aus dem fränkischen Frauengrab, um 537 n. Chr., ausgeliehen.

9. Öffentlichkeitsarbeit

Auch im Berichtszeitraum 2023/24 waren wieder zahlreiche nationale und internationale Film- und Fernsehteams zu Besuch im Kölner Dom und in der Dombauhütte. Ende 2023 konnten die Dreharbeiten für die aufwendige Arte-Dokumentation »Der Kölner Dom – Die französische Kathedrale am Rhein« abgeschlossen werden (Abb. 31). Der knapp anderthalb Stunden lange Dokumentarfilm war

---

69 Leonie Becks: Elisabeth Treskow (1898–1992) – Goldschmiedin in Köln, Ausstellungskatalog, Köln 2024.
70 Home sweet home – Archäologie des Wohnens, hg. von Christina Michel, Sabine Wolfram, Ausstellungskatalog Chemnitz, Dresden 2023, S. 185, Kat.-Nr. 4.29, S. 224–225, Kat.-Nr. 6.35.

31 | *Dreharbeiten für die Arte-Dokumentation »Der Kölner Dom – Die französische Kathedrale am Rhein«, 2023*

ab Sommer 2024 wiederholt im Fernsehen zu sehen und ist in der Mediathek des Senders verfügbar. Ferner gab es neben den Dreharbeiten zu tagesaktuellen Themen wieder zahlreiche kleinere Film-, Radio- und Printproduktionen – etwa für Reiseberichte, insbesondere aber auch im Rahmen der Europa-Fußballmeisterschaft 2024. In den zahlreichen Berichten zum Austragungsort Köln durfte das Wahrzeichen der Stadt natürlich nicht fehlen. Besonderes Interesse fanden in diesem Rahmen das 1966 entstandene Fußballerkapitell und der als kleiner Zierwasserspeier am Dom verewigte Hennes vom 1. FC Köln. Leider wurde in manchen Medien, die nicht nachfragten, fälschlicherweise ein in den 1920er-Jahren kopierter mittelalterlicher Wasserspeier als Hennes ausgegeben. Am 17. Juli berichtete das ARD-Mittagsmagazin in einer Liveschalte über die Arbeiten der Kölner Dombauhütte.

Tagesaktuelle Themen, über die in den Medien ausgiebig berichtet wurde, waren vor allem der Abschluss der ersten Restaurierungsphase des Michaelsportals, die Schließung des Domes wegen Terrorgefahr während der Weihnachtszeit, der Ausstieg der Hohen Domkirche aus dem Neubauprojekt Historische Mitte, das Kolloquium und die erste Jurysitzung zum Internationalen Kunstwettbewerb, das 200-jährige Jubiläum der Wiederbegründung der Kölner Dombauhütte, die Bauarbeiten am Nordturm des Domes, die Edition von Domgrafiken von Hans-Jürgen Kuhl zugunsten des ZDV, der Staatsbesuch des italienischen Staatspräsidenten im Kölner Dom und die Wahl von Barbara Schock-Werner zur neuen Präsidentin des ZDV. Für heftige Diskussionen sorgte eine vom Bundesfinanzministerium herausgegebene, von einer Künstlichen Intelligenz kreierte Dombriefmarke. Im Vorfeld der Wiedereröffnung der Pariser Kathedrale Notre-Dame wurde auch immer wieder über die im vergangenen Jahr abgeschlossene Restaurierung von Fenstern aus Notre-Dame in der Glasrestaurierungswerkstatt der Dombauhütte berichtet.

An domeigenen, über die tagesaktuellen Themen hinausgehenden Produktionen ist etwa der vom Domforum produzierte halbstündige Imagefilm zum Dom zu nennen, der seit dem Sommer 2024 im Kino des Domforums zu sehen ist. Wie in jedem Jahr wurde neben zahlreichen kleineren Filmproduktionen für die Website www.koelner-dom.de und die sozialen Medien wieder ein filmischer Adventskalender erstellt. Für die Website wurde unter dem Titel »Der Dom und ›die Juden‹« ein Rundgang in deutscher und englischer Sprache veröffentlicht, der über die antijüdischen Artefakte und weitere Kunstwerke, die im Bezug zum Judentum stehen, informiert. Der allgemeine Rundgang zu den Kunstwerken im Dom wird zurzeit neu aufgesetzt.

32 | Die Belegschaft der Kölner Dombauhütte im 200. Jahr ihres Bestehens

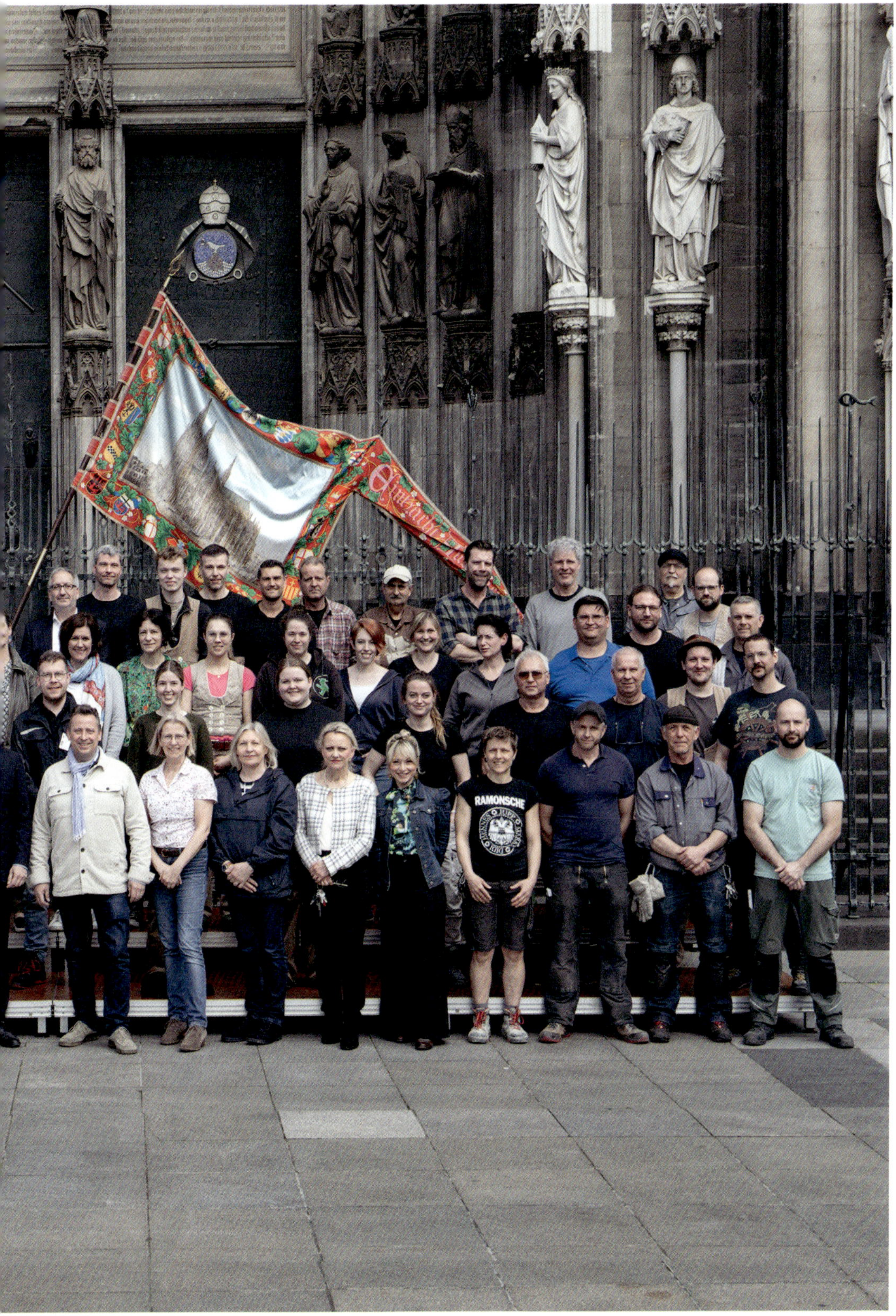
RAMONSCHE

Zehn Jahre Steinrestaurierungswerkstatt am Kölner Dom – eine Fachtagung zum Jubiläum

Albert Distelrath

Mit Gründung der Steinrestaurierungswerkstatt im Jahr 2013 wurde in der Kölner Dombauhütte ein neues Kapitel aufgeschlagen. Natürlich gab es schon zuvor Steinrestaurierungs- und Steinkonservierungsmaßnahmen am Kölner Dom. Aber mit der Einrichtung einer eigenen Werkstatt vor über zehn Jahren sind diese Arbeiten nun auch institutionell in der Dombauhütte fest verankert. Damit haben sich die Arbeitsschwerpunkte in verschiedenen Bereichen geändert, Arbeitsprozesse wurden angepasst, erweitert und verbessert. Dies betrifft nicht nur die eigentliche Arbeit am Stein in Form konservatorischer Maßnahmen, sondern vor allem auch die Weiterentwicklung der Dokumentation unter anderem durch die Einführung einer digitalen Kartierung und das Erstellen von Restaurierungs- und Abschlussberichten. Gerade die kontinuierliche Kartierung ist nicht nur Selbstzweck und Instrument zur nachträglichen Dokumentation, sondern ein Werkzeug zur Verbesserung der Baustellenplanung und Arbeiten. Es zeigt sich, dass die Steinrestaurierungswerkstatt zehn Jahre nach ihrer Gründung nunmehr fester Bestandteil der Kölner Dombauhütte geworden ist und die Ergebnisse der Werkstatt mittlerweile auch über die Kölner Grenzen hinweg Beachtung finden. So steht die Kölner Werkstatt in regem Austausch mit

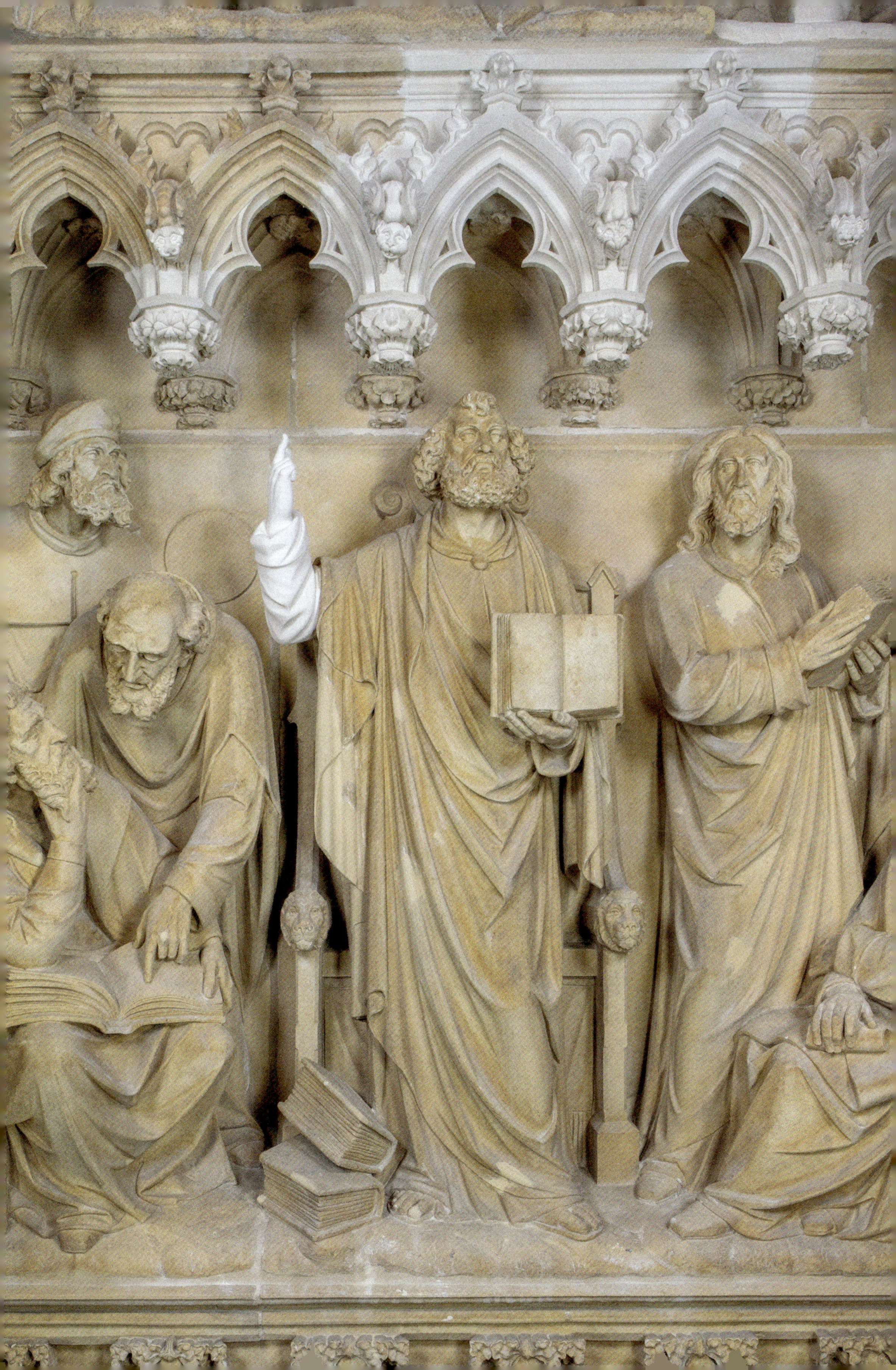

Hochschulen, Laboren, Institutionen, Ämtern und anderen europäischen Bauhütten. Dieser gegenseitige Wissenstransfer war und ist sehr förderlich für eine fortwährende und positive Weiterentwicklung der Werkstatt und ihrer Methoden. Mittlerweile besteht ein großes interdisziplinäres Netzwerk von Fachkollegen und Experten, auf deren Wissen themenspezifisch zurückgegriffen werden kann.

Gründung, Entwicklung und Struktur der Steinrestaurierungswerkstatt

Schon immer sind am Kölner Dom steinerhaltende Maßnahmen durchgeführt worden, auch wenn diese als Reparatur oder Schutz verstanden wurden. Da das mittelalterliche Dombauarchiv Ende des 18. Jahrhunderts verloren ging, können solche Eingriffe nur noch durch Bestandsaufnahmen am Bauwerk nachvollzogen und interpretiert werden. Erst mit dem 19. Jahrhundert belegen die Archivbestände steinrestauratorische Maßnahmen, die auch als solche ausgeführt worden sind. So wurden damals bereits Antragungen zur Schließung von kleineren Fehlstellen eingebracht. Diese zum Teil aus stark zementhaltigen Mörteln[1] erstellten Ergänzungen sind heute noch am Dom erkennbar. Auch vorbeugende Steinschutzmaßnahmen wie das Auftragen von Leinöl auf den Steinoberflächen[2] wurden damals schon ausgeführt.

Im 20. Jahrhundert erfolgten weitere Maßnahmen. Erste methodische Testreihen zu Steinkonservierung und -beständigkeit wurden bereits unter Dombaumeister Bernhard Hertel in den 1920er-Jahren angelegt.[3] Unter Dombaumeister Arnold Wolff wurden von den 1970er-Jahren bis in die 1990er-Jahre viele richtungsweisende Forschungsprojekte in die Wege geleitet, aus denen neue Erkenntnisse zur Steinverwitterung und zum -erhalt gewonnen werden konnten. Darauf aufbauend erfolgte die Entwicklung und Anwendung neuer Verfahren und Materialien wie unter anderem das Hydrophobieren[4] von Natursteinfassaden. Die methodische Auswertung und wissenschaftliche Betreuung derartiger Maßnahmen führten damals schon dazu, Verfahren, deren Wirksamkeit gar nicht oder nur sehr bedingt nachweisbar waren, zu verwerfen.[5]

Trotz aller Bestrebungen, geeignete Restaurierungsmittel zu finden oder zu entwickeln und den Verwitterungsprozess der Dombausteine zu verstehen und

---

1 Thomas Schumacher: Großbaustelle Kölner Dom. Technik des 19. Jahrhunderts bei der Vollendung einer gotischen Kathedrale (Studien zum Kölner Dom 4), Köln 1993, S. 37, 322–323.
2 Schumacher [1], S. 37, 250–252.
3 Arnold Wolff: 19. Dombaubericht. Von September 1976 bis September 1977, in: KDbl. 42, 1977, S. 93–150, hier: S. 102.
4 Arnold Wolff: 16. Dombaubericht. Von September 1973 bis September 1974, in: KDbl. 38/39, 1974, S. 61–94, hier: S. 70–71. – Ders.: 18. Dombaubericht. Von September 1975 bis September 1976, in: KDbl. 41, 1976, S. 131–166, hier: S. 143–144. – Ders.: [3], S. 95, 101–108.
5 Arnold Wolff: 30. Dombaubericht. Von Oktober 1988 bis September 1989, in: KDbl. 54, 1989, S. 11–60, hier: S. 55–57.

aufzuhalten, wurde der Austausch von Stein gegenüber konservatorischen Maßnahmen bis ins 21. Jahrhundert bevorzugt. Mit einem DBU-Forschungsprojekt zum mittelalterlichen Drachenfels-Trachyt[6] im Zeitraum von 2003–2006 begann sich dies auch an der Kölner Dombauhütte allmählich zu ändern. So wurden Rezepturen für Antragungen aus Mörtel entwickelt und zunächst an kleinen Testflächen zur Anwendung gebracht. Steinrestaurierung und -konservierung wurden auch seitens der Denkmalpflege mehr und mehr präferiert, sodass die Steinmetzinnen und Steinmetzen der Dombauhütte im Zuge eines zweiten DBU-Projektes über die Wechselwirkungen der Dombau- und ihrer Ersatzgesteine[7] ab 2010 mit großflächigen Restaurierungsarbeiten an den Maßwerken und Fenstergewänden im Chorobergaden begannen. Dafür wurden Werktrockenmörtel genutzt, die sich bereits am Xantener Dom bewährt hatten.[8]

Daher überrascht es nicht, dass 2013 auch an der Kölner Dombauhütte unter Dombaumeister Michael Hauck eine eigene Werkstatt zur Steinrestaurierung gegründet wurde, die zunächst eine Steinrestauratorin und zwei Steinrestauratoren umfasste.[9] Eine Finanzierung der neuen Stellen erfolgte anfänglich über ein Patenprogramm des Zentral-Dombau-Vereins.[10] Organisatorisch wurde die neue Werkstatt zunächst als Stabsstelle direkt beim Dombaumeister angegliedert.[11] So konnten die neuen Mitarbeitenden zwar schnell in ihre Aufgabenfelder eingewiesen werden, aber die Integration der neuen Werkstatt in die vorhandene Struktur der Dombauhütte war schwierig. Die Steinrestaurierungswerkstatt arbeitete autark und war den Baustellen und Projekten zum Teil übergeordnet zugeteilt. Bestehende Vorbehalte gegenüber den Änderungen in den Arbeitsweisen und Strukturen wurden dadurch nicht abgebaut, sondern eher befördert. So kam es unter Dombaumeister Peter Füssenich und seinem Vertreter Albert Distelrath 2017 zu einer Umstrukturierung und Eingliederung der Steinrestaurierung als gleichgestellte Werkstatt in die Organisation der Dombauhütte. Zudem wurde ein Werkstattleiter ernannt und der handwerkliche Aspekt neben der akademischen Ausbildung wieder stärker hervorgehoben.

Heute arbeiten in der Werkstatt sowohl zwei an Hochschulen ausgebildete Steinrestauratorinnen mit handwerklicher Ausbildung als auch eine Restaura-

6 Modellhafte Entwicklung von Konservierungskonzepten für den stark umweltgeschädigten Trachyt an den Domen zu Köln und Xanten, Abschlussbericht, DBU-Projekt, Aktenzeichen/AZ 20105, Köln, Xanten 2006.
7 Untersuchung und Simulation der anthropogenen umweltinduzierten Verwitterung ausgewählter Naturwerksteine und ihrer Interdependenzen mit historischen und neuzeitlichen Baumaterialien am Dom zu Köln, Abschlussbericht, DBU-Projekt,

Aktenzeichen/AZ 28253, Köln, Göttingen 2013.
8 Barbara Schock-Werner: 52. Dombaubericht. Von Oktober 2010 bis September 2011, in: KDbl. 76, 2011, S. 128–195, hier: S. 133.
9 Michael Hauck: 54. Dombaubericht. Von September 2012 bis September 2013, in: KDbl. 78, 2013, S. 8–119, hier: S. 42.
10 Hauck [9], S. 16.
11 Hauck [9], S. 12.

1 | *Köln, Dom, Michaelsportal, Schluss-reinigung im Sommer 2023*

2 | *Köln, Dom, Michaelsportal, Überarbeitung von Anschlüssen an Vierungen im Sommer 2023*

torin im Malerhandwerk sowie zwei erfahrene Steinmetze aus der Dombauhütte. Gerade diese Zusammensetzung ermöglicht es der Werkstatt, auf die unterschiedlichsten Herausforderungen der Baustellen zu reagieren. Dabei kann durch die fachübergreifende Besetzung das gesamte Spektrum von der wissenschaftlichen Vorbereitung und Begleitung der Maßnahmen bis hin zur qualitätvollen handwerklichen Ausführung genutzt werden. Je nach Anforderungen der Baumaßnahmen werden die Baustellenteams heute zudem abteilungs- und gewerksübergreifend zusammengestellt, sodass eine kooperative und zielorientierte Zusammenarbeit aller Beteiligten gewährleistet werden kann.

Die unterschiedlichen Aufgaben und Arbeitsfelder der Steinrestaurierungswerkstatt

So unterschiedlich wie die aus acht Jahrhunderten stammenden vielgliedrigen Bauteile des Domes und die Werke seiner hochwertigen künstlerischen Ausstattung sind, so vielseitig sind inzwischen die Aufgabengebiete der Steinrestaurierungswerkstatt. Maßnahmen werden von Anfang an mit Voruntersuchungen und Kartierungen über die Konzeptfindung und Ausführung bis hin zur Schlussdokumentation begleitet. Der Umfang der Maßnahmen ist dabei ebenfalls sehr unterschiedlich und reicht von der kurz angelegten Reinigung einer Skulptur bis zur umfangreichen, über Jahre dauernden Restaurierung des Michaelsportals, einer der größten Portalbaustellen Europas, für die die Dombauhütte 2022 den Peter Parler-Preis als Sonderpreis erhalten hat (Abb. 1–2, Abb. S. 71).[12] Um das breite Spektrum darzustellen, können die Arbeiten am Michaelsportal hier nur exemplarisch aufgeführt werden.

Die Komplettierung des Bildprogramms durch die Steinmetze und Bildhauer[13] wurde in vielfacher Hinsicht von der Steinrestaurierungswerkstatt begleitet. Dies betraf insbesondere die digitale Zustandsdokumentation mit Tablets vor Ort auf der Baustelle sowie die umfangreiche Reinigung des Portals mittels einer Kombination aus Partikelfeinstrahlen und Lasern. Im Rahmen des Projektes wurden drei eigene Laser für die Dombauhütte angeschafft, die drei Jahre für die Reinigungsarbeiten am Portal im Einsatz waren.[14] Während

---

12 Matthias Deml: Kölner Dombauhütte erhält Peter Parler-Preis, Pressemitteilung vom 28. November 2022.
13 Siehe Uta Tröger, Tanja Pinkale: Die Rekonstruktion neugotischer Skulpturen und Zierelemente. Tests zu modernen und traditionellen Ergänzungsmethoden am Michaelsportal, in diesem Domblatt, S. 174–191.

14 Albert Distelrath, Matthias Deml, Tanja Pinkale: Die Restaurierung des Michaelsportals am Kölner Dom, in: Natursteinsanierung 2020. Neue Natursteinrestaurierungsergebnisse, messtechnische Erfassungen und Sanierungsbeispiele, Tagung am 13./14. März 2020 in Karlsruhe und Köln, hg. von Gabriele Patitz, Karin Schinken, Stuttgart 2020, S. 15–23, hier: S. 17.

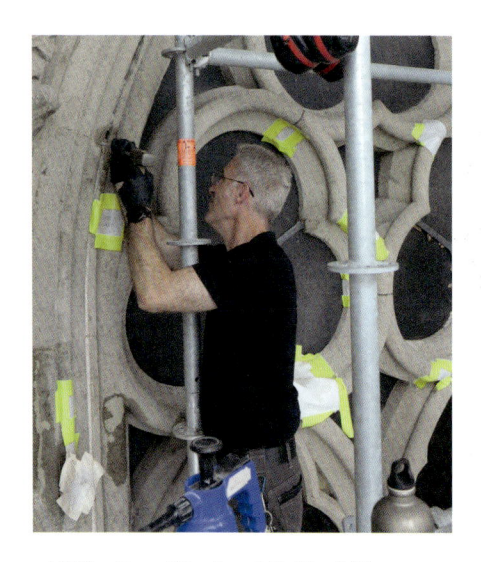

3 | Köln, Dom, Chorbaustelle Nord (F 14.1–F 15.1), Vorbereitungen von Antragungen im Maßwerk von Fenster n X

4 | Köln, Dom, Chorbaustelle Nord (F 14.1–F 15.1), Schließen von Fugen im Maßwerk von Fenster n VI

der Restaurierungsmaßnahmen erstellte die Steinrestaurierungswerkstatt die baubegleitende Fotodokumentation sowie die Materiallisten. Zudem erfolgte eine Unterstützung bei der Materialauswahl und -anpassung nach technischen Gesichtspunkten. Rissinjektionen und -verschlüsse, Klebungen, Verfugungen der Neuteile und Vierungen sowie die Nachreinigung wurden ebenfalls von der Steinrestaurierung durchgeführt. Neben den durch die Bildhauer und Steinmetzen gefertigten Vierungen aus Kalk- und Sandstein wurden von den Steinrestauratoren insbesondere in den nicht figürlichen Bereichen Antragungen aus Mörtel erstellt.[15] Nach der Fertigstellung des Tympanons und der Archivolten im Jahre 2023 werden derzeit die fünf großen Standfiguren im Wimperg des Portals unter Anwendung der hütteneigenen Laser gereinigt und konserviert.

Den Schwerpunkt der letzten Jahre bildeten sicherlich die Vorbereitung und der Beginn einer umfangreichen Restaurierung aller mittelalterlichen Bauteile des Kölner Domes aus Drachenfels-Trachyt, eine Aufgabe, die auch in den nächsten Jahren hohe Priorität haben wird. Zunächst erfolgten die Reinigung und substanzschonende Instandsetzung der Maßwerke, Gewände und Wimperge zahlreicher Obergadenfenster im Chor des Domes[16] in Zusammenhang mit der notwendigen Restaurierung der historischen Königsfenster durch die Glaswerkstatt der Dombauhütte. Die Erfahrungen aus den DBU-Projekten flossen in diese

15 Albert Distelrath: Die Teilergänzungen an Baldachinen vom Michaelportal – ein Werkbericht, in: KDbl. 84, 2019, S. 58–65, hier: S. 64.
16 Schock-Werner [8], S. 133.

ersten Arbeiten ein.[17] 2018 wurde mit der schon lange anstehenden Restaurierung der Außenmauern der Chorkranzkapellen begonnen. Eine erste Baustelle, die auch als Testachse zur Entwicklung neuer Methoden und Materialien dient, wurde im Norden des Chores eingerichtet (ABB. 3–4).[18] Neben der Anpassung und Verbesserung der Kartierung und Dokumentation brachten vertiefende bauhistorische Untersuchungen[19] neue Erkenntnisse zur Bau- und Konstruktionsgeschichte des Domes. So ist der Bestand an Originalsubstanz deutlich höher als zunächst angenommen. Nicht zuletzt aufgrund dieser Erkenntnisse wurde das Restaurierungsziel neu definiert: hin zu größtmöglichem Erhalt mittelalterlicher Bausubstanz und entsprechender Minimierung des Steinaustausches. Als notwendige Vorbereitung der Maßnahmen wurde das im Obergaden entwickelte Reinigungsverfahren für die ältesten Bauteile des Domes (in Zusammenarbeit mit dem Kultursponsoring der Firma Kärcher) angepasst. Neue Strahlpistolen erlauben ein effizientes Ausdünnen von Krusten und Anlagerungen auch an großen Wandflächen.[20] Ein weiterer Schwerpunkt liegt auf der Zusammenarbeit mit der wiederbelebten Arbeitsgruppe des DBU-Trachytprojektes: Gemeinsam mit der Dombauhütte Xanten sowie der ebenfalls hinzugezogenen Berner Münsterbauhütte werden neue Antragsmörtel, Schlämme und Fugenmörtel speziell für den Drachenfels-Trachyt entwickelt (ABB. 5).[21] Nach umfangreichen Tests auch in den Laboren der Technischen Hochschule Köln und der Erstellung

5 | *Erstellen von Probekörpern für Tests neuer Antragsmörtel*

---

17 55. Dombaubericht. Von Oktober 2013 bis September 2014, in: KDbl. 79, 2014, S. 8–73, hier: S. 24–25.
18 Peter Füssenich: 59. Dombaubericht. Von Oktober 2017 bis September 2018, in: KDbl. 83, 2018, S. 8–61, hier: S. 14.
19 Maren Lüpnitz: Baubeobachtungen an den Kranzkapellen des Kölner Domes, in: KDbl. 87, 2022, S. 84–125.
20 Albert Distelrath, Tanja Pinkale: Zum Erhalt von Drachenfels-Trachyt. Befunderhebung, Zielsetzung und Konzeptentwicklung an den ältesten Außenwänden des Kölner Domes, in: Natursteinsanierung 2023. Neue Natursteinrestaurierungsergebnisse, messtechnische Erfassungen und Sanierungsbeispiele, Tagung am 10./11. März 2023 in Karlsruhe und Rottweil, hg. von Gabriele Patitz, Karin Schinken, Stuttgart 2023, S. 7–28, hier: S. 17–18.
21 Distelrath, Pinkale [20], S. 22.

6 | *Reinigung und Entstaubung der Chorpfeilerfiguren im Binnenchor*

zahlreicher Musterflächen kam es zu ersten großflächigen Anwendungen der neuen Restaurierungsmaterialien an der »Chorbaustelle Nord« (F 14.1–F 15.1).[22] Der erste Bauabschnitt der Chorrestaurierung steht nun kurz vor dem Abschluss. Die nächsten Bauabschnitte sind an der Südseite des Chores sowie mit der Fortsetzung der Maßnahmen am spätgotischen Pfeiler F 03 am Nordturm geplant. Die Arbeiten wurden auf zahlreichen Fachtagungen im In- und Ausland präsentiert und verschiedentlich publiziert.[23]

Die Steinrestaurierungswerkstatt ist auch für die konservatorischen Belange in der Domgrabung zuständig. Sie betreut durch Auslesen und Auswerten von Klimadaten das Klimamonitoring in der Grabung. Möglichst stabile Klimabedingungen sind die Voraussetzung für einen guten Schutz der für den Dom wichtigen Bodendenkmäler. Des Weiteren werden auch konservatorische Maßnahmen, wie zuletzt die Untersuchung fragiler römischer Wandfassungen in einem vertieften Grabungsschnitt oder Reinigungstests an Fundamentabschnitten, ausgeführt.[24]

Die Dombauhütte ist in Teilen auch für die hochwertige künstlerische Ausstattung des Domes verantwortlich. Neben externen Restauratoren übernehmen auch die Mitarbeitenden der Steinrestaurierungswerkstatt verschiedene Aufgaben. Insbesondere die Sicherung und Konservierung von Architekturpolychromie an Kapitellen, Fenstergewänden und Zierelementen der Maßwerke stehen dabei im Vordergrund. Exemplarisch seien hier die Konservierung von mehrschichtigen Farbfassungen an Kapitellen und Gewölberippen der Chorkapellen,[25] die Konservierung der Wandfassungen in der Achskapelle, aber auch die Sicherung und Ergänzung jüngerer Malereien, wie unter der Orgelempore,[26] aus der Mitte des 20. Jahrhunderts genannt. Die regelmäßige Entfernung von Staub und Ruß auf einzelnen Objekten der Ausstattung, wie beispielsweise den Chorpfeilerfiguren von 1290, gehört ebenfalls zum Aufgabengebiet der Steinrestaurierung (Abb. 6).[27]

22 Peter Füssenich: 64. Dombaubericht. Von Oktober 2022 bis September 2023, in: KDbl. 88, 2023, S. 8–71, hier: S. 21–27.
23 Distelrath, Pinkale [20]. – Dies.: Erhaltungskonzept für Drachenfels-Trachyt – Konservierung der Chorkranzkapellen F 14–F 15.1. Ein Werkbericht, in: KDbl. 87, 2022, S. 58–83. – Albert Distelrath: Conservation Work on the Gothic Choir of Cologne Cathedral. An Everlasting Task, in: European Cathedrals. The Equilibrium Between Conservation and Spirituality, proceedings of the European Cathedrals Malta Conference 11–12 May 2023, Valletta 2023, S. 153–161. – Tanja Pinkale: Materialwissenschaft trifft Praxis. Die fortschreitende Restaurierung des Chorkapellenkranzes am Dom zu Köln, in diesem Domblatt, S. 84–97.
24 Peter Füssenich: 65. Dombaubericht. Von Oktober 2023 bis September 2024, in diesem Domblatt, S. 6–69, hier: S. 51–53.
25 Peter Füssenich: 56. Dombaubericht. Von Oktober 2014 bis September 2015, in: KDbl. 80, 2015, S. 8–63, hier: S. 28.
26 Füssenich [22], S. 41–42.
27 Peter Füssenich: 58. Dombaubericht. Von Oktober 2016 bis September 2017, in: KDbl. 82, 2017, S. 10–73, hier: S. 52. – Ders.: 63. Dombaubericht. Von Oktober 2021 bis September 2022, in: KDbl. 87, 2022, S. 8–57, hier: S. 36.

7 | *Reinigungs- und Konservierungsarbeiten am Mosaikboden sowie am Chorgestühl im Binnenchor*

Während der Coronapandemie nutzte die Dombauhütte die eingeschränkte Zugänglichkeit des Domes zu umfangreichen Reinigungs- und Konservierungsmaßnahmen, insbesondere der Domböden. Neben der Grundreinigung der Sandsteinböden im Lang- und Querhaus bildete die Konservierung und Reinigung der Mosaikböden des ausgehenden 19. Jahrhunderts im Domchor einen besonderen Schwerpunkt. Neue Reinigungsmaschinen und -verfahren kamen und kommen hierbei zur Anwendung (Abb. 7).[28]

Alle Maßnahmen an der Ausstattung im Dom fließen in einen Pflegeplan ein. Gerade die regelmäßige Pflege und Wartung tragen wesentlich zur Erhaltung der wertvollen Kunstschätze bei. Unterlassene Pflege führt nicht nur zur Schädigung der Ausstattung, sondern zwangsläufig auch zu wesentlich aufwendigeren Instandsetzungsarbeiten und damit auch zu deutlich höheren Kosten in der Zukunft.

28 Peter Füssenich: 62. Dombaubericht. Von Oktober 2020 bis September 2021, in: KDbl. 86, 2021, S. 8–65, hier: S. 40–41.

8 | *Baumonitoring am Wimperg des Petersportals an der Westfassade des Domes*

Kooperationspartner der Steinrestaurierungswerkstatt

Um diese vielschichtigen, nur exemplarisch geschilderten Maßnahmen bestmöglich ausführen zu können, steht die Steinrestaurierungswerkstatt in engem Kontakt zu Kollegen und Kooperationspartnern innerhalb und außerhalb der Dombauhütte.

So ist der stete Austausch mit den anderen Werkstätten der Dombauhütte und sämtlichen am Dom tätigen Gewerken elementar für die erfolgreiche Arbeit auf den Baustellen. Zusammen mit der Steintechnik werden die Grundlagen der Kartierung erarbeitet und das Baumonitoring vorbereitet und durchgeführt (Abb. 8). Hierzu wurde ein »Digitaler Zwilling« des Domes erstellt. Für die Bauforschung, die Baudokumentation und die Vorbereitung von Publikationen wird auf die Bestände des Dombauarchivs und der Bibliothek zurückgegriffen und die Expertise der dortigen Fachkollegen und -kolleginnen eingeholt.

Trotz des hohen Fachwissens der über 90 Mitarbeitenden der Dombauhütte ist es wichtig, über den »Tellerrand« der eigenen Arbeit hinauszuschauen. Dabei ist der Austausch mit anderen europäischen Bauhütten besonders wichtig, zumal dort ähnliche Fragestellungen bestehen. So stehen die Dombauhütte und ihre Steinrestaurierungswerkstatt in Verbindung mit den Bauhütten in Aachen, Bern, Freiburg, Mainz, Soest und Xanten, beim Trachytprojekt auch mit jenen Kolleginnen und Kollegen, die die Restaurierung des Utrechter Domturmes betreut haben. Im Rahmen des internationalen Forschungsprojektes »Nano-Cathedral« entstand der Kontakt zu den europäischen Bauhütten und Restaurierungsteams in Gent, Pisa, Oslo, Vitoria und Wien.

Für den wissenschaftlichen Dialog und die Nutzung der Labore besteht Kontakt zu verschiedenen Hochschulen wie zum Beispiel der Technischen Hochschule Köln und der Universität für angewandte Kunst in Wien. Der Austausch mit der Denkmalpflege insbesondere mit den restauratorischen Fachabteilungen des LVR-Amtes für Denkmalpflege im Rheinland ist geprägt von hohem Vertrauen und konstruktiver Zusammenarbeit. Aber auch der Fachaustausch mit Firmen wie Denkmalpflege Schorn, Restauratoren Kartäuserhof und anderen sowie der Kontakt zu Industrie und Wirtschaft, genannt seien hier die Firma Remmers und das Kärcher Kultursponsoring, sind eine wichtige Konstante in der Entwicklung von Restaurierungsmethoden. Nicht zuletzt sind auch die Präsentation der Ergebnisse und der fachspezifische Austausch mit Kolleginnen und Kollegen auf Tagungen zielführend.

Ausblick
Nach der Entwicklung von Konservierungs- und Restaurierungsverfahren für den ausschließlich im Mittelalter verwendeten Drachenfels-Trachyt und der Konzipierung entsprechender Mörtel werden basierend auf diesen Erkenntnissen derzeit Verfahren und Materialien für den vor allem in den Strebewerken des 19. Jahrhunderts verwendeten Schlaitdorfer Sandstein entwickelt. Dabei ist die gesteinsspezifische Verwitterung des Schlaitdorfer Sandsteins wesentlich weiter fortgeschritten als beim Trachyt. Dies ist vor allem auf den komplexen Einfluss bauschädlicher Salze zurückzuführen, eine Erkenntnis, die bei der Erarbeitung eines Restaurierungskonzeptes berücksichtigt werden muss. Zu einem ersten Fachaustausch war die Steinrestaurierungswerkstatt jüngst zu Besuch bei der Ulmer Münsterbauhütte, die bereits umfangreiche Erfahrungen mit dem dort ebenfalls für Strebebögen und -pfeiler, aber auch zum Turmausbau verwendeten Sandstein aus Schlaitdorf und dessen restauratorischer Behandlung gesammelt hat. Auch die Expertise des Berner Hüttenmeisters, der zuvor in Ulm tätig war, unterstützt die Konzeptfindung für das Kölner Strebewerk.

Für die Verbesserung der Dokumentation wird die Kartierung zunehmend auf 3-D umgestellt beziehungsweise ergänzt. Dafür arbeitet die Steinrestaurierungswerkstatt mit der Softwarefirma fokus GmbH Leipzig zusammen, die das Programm Metigo Map, basierend auf Feedback und Anfragen der Werkstatt, fortwährend weiterentwickelt. In diesem Jahr wurde das Datenbanksystem MonArch in der Dombauhütte eingeführt. Dabei werden Dateien, Archivalien und sonstige Dokumente bauteilorientiert abgelegt. Auch hier arbeitet die Steinrestaurierungswerkstatt eng mit der Steintechnik und dem Dombauarchiv zusammen, um die zugrunde liegende Bauteilbenennung zu erarbeiten und die technischen Voraussetzungen für das »digitale Archiv« zu schaffen.

Tagung zu Fragen der Steinrestaurierung und -konservierung

Anlässlich ihres zehnjährigen Jubiläums veranstaltete die Steinrestaurierungswerkstatt der Kölner Dombauhütte im Oktober 2023 eine Tagung zum Umgang mit Steinrestaurierung und -konservierung. Zum Fachaustausch auf Ebene der ausführenden Gewerke waren neben den Mitarbeitenden der Kölner Dombauhütte auch Partner, Freunde und Weggefährtinnen der vergangenen Dekade eingeladen.

Die Ergebnisse der vielen interessanten Vorträge und hoch spannenden Diskussionen sind nun im vorliegenden Kölner Domblatt zusammengefasst.

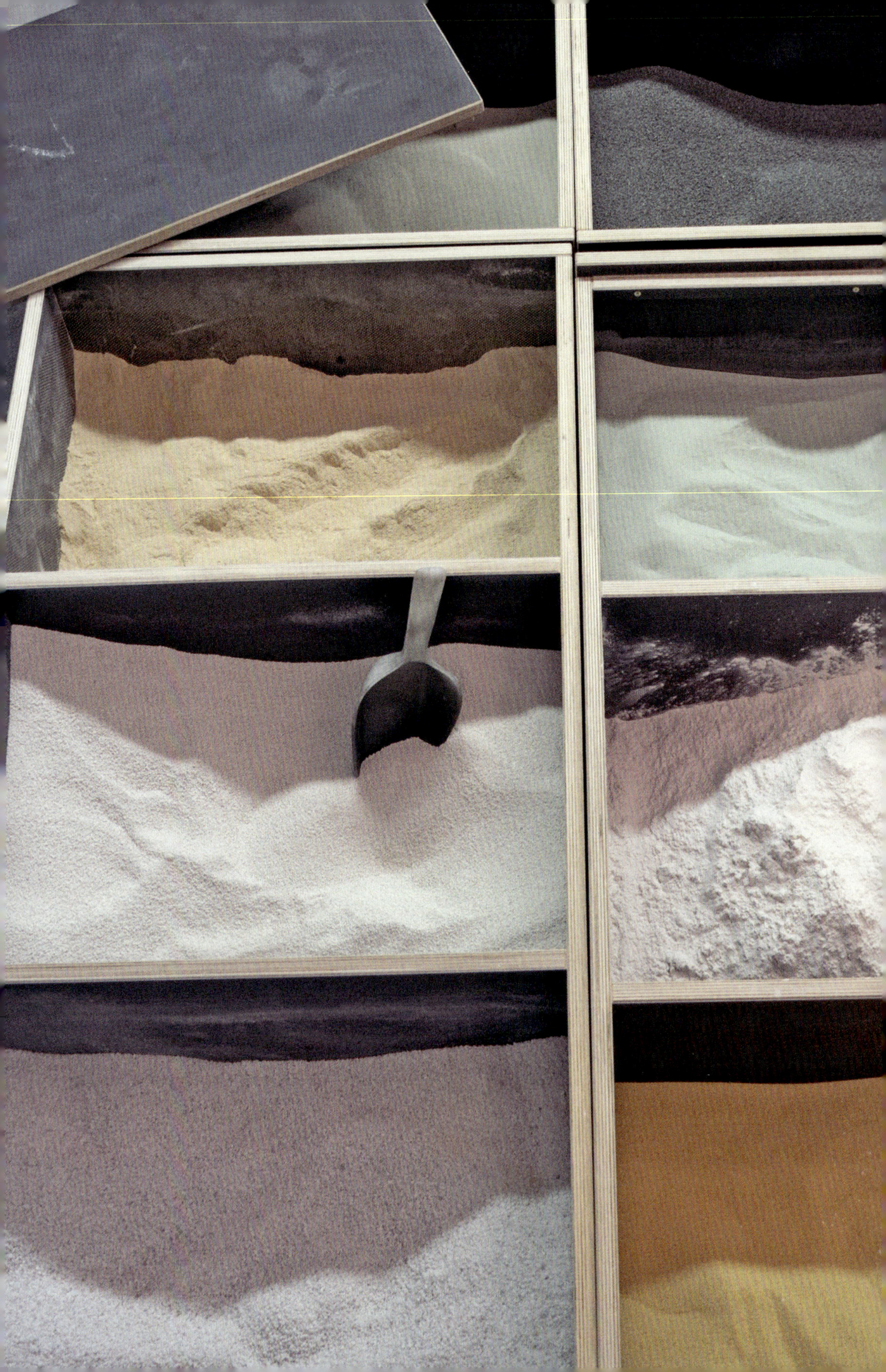

Materialwissenschaft trifft Praxis
Die fortschreitende Restaurierung des Chorkapellenkranzes am Dom zu Köln

Tanja Pinkale

Bei der Tagung »Fachaustausch zum Steinerhalt«, die letztendlich auch zum Leitthema dieses Domblattes wurde, informierte die Steinrestaurierungswerkstatt der Kölner Dombauhütte als Ausrichter über die Erhaltungsmaßnahmen am Chorkapellenkranz. Dazu wurden Bestands- und Zustandserfassung, anfängliche Zielsetzung, die Entwicklung und Prüfung von Restaurierungsverfahren und -materialien sowie die erste Phase der Maßnahmenausführung vorgestellt. Dieser Teil entspricht inhaltlich dem Werkbericht zum Erhaltungskonzept für Drachenfels-Trachyt an den Wandabschnitten F 14–F 15.1.[1] Der vorliegende Beitrag baut darauf auf und ver-

---

1 Albert Distelrath, Tanja Pinkale: Erhaltungskonzept für Drachenfels-Trachyt – Konservierung der Chorkranzkapellen F 14–F 15.1. Ein Werkbericht, in: KDbl. 87, 2022, S. 58–83. – Dies.: Zum Erhalt von Drachenfels-Trachyt. Befunderhebung, Zielsetzung und Konzeptentwicklung an den ältesten Außenwänden des Kölner Domes, in: Natursteinsanierung 2023. Neue Natursteinrestaurierungsergebnisse, messtechnische Erfassungen und Sanierungsbeispiele, Tagung am 10./11. März 2023 in Karlsruhe und Rottweil, hg. von Gabriele Patitz, Karin Schinken, Stuttgart 2023, S. 7–28.

1 | *Köln, Dom, Pfeiler F 15.1 (Ostwand) auf 14 m Höhe, Mörtel gebunden mit dispergiertem Weißkalkhydrat (links), NHL 2 und Weißzement (mittig) sowie Zement (rechts, Rajasil STRM grob)*

mittelt Fortschritte und neue Erkenntnisse in der Restaurierung der mittelalterlichen Außenwände aus Drachenfels-Trachyt. Im vergangenen Jahr wurden wesentliche Aspekte der gegenwärtigen Baustellenpraxis publiziert, wie zum Beispiel die Schwerpunktverlagerung von weitgehend konservatorischer hin zur restauratorischen Arbeitsweise, die Entscheidung, die Oberflächenbearbeitung auf Vierungen und Neuteilen mit druckluftgetriebenen Eisen vorzunehmen, sowie die bedarfsgerechte Ausführung von Versetzarbeiten durch die Steinrestaurierungswerkstatt.[2] Ergänzend dazu wird hier die fortlaufende Prüfung von Restaurierungsmaterialien in den Mittelpunkt gestellt, die durch das ausgewogene Zusammenspiel von Handwerkspraxis und Wissenschaft geprägt ist.

Weiterführende Materialuntersuchung
Die Außenwände der Chorkranzkapellen bestehen größtenteils noch aus dem im Mittelalter verbauten Trachyt vom Drachenfels. Zur Erhaltung dieses historisch wertvollen Bestandes führt die Dombauhütte seit 2018 umfangreiche Untersuchungen zum Witterungsverhalten des Vulkangesteins sowie zur Entwicklung von Restaurierungsmaterialien durch.

Mit der Neubelebung der Arbeitsgruppe »Trachyt-Projekt«[3] wurde im Jahr 2018 die enge Verbindung zwischen Labor und Baustelle zur bestimmenden Vorgabe für die Erarbeitung wissenschaftlicher Fragestellungen am Chorkapellenkranz. Gerade der fachübergreifende Abgleich von Handwerkspraxis und normierter Untersuchungsmethodik sowie die gemeinsame Auswertung der Laborergebnisse durch erfahrene Hüttenmitarbeiter und Laborangestellte führen zu baurelevanten Fragestellungen und praxisnahen Antworten. Diese werden im Folgenden am Beispiel der Restauriermörtel und Schlämmen sowie der Ersatzgesteine vorgestellt.

2 Peter Füssenich: 64. Dombaubericht. Von Oktober 2022 bis September 2023, in: KDbl. 88, 2023, S. 8–71, hier: S. 21–27.

3 Peter Füssenich: 59. Dombaubericht. Von Oktober 2017 bis September 2018, in: KDbl. 83, 2018, S. 8–61, hier: S. 14–15.

2 | *Rückseite der Mörtel aus Abb. 1 nach manueller Abnahme. Der hütteneigene Mörtel (2. von links) weist nur wenig Trachytkörnung auf und hat sich in einem kompakten, rissfreien Stück gelöst.*

Restauriermörtel und Schlämme

Bereits 2022 überzeugte der an der Bauhütte hergestellte Restauriermörtel auf der Bindemittelbasis von natürlich-hydraulischem Kalk, Weißzement und Trass durch Struktur, Farbigkeit und Verarbeitbarkeit. Auch hatten kleinformatige Test-Applikationen seine Verarbeitbarkeit bei der Restaurierung des Drachenfels-Trachyts bewiesen,[4] doch waren bis dato nicht alle Materialkennwerte bekannt. Nachdem Wasseraufnahme und Trocknungsverhalten – entscheidende Eigenschaften bei der Auswahl von Steinersatzmassen – den Anforderungen entsprachen, begannen im Frühjahr 2023 großflächige Restaurierungsmaßnahmen an der Engelbertus- und Maternuskapelle.

Bis zu diesem Zeitpunkt basierten Aussagen zur Druck- und Haftzugfestigkeit des Steinrestauriermörtels nur auf Kalkulationen und empirischen Versuchen an der Baustelle. Bei diesen Tests sind Antragungen einer circa zweieinhalb Jahre alten Versuchsfläche (Abb. 1) mit kontrollierten Hammerschlägen abgenommen und die Bruchbilder sowie Kontaktflächen untersucht worden. Der hütteneigene Mörtel hielt – anders als der Mörtel auf Basis von dispergiertem Weißkalkhydrat – mehreren Schlägen stand, bevor er sich in zwei großen, kompakten Stücken vom Trachyt löste. Dennoch war die Anhaftung nicht so stark, dass Steinkörnung abgerissen wurde und Schaden am Originalgestein entstanden ist. Dies war bei einem Werktrockenmörtel auf Zementbasis zu dokumentieren. So sind an der Kontaktfläche des konzipierten Festmörtels nur vereinzelte Gesteinskörner beziehungsweise Kristalle festzustellen (Abb. 2). Die empirischen Vortests be-

---

4 Distelrath, Pinkale 2022 [1], S. 73–74.

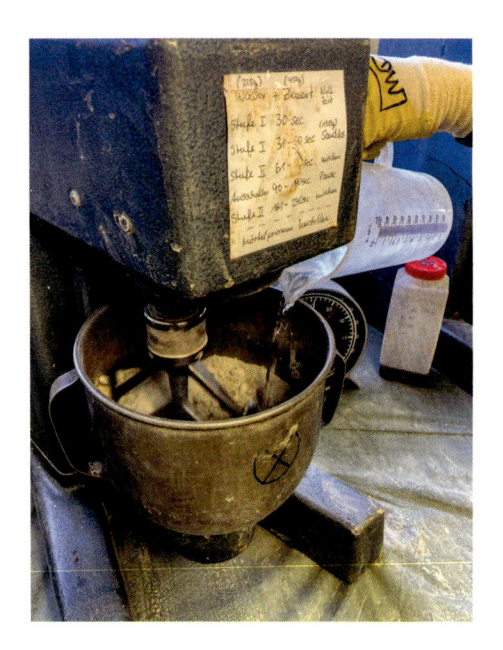

3 | Herstellung der Frischmörtel im Baustofflabor der TH Köln mit elektrischen Mischern

stätigen die ausreichende Anhaftung und den guten inneren Zusammenhalt des »Hütten-Mörtels« sowie die exzellente Verbindung der einzelnen Frischmörtelschichten, aus denen die Antragung besteht.

Druck- und Haftzugfestigkeit sind entscheidende Kriterien für die Beurteilung eines Restauriermörtels. Daher beauftragte die Kölner Dombauhütte das Baustofflabor der Technischen Hochschule (TH) Köln mit der Ermittlung dieser Werte.[5] Um die Untersuchungen trotz DIN-Normen und standardisierter Prüfverfahren möglichst realitätsnah zu gestalten, wurde am Dom das Wasser-Trockenmörtel-Verhältnis ermittelt, das die bestmögliche Haftung und Modellierbarkeit der Mörtel bietet. Dabei entstanden die Kategorien »erdfeucht«, »seidenmatt« und »feucht« (Tabelle 1, Spalte 1–3). Auf den Baustellen variiert die Mörtelkonsistenz aufgaben- und klimabedingt meist zwischen »seidenmatt« und »feucht«, während die »erdfeuchte« Mischung für viele Arbeitsschritte als zu trocken erachtet wird. Neben der Ermittlung von Durchschnittswerten sollten die Laboruntersuchungen auch die Auswirkung dieses situativen Vorgehens am Bau auf die finalen Mörteleigenschaften aufzeigen. Die Mörtel und Prüfkörper sind im Baustofflabor deshalb in Zusammenarbeit mit einem Mitarbeiter der Steinrestaurierungswerkstatt hergestellt worden. Der größte Unterschied bei der Mörtelverarbeitung im Labor und auf der Baustelle besteht im Ansetzen des Frischmörtels: Im Labor wird das Anmachwasser nicht manuell eingerührt, sondern mit elektrischen Mischern (Abb. 3).[6]

Dennoch bestätigen die Untersuchungen den Eindruck der Hüttenmitarbeiter zur Mörtelkonsistenz und zeigen deutlich den Einfluss des Anmachwassers auf die Mörteleigenschaften: Die »erdfeuchte« Mischung bleibt beim Ausbreitversuch,[7] einem Test, bei dem die Fließfähigkeit von Frischmörtelproben unter Eigenlast überprüft wird, nahezu in ihrer Ausgangsform, während der »seidenmatte« Mör-

---

5 Karolina Ochwat: Materialuntersuchung an Proben eines von der Dombauhütte entwickelten Steinrestauriermörtels für den Drachenfels-Trachyt, 19. Januar 2024, DBA, Köln, Aktenarchiv nach 1945, Nr. 2021.

6 DIN EN 196-1:2016-11, Prüfverfahren für Zement, Teil 1: Bestimmung der Festigkeit.
7 DIN EN 1015-3:2007-05, Prüfverfahren für Mörtel für Mauerwerk, Teil 3: Bestimmung der Konsistenz von Frischmörtel (mit Ausbreittisch).

4 | *Ermittlung des Ausbreitmaßes der Frischmörtel im Baustofflabor der TH Köln. Der »erdfeuchte« Mörtel (links) verbleibt in seiner Ausgangsform, während sich die »seidenmatte« Mischung (rechts) auf einen Durchmesser von 151,5 mm ausbreitet.*

tel ein Ausbreitmaß von durchschnittlich 151,5 mm aufweist. Die Mörtelmischung mit dem größten Wasseranteil erreicht sogar ein Ausbreitmaß von 180 mm (Tabelle 1, Spalte 4). Damit besitzt der Mörtel in der am Chor genutzten Konsistenz eine mittlere bis hohe Fließfähigkeit, ohne dass Bindemittelabsonderungen oder Kornseparierungen auftreten (Abb. 4). Mörtel mit solchen Eigenschaften zeich-

Frisch-mörtel	Trocken-mörtel [g]	Wasser [g]	Ausbreit-maß [mm]	Frischm.-rohdichte [kg/m³]	Prüfkörper-geometrie [mm]	Lagerung bis zur Prüfung
»erd-feucht«	212,5	1.500	n.m.	entfällt	160×40×40 Stahl	Wasserlagerung 20 °C
	255	1.800	n.m.	2,22	160×40×40 Stahl	abgedeckt bei 20 °C/65 % rF
»seiden-matt«	276	1.800	150	2,21	160×40×40 Stahl	abgedeckt bei 20 °C/65 % rF
	460	3.000	153	2,21	200×50×50 Schaltafeln	abgedeckt bei 20 °C/65 % rF
»feucht«	297	1.800	180	2,17	160×40×40 Stahl	abgedeckt bei 20 °C/65 % rF

Tabelle 1: Frischmörteleigenschaften

5 | *Einformen der Frischmörtel in die Stahlformen mit 4×4×16 cm Innenmaß sowie die Holzformen mit 5×5×20 cm Innenmaß*

nen sich durch eine ausgewogene Sieblinie aus und sind vielseitig einsetzbar, da sie sowohl modellierbar als auch im Gussverfahren nutzbar sind und Armierungs- beziehungsweise Bewehrungsmaterialien zuverlässig umschließen.

Nachfolgend sind aus den Mörteln Prüfkörper hergestellt worden. Um den Einfluss der Prüfkörpergeometrie auf die Druckfestigkeit der Mörtel zu untersuchen, wurden zwei verschiedene Formen mit Kantenlängen von 4 beziehungsweise 5 cm genutzt (Tabelle 1, Spalte 6). Das Einformen erfolgte auf dem Vibrationstisch (Abb. 5),[8] wobei der »erdfeuchte« und der »seidenmatte« Mörtel zusätzlich verdichtet wurden. Zeitgleich erfolgte die Ermittlung der Frischmörtelrohdichte, die mit steigendem Wassergehalt von 2,22 kg/m^3 auf 2,17 kg/m^3 abnimmt (Tabelle 1, Spalte 5). Diese Kompaktheit weist den Mörtel als normal- bis schwergewichtig aus und lässt hohe Festigkeit, Stabilität und Robustheit des Festmörtels erwarten.[9]

Da die Prüfungen als Vortests für eine größere Untersuchungsserie fungieren, sind neben der benötigten Materialmenge und der Probengeometrie auch die Verdichtung und die Lagerungsbedingungen beim Abbinden der Mörtel von Interesse. Beides verläuft an der Baustelle unter anderen Bedingungen als im Labor. Die Mörtelverdichtung erfolgt in situ nur durch das Andrücken beziehungsweise Modellieren der Antragungen, während das Abbinden der Mörtel vom vor-

8 DIN EN 196-1:2016-11 [6], Anhang A, Typ A.
9 DIN EN 998-2:2017-02, Festlegungen für Mörtel im Mauerwerksbau, Teil 2: Mauermörtel. – DIN EN 1015-10:207-05, Prüfverfahren für Mörtel für Mauerwerk, Teil 10: Bestimmung der Trockenrohdichte von Festmörteln.

herrschenden Klima beeinflusst wird. Bei der Restaurierung können damit weder Rüttler noch Einstampfverfahren, Klimaschrank oder Wasserlagerung eingesetzt werden. Um ein zu schnelles Austrocknen der Mörtel zu verhindern, werden die Antragmassen an der Baustelle für sieben Tage mit feuchtem Vlies abgedeckt.[10] Dies berücksichtigend hat das Baustofflabor Testreihen mit verschiedenen Lagerungsbedingungen konzipiert: So ist ein Teil der Prüfkörper über sieben Tage mit feuchtem Vlies abgedeckt, dann ausgeformt und bis zum 28. Tag bei 20 °C und 65 % relativer Luftfeuchtigkeit (rF) gelagert worden, während ein anderer Teil gemäß der standardisierten Zementmörtelprüfung bereits am Folgetag ausgeformt und den gleichen Klimaparametern ausgesetzt wurde. Bei der »erdfeuchten« Mischung erfolgte testweise auch die Lagerung im Wasserbad.

Die Tests ergaben, dass die Mörtel bereits nach wenigen Tagen ausreichend belastbar sind, um sie auszuformen. Auch das Lagern im Wasserbad ist möglich, weist aber eine große Diskrepanz zur Baustellenpraxis auf. Da der Vergleich mit den mit Vlies abgedeckten Prüfkörpern keinen Unterschied in der Druckfestigkeit ergab – beide »erdfeuchten« Mischungen erreichen 10,5 Megapascal (MPa) (Tabelle 2, Spalte 4) – wird die Wasserlagerung für zukünftige Testreihen ausgeschlossen.

Die Bestimmung der Mörtelfestigkeit erfolgte nach 28 Tagen. Zunächst wurde die Biegefestigkeit gemessen, bei der die Prüfkörper im Randbereich auf zwei Punkten aufliegen und durch mittige Druckbelastung brechen. Die Bruchstücke wurden anschließend zur Ermittlung der Druckfestigkeit verwendet.

Festmörtel	Mittelwerte Rohdichte [g/cm³]	Mittelwerte Biegefestigkeit [MPa]	Mittelwerte Druckfestigkeit [MPa]
»erdfeucht«	2,165	3,13	10,5
»erdfeucht«	2,011	2,78	10,5
»seidenmatt«	1,972	2,26	8,23
»feucht«	1,948	1,9	6,96

Tabelle 2: Festmörteleigenschaften (nur Mittelwerte)

---

10 Distelrath, Pinkale 2022 [1], S. 81.

Entsprechend der Rohdichte nimmt mit steigendem Wasseranteil im Frischmörtel auch die Druckfestigkeit ab und erreicht Werte zwischen 6,96 MPa und 10,5 MPa (Tabelle 2, Spalte 4). Die an der Chorbaustelle üblichen Mörtelkonsistenzen »seidenmatt« und »feucht« entsprechen damit der Anforderung, weicher zu sein als der Drachenfels-Trachyt (72 MPa). Davon ausgehend sollte die Druckfestigkeit eines Restauriermörtels für dieses Gestein unter 43 MPa liegen.[11]

Von besonderem Interesse für die Restaurierungsarbeiten sind die Tests, bei denen die Mörtel bereits am Folgetag ausgeformt wurden und während der ersten Tage nicht mit Vlies abgedeckt waren. Diese ergaben für den »seidenmatten« Mörtel eine um bis zu 50 % reduzierte Druckfestigkeit,[12] was die zwingende Notwendigkeit unterstreicht, die Frischmörtel an der Baustelle für mindestens eine Woche abzudecken und feucht zu halten. Dies bestätigen auch jüngste Ergebnisse einer Testreihe, bei der der »seidenmatte« Mörtel der Baustellenpraxis entsprechend nach einem Tag ausgeformt wurde und für sieben Tage in ein feuchtes Vlies eingeschlagen war, bevor die Prüfkörper bis zum 28. Tag bei 20 °C und 65 % rF gelagert wurden: Die mittlere Druckfestigkeit dieser Mörtel liegt mit 14,1 MPa am höchsten.[13] Druckfestigkeitsdifferenzen von 31 % an Würfeln mit 4 beziehungsweise 5 cm Kantenlänge[14] erscheinen hingegen zu groß, um nur auf die Prüfkörpergeometrie zurückgeführt werden zu können. Deshalb ist eine Wiederholung der Testreihe geplant.

Seit dem Frühjahr 2024 wird die Festigkeitsentwicklung des Steinrestauriermörtels untersucht. Da die Carbonatisierung des hydraulischen Kalkes und des Zementes mehrere Wochen dauert, ist die nach 28 Tagen ermittelte Druckbelastbarkeit der Mörtel nur als »Anfangsfestigkeit« zu verstehen. Der erwartete Anstieg der Messwerte wird deshalb über ein Jahr dokumentiert. Die endgültige Druckfestigkeit wird demnach über den heute bekannten Werten liegen, jedoch nicht auf das Dreifache ansteigen, das laut Anforderungsprofil vertretbar wäre.

Neben der Druckfestigkeit ist die Haftzugfestigkeit ein wesentlicher Wert bei der Beurteilung von Steinrestauriermörteln. Um auch bei deren Ermittlung die Baustellenpraxis einzubeziehen, werden Messungen nicht nur an normierten Mörtel-Beton-Prüfkörpern, sondern auch an Mörtel-Trachyt-Prismen durchgeführt. Geplant sind dazu sowohl Labortests wie auch Feldversuche an den Trachytbaustellen des Kölner Domes. Ein Vortest an Mörteltestflächen, die 2020 an der Achskapelle aufgebracht und der Witterung ausgesetzt wurden (Abb. 6), legt

---

[11] Rolf Snethlage, Michael Pfanner: Leitfaden Steinkonservierung. Planung von Untersuchungen und Maßnahmen zur Erhaltung von Denkmälern aus Naturstein, Stuttgart ⁵2019, S. 233.
[12] Mitteilung von Prof. Dr. Björn Siebert (TH Köln) und Karolina Ochwat (TH Köln) am 29. November 2023.
[13] Mitteilung von Karolina Ochwat (TH Köln) am 29. Juli 2024.
[14] Ochwat [5], S. 2–3.

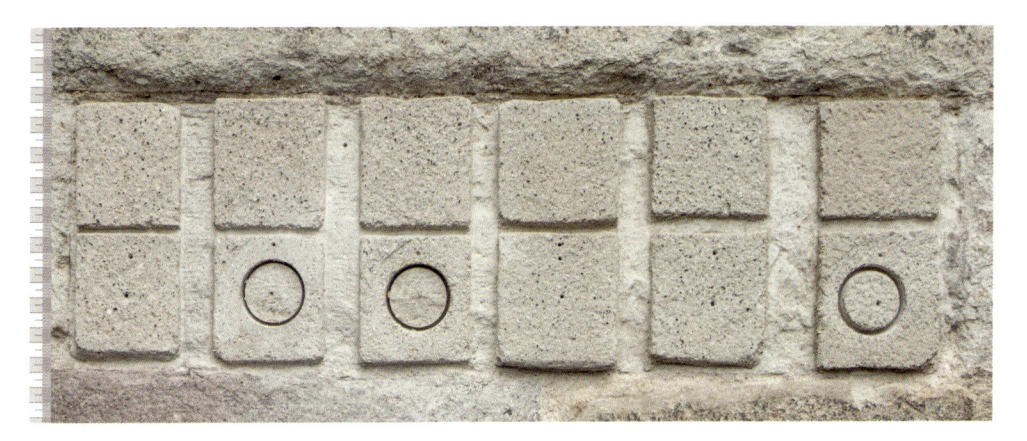

6 | *Testfeld an der Achskapelle (A 17.2–A 18) nach Haftzugmessung an eigenen Restauriermörteln für Drachenfels-Trachyt*

7 | *Haftzugstempel nach durchgeführter Messung. Der Mörtel auf Basis von NHL 2, Weißzement und Trass (links) zeigt einen durchgehenden Adhäsionsbruch und gute Stabilität, während der Mörtel auf Basis von NHL 3,5 (rechts) im Randbereich bröckelt.*

anhand des ermittelten Widerstandes und des eingetretenen Adhäsionsbruches (ABB. 7) für den heute genutzten Mörtel gute Haftzugwerte nahe.

Nicht zuletzt wird zudem die Anfangsfestigkeit der hütteneigenen Schlämme bestimmt. Auf diese Weise soll der Einfluss der Sieblinie auf die Mörteleigenschaften ermittelt werden. Da sich Schlämme und Restauriermörtel ansonsten in Bindemittelzusammensetzung und Mischungsverhältnis gleichen, lassen sich so auch Rückschlüsse auf die Festigkeitsentwicklung der Schlämme ziehen.

Naturstein

Im Jahr 2022 wurde zudem überlegt, neben dem bereits verwendeten Montemerlo-Trachyt auch Peperino Duro, einen italienischen Tuffit beziehungsweise trachytischen Ignimbrit, als Ersatz für den Drachenfels-Trachyt zu nutzen. Kennwerte einer Peperino-Lieferung aus dem Jahr 2019 hatten das Gestein zwar als passendes Ersatzmaterial ausgewiesen,[15] doch empfahlen die im »Trachyt-Projekt« involvierten Geologen die Prüfung einer zweiten Charge.[16] Denn Tuffite/Ignimbrite entstehen als Vertreter der Auswurfgesteine durch zum Teil pyroklastische Asche- und Gesteinsablagerungen bei und nach Vulkanausbrüchen. Sie gelten deshalb als heterogen, was sich vor allem in einer schlechten Sortierung – dem Nebeneinanderliegen großer und kleiner Fragmente – sowie glasig verschmolzenen Zonen ausdrückt.[17] Größere Schwankungen der physiko-mechanischen Kennwerte sind bei diesen Vulkangesteinen deshalb nicht ungewöhnlich und sollten 2023 an einer weiteren Gesteinslieferung überprüft werden.

Ein Diagramm (TABELLE 3) zeigt die 2019 erhobenen Kennwerte von Prüfkörpern aus Drachenfels-Trachyt sowie den Ersatzgesteinen Montemerlo-Trachyt und Peperino Duro,[18] ergänzt um die Werte der Peperino-Duro-Lieferung von 2023.[19] Während sich Rohdichte, offene Porosität und Wasseraufnahme der beiden Chargen ähneln, fallen Biege- und Druckfestigkeit der Lieferung von 2023 geringer aus als bei dem 2019 gelieferten Gestein.

Auch die Druckfestigkeit eines Ersatzgesteines sollte geringer sein als die der zu erhaltenden Gesteinsvarietät.[20] Daher eignet sich die neue Peperino-Duro-

15 Distelrath, Pinkale 2022 [1], S. 76.
16 Mitteilung von Prof. Dr. Roman Koch (Univ. Erlangen-Nürnberg) am 15. September 2020 in Köln.
17 Roman Koch: Prüfung von Naturwerkstein. Untersuchung von zwei »Tuff«-Proben des »Trachyte« Santifiora (Italien), Handelsname: Peperino duro/Lava grigia als eventuelles Austauschmaterial für Drachenfels-Trachyt am Kölner Dom, 28. August 2018, DBA, Köln, Aktenarchiv nach 1945, Nr. 2020.
18 Rudolf Hoscheid, Christian Ihns: Prüfung von Naturwerkstein. Bestimmung von Trockenrohdichte, der offenen Porosität und der Wasseraufnahme (Montemerlo-Trachyt, Drachenfels-Trachyt, Lava grigia/Peperino duro), 4. September 2019, DBA, Köln, Aktenarchiv nach 1945, Nr. 2016.
19 Björn Siebert, Karolina Ochwat: Prüfung von Naturwerkstein (Lava grigia/Peperino duro), 20. Juni 2023, DBA, Köln, Aktenarchiv nach 1945, Nr. 2017.
20 Snethlage, Pfanner [11], S. 233.

	Rohdichte [g/cm3]	Offene Porosität [%]	Wasseraufnahme bei Atmosphärendruck [%]	Biegefestigkeit [MPa]	Druckfestigkeit [MPa]
Drachenfels-Trachyt 2019	2,2	15,14	5,1	7,6	73,2
Montemerlo-Trachyt 2019	2,37	9,33	2,9	12	126,3
Peperino Duro (Tuffit) 2019	2,3	11,69	3,5	7,2	74,1
Peperino Duro (Tuffit) 2023	2,29	12,35	3,8	4,8	63,7

Tabelle 3: Mittelwerte der Materialeigenschaften von Drachenfels-Trachyt, Montemerlo-Trachyt und Peperino Duro: Die zwei Gesteinslieferungen des Peperino Duro unterscheiden sich nur in den Festigkeitswerten.

Lieferung noch besser für den Gesteinsaustausch im Trachytbestand: Die 2019 geprüfte Charge wies mit durchschnittlich 74,1 MPa nahezu die gleiche Druckfestigkeit auf wie der Drachenfels-Trachyt (73,2 MPa), während die Messungen 2023 nur einen Wert von 63,7 MPa ergaben.

Der Vergleich der Druckfestigkeitsmittelwerte der beiden Peperino-Chargen bestätigt Kennwertschwankungen von 16,32 %. Durchschnittswerte alleine erlauben jedoch nur eingeschränkte Aussagen zur Streuung von Messergebnissen. Deshalb wurden die ermittelten Druckfestigkeitsmesswerte der drei Gesteinsvarietäten in einem Diagramm zueinander in Bezug gesetzt (Abb. 8); dies verdeutlicht, dass die Referenzproben aus Drachenfels-Trachyt mit 10 MPa Spannweite die geringste Datenstreuung aufweisen. Im Falle des Peperino Duro bedingen Ausreißer in beiden Chargen eine Wertestreuung über 47 MPa, doch liegen mit einer Ausnahme alle Daten entweder auf Höhe der Drachenfels-Werte oder darunter. Vergleicht man die Zentralwerte, sind diese für beide Peperino-Lieferungen mit 71,27 MPa (2019) und 62,93 MPa (2023) niedriger als die des Drachenfels-Trachyts (75 MPa). Für sich betrachtet umfasst die Spannweite der Einzelmesswerte der Peperino-Charge von 2019 rund 33 MPa, die der Lieferung von 2023 gerundet 21 MPa. Anders verhält es sich mit den Prüfkörpern aus Montemerlo-Trachyt, die eine Spannweite von rund 36 MPa aufweisen. Letztendlich übersteigen ausnahmslos alle Werte die des Drachenfels-Trachyts.

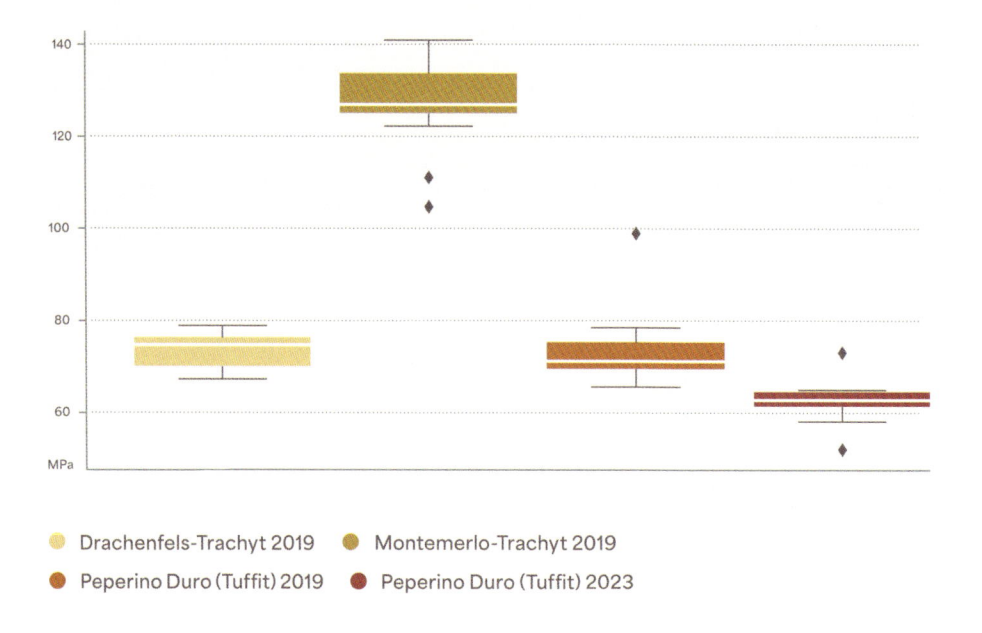

8 | *Ermittlung der Druckfestigkeit an Drachenfels-Trachyt, Montemerlo-Trachyt und Peperino Duro. Die Box umfasst die mittleren 50 % aller Werte als Maß für die Wertestreuung, während zwischen den Whiskern (Antennen) 80 % aller Messergebnisse liegen. Die Punkte außerhalb der Whisker gelten als Ausreißer. Innerhalb der Box gibt die waagerechte Linie den Zentralwert an, also den Wert, der exakt in der Mitte der Messwerte liegt und das Diagramm in zwei Hälften mit je 50 % der Messwerte teilt.*

Mit der Betrachtung der Datensätze werden demnach die für Naturprodukte üblichen Kennwertstreuungen deutlich. Diese sind selbst innerhalb eines Blockes bei allen drei Varietäten gegeben, doch zeigt hinsichtlich der Druckfestigkeit nicht der Peperino Duro, sondern der Montemerlo-Trachyt die größte Spannweite. Dieses Ergebnis deckt sich mit Publikationen, in denen die Minima und Maxima für Montemerlo-Trachyt noch weiter auseinanderliegen.[21]

Nach Abschluss der Untersuchungen wurde die erste Vierung aus Peperino Duro geschlagen[22] und im Fenstergewände der Maternuskapelle (F 15–F 15.1) auf circa 7 m Höhe verbaut. Diese gut erreichbare Position ermöglicht regelmäßige Inspektionen des Neuteils. Um zukünftig zu beurteilen, wie Materialeigenschaften und Verwitterungsverhalten zusammenhängen, wurde die Vierung aus demselben Block Peperino Duro hergestellt, aus dem auch die Prüfkörper der Laboruntersuchung gefertigt worden waren. So können Beobachtungen der Hüttenmitarbeiter bei Monitoringkampagnen direkt mit den Kennwerten abgeglichen und fundierte Diskussionen über die Eignung des Peperino Duro als Austauschgestein im Trachytbestand geführt werden.

Fazit

Der vorliegende Aufsatz verdeutlicht den erheblichen Mehrwert der partnerschaftlichen Zusammenarbeit von Handwerk und Wissenschaft in Restaurierung und Denkmalpflege. Zwar sind größere Testreihen durch die Einbeziehung der Baustellenpraxis anfänglich herausfordernd, doch können sie bei systematischem Vorgehen schnell reduziert werden. Insgesamt gewinnen hierdurch die Messwerte an Aussageschärfe. Das Team des Baustofflabors erlangt durch Einbeziehung der Handwerkstechniken ein tieferes Verständnis für die Arbeitsabläufe der Praxis. Diese Kenntnisse bilden die Basis dafür, dass Testreihen zielgerichtet konzipiert werden und die Kommunikation mit den Hüttenmitarbeitern auf Augenhöhe erfolgt. Für letztere werden so die Entscheidungen auf der Baustelle und deren Konsequenzen nachvollziehbar. Die Analyse der Ergebnisse unter Berücksichtigung von Durchschnittswerten sowie Minima und Maxima ermöglichen zudem umfassende Prognosen über das Verhalten von Mörteln und Gesteinen an verschiedenen Stellen des Kölner Domes.

Die jüngsten Laboruntersuchungen bestätigen, dass neben den an der Dombauhütte konzipierten Mörteln auch die ausgewählten Ersatzgesteine für die Restaurierungsarbeiten im mittelalterlichen Trachytbestand gut geeignet sind. Sie verdeutlichen aber auch, dass der Erfolg jeder Maßnahme von der Qualität der handwerklichen Ausführung abhängt. So entsteht durch die Kooperation, die das Wissen über die Eigenschaften von Restaurierungsmaterialien einerseits und über die praktische Umsetzung von Instandhaltungsmaßnahmen andererseits zusammenbringt, das bestmögliche Restaurierungsergebnis.

---

21 Birte Johanna Graue: Stone deterioration and replacement of natural building stones at the Cologne Cathedral. A contribution to the preservation of cultural heritage, Phil. Diss., Göttingen 2013, S. 66, gibt für den Montemerlo-Trachyt einen Druckfestigkeitsmittelwert von 75,52 MPa, die Natursteindatenbank Naturstein online <https://www.natursteinonline.de/steindatenbank/trachite-grigio-deuganei-2079> [12. Juni 2024] einen Wert von 175,18 MPa an.

22 Füssenich [2], S. 22–23.

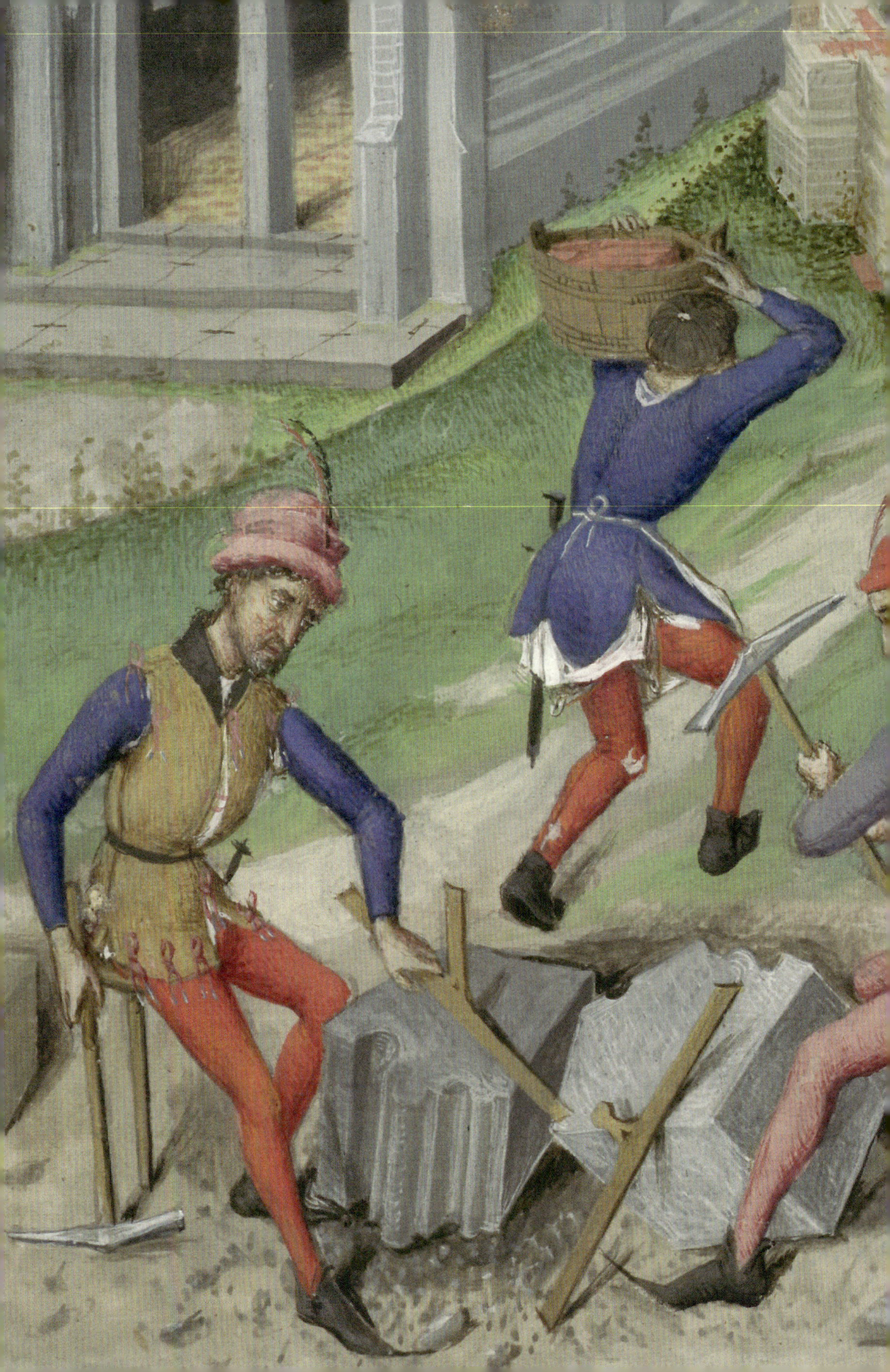

Werkspuren am Stein
Entstehung – Entwicklungen – Konservierung

Peter Völkle

Durch die jahrelange freundschaftliche Zusammenarbeit der Dombauhütte Köln und der Münsterbauhütte Bern ist ein intensiver fachlicher Austausch auf verschiedenen Gebieten entstanden. So konnten wir in den vergangenen Jahren am Berner Münster zum Beispiel von den umfassenden Erfahrungen unserer Kölner Kolleginnen und Kollegen im Bereich der Laserreinigung oder Partikelstrahlreinigung profitieren. Umgekehrt haben wir unsere jahrzehntelange Erfahrung im Bereich der Steinrestaurierung, etwa der Entwicklung und Anwendung von Mörtelrezepturen, in verschiedenen praktischen Arbeitsaufenthalten weitergeben können. Die konstruktiven fachlichen Diskussionen führten auf beiden Seiten zu einem vertieften Verständnis der jeweiligen Herausforderungen und letztendlich zu besseren Ergebnissen auf den jeweiligen Baustellen. Die gewonnenen Kenntnisse und Fertigkeiten waren und sind äußerst wertvoll. Darüber hinaus zeigt dieser Austausch, wie bereichernd es ist, die vielfältigen Kompetenzen der einzelnen Bauhütten weiterzugeben und damit der Pflege unserer ähnlichen und doch so unterschiedlichen Bauwerke zu dienen.

Mittelalterliche Steinoberflächen

Bei der Beschäftigung mit historischen Steinoberflächen – sei es in der Steinrestaurierung oder in der Forschung – sind die Spuren des Arbeitsprozesses, der Versetzarbeit und die Spuren späterer Eingriffe und Einflüsse allgegenwärtig. Manchmal sind diese Spuren sehr eindeutig zuzuordnen, manchmal bleiben Unsicherheiten, und oft erschließen sich die Befunde erst nach akribischer Beobachtung und sorgfältiger Dokumentation. Erst die detaillierte Kenntnis des Steinmaterials, der Werkzeugspuren, Zangenlöcher, Steinmetzzeichen und Inschriften, des Fugen- oder Reparaturmörtels oder auch der Farbreste und Verwitterungsspuren ermöglicht umfassende Aussagen zur Entstehung und zu späteren Veränderungen. Bei den Bearbeitungsspuren kommt erschwerend hinzu, dass die vorhandenen Spuren nur das Endergebnis mehrerer aufeinanderfolgender Arbeitsschritte abbilden; der Prozess selbst ist naturgemäß nicht mehr oder nur noch rudimentär ablesbar. Da diese Spuren aber gerade für die zeitliche Zuordnung immens wichtig sind, ist die Auseinandersetzung mit dem Herstellungsprozess unabdingbar. Nur so können etwa mittelalterliche von neuzeitlichen Arbeitstechniken unterschieden, regionale oder materialabhängige Arbeitsschritte richtig interpretiert oder aber individuelle Handschriften einzelner Steinmetze als solche erkannt werden. Dabei ist es oft hilfreich oder sogar notwendig, unsere heutigen handwerklichen Konventionen kurz auszublenden: Viele unserer Arbeitstechniken basieren nicht auf mittelalterlichen, sondern auf den handwerklichen Grundlagen des 19. und frühen 20. Jahrhunderts. Dies betrifft, wie später noch zu sehen sein wird, nicht nur die verwendeten Werkzeuge und Arbeitsabläufe, sondern auch die Arbeitsergonomie. Zusammenfassend bedeutet dies, dass nur das fertige Produkt – die Steinoberfläche – greifbar ist. Die Werkzeuge und der Arbeitsprozess müssen anderweitig, anhand verschiedener Quellen und Beobachtungen, rekonstruiert werden.

Die Werkzeuge

Originale mittelalterliche Steinmetzwerkzeuge haben sich, anders als etwa römische Exemplare, nur in sehr geringem Umfang erhalten.[1] Einen guten Eindruck von mittelalterlichen Steinmetzwerkstätten vermitteln jedoch Abbildungen, die in großer Anzahl vor allem in der Buchmalerei überliefert sind.[2] Trotz der meist geringen Abbildungsgröße und der teils freien Interpretationen sind diese hinreichend genau, um die dargestellten Werkzeuge und deren Handhabung gut

---

1 Peter Völkle: Werkplanung und Steinbearbeitung im Mittelalter. Grundlagen der handwerklichen Arbeitstechniken im mittleren Europa von 1000 bis 1500, Ulm 2016, S. 54.

2 Zahlreiche Abbildungen dazu in: Günther Binding: Baubetrieb im Mittelalter, in Zusammenarbeit mit Gabriele Annas, Bettina Jost und Anne Schunicht, Darmstadt 1997.

1 | *Die Spiezer Bilderchronik von Diebold Schilling (Burgerbibliothek Bern, Mss.h.h.I.16, S. 55, Ausschnitt) zeigt um 1484 die Werkzeuge und Hilfsmittel besonders detailreich: 1 Verschiedene Spitzflächen, 2 Zweispitz, 3 Schlageisen, 4 Breiteisen (»Scharriereisen«), 5 Knüpfel mit starken Gebrauchsspuren, 6 Winkel, 7 Richtscheit, 8 Zirkel, 9 Hebeisen, 10 Spaten, 11 Hüttenstuhl*

erkennen zu können. Auch auf zahlreichen mittelalterlichen Grab- oder Wappensteinen lassen sich die Werkzeugformen gut ablesen; man kann wohl davon ausgehen, dass die ausführenden Bildhauer ihre Werkzeuge mit großer Genauigkeit abbildeten. Beispielhaft sei hier eine Miniatur aus der sogenannten Spiezer Chronik von 1484/85 gezeigt, auf der alle wichtigen Steinmetzwerkzeuge des späten 15. Jahrhunderts sehr präzise dargestellt sind (ABB. 1). Neben den verschiedenen Meißeln und dem Holzknüpfel sind vor allem die zweihändig geführten Spitzflächen interessant, das Universalwerkzeug mittelalterlicher Steinmetze.

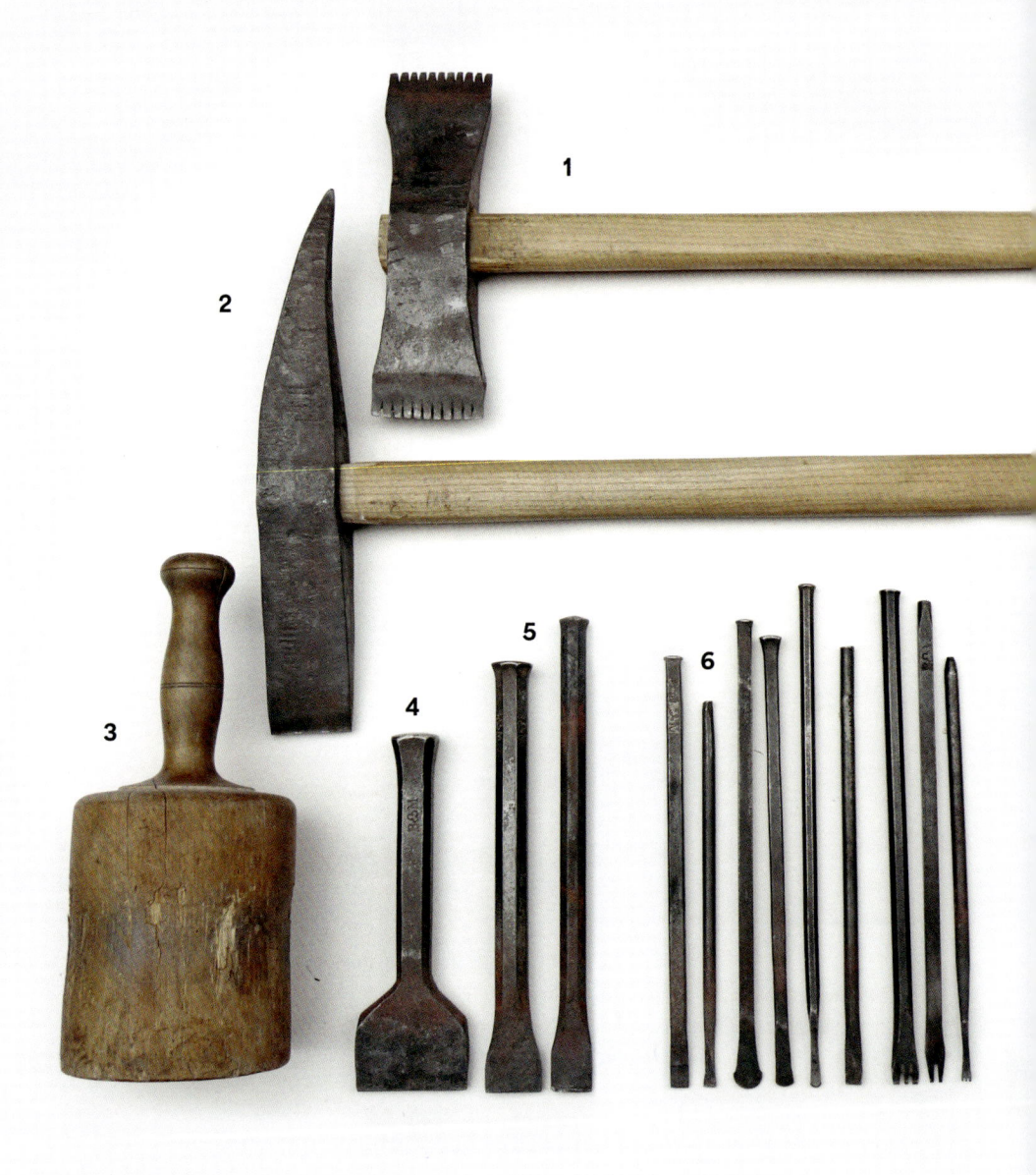

2 | So könnte das »Geschirr« eines spätmittelalterlichen Steinmetzen ausgesehen haben:
1 Zahnfläche, Schneidebreite etwa 60 mm mit 11 Zähnen; 2 Spitzfläche 50 mm; 3 Holzknüpfel;
4 Breiteisen 60 mm; 5 Schlageisen 20 und 30 mm; 6 schmale Beiz- oder Bildhauereisen, 3–10 mm,
teilweise mit gezahnter oder gerundeter Schneide; 7 Spitzeisen; 8 Setzeisen (für das grobe Zurichten); 9 Fäustel. Alle Werkzeuge sind neuzeitlich beziehungsweise Rekonstruktionen.

Dazu sind Zirkel, Winkel und Richtscheit für das Anreißen der Werkstücke sowie ein Hebeisen zum Anheben der Steine abgebildet. Der sogenannte Hüttenstuhl diente den Steinmetzen als bequeme Sitzhilfe, um den ebenerdig gelagerten Stein besser bearbeiten zu können.[3] Weitere wichtige Hinweise auf die Werkzeuge finden sich auf der Steinoberfläche. So kann zum Beispiel die Schneidebreite der eingesetzten Meißel (Steinmetze sprechen in diesem Zusammenhang von »Eisen«) oder bei gezahnten Werkzeugen die Anzahl der Zähne abgelesen werden. Auch dies ist sehr hilfreich, um ein exaktes Bild der damaligen Werkzeuge zu erhalten. Hier werden diese Werkzeuge in heutiger beziehungsweise rekonstruierter Form gezeigt (Abb. 2).

Der Arbeitsprozess

Um den Arbeitsablauf – also die verschiedenen aufeinanderfolgenden Bearbeitungsschritte – nachvollziehen zu können, bieten sich vor allem unfertige Oberflächen an. Diese finden sich oft in Bereichen, die nicht für die Nutzung gedacht waren, etwa in Dachräumen, oberhalb von Gewölben oder in nicht zugänglichen Türmen. Am Berner Münster finden sich dazu

---

[3] Vermutlich wurden die Steine aufgrund der besseren Transport- und Drehmöglichkeiten am Boden belassen und nicht, wie heute üblich, in einer bequemen Arbeitshöhe gelagert. Diese für uns unübliche Arbeitshaltung ist beispielsweise im asiatischen Raum (Indien, Kambodscha) immer noch die Regel.

PETER VÖLKLE

3 | Bern, Münster, Seitenschiff Nord, um 1500. Der sogenannte Randschlag ermöglicht das präzise Anlegen der jeweiligen Flächen. Die abgesetzten, teilweise leicht bogenförmigen Werkzeugspuren in den Flächen sind typisch für den Zweispitz beziehungsweise die Spitzfläche; in der Mitte befindet sich ein Zangenloch.

4 | Bern, Münster, Seitenschiff Nord, um 1470. An diesem unfertigen Quader sieht man zwei Durchgänge mit demselben Werkzeug: rechts die grobe Vorarbeit, links die Feinarbeit mit dem Zweispitz. Die gestrichelte Linie zeigt den bogenförmigen Verlauf.

mehrere schöne Beispiele, wie an der Wand des nördlichen Seitenschiffs, erbaut in der zweiten Hälfte des 15. Jahrhunderts. Hier wurden mehrere Quader versetzt, die sich noch mitten im Werkprozess befanden beziehungsweise in einem rohen Zustand belassen wurden. Man hat heute noch den Eindruck, der Steinmetz hätte eben erst das Werkzeug aus der Hand gelegt.

Im Folgenden soll versucht werden, die Herstellungsschritte anhand dieser einfachen Werkstücke und der dazu verwendeten Werkzeuge nachzuvollziehen. Zunächst wurde immer der sogenannte Randschlag angelegt, ein Arbeitsschritt, der noch heute zu den grundlegenden Tätigkeiten jedes Steinmetzen gehört. Hierbei wird, um eine plane Fläche zu schaffen, der zu bearbeitende Bereich mit Schlageisen und Knüpfel umrandet. Im nächsten Arbeitsschritt kam die Spitzfläche zum Einsatz; mit der spitz ausgeschmiedeten Seite wurde das Material zwischen den Randschlägen in mehreren Durchgängen abgearbeitet (Abb. 3). Diese Spuren findet man auch an einem weiteren einfachen Quader der Obergadenwand: Hier erkennt man im rechten Bereich grobe Spitzspuren, die in einem zweiten Arbeitsgang (linker Bereich) mit dem gleichen Werkzeug fein überarbeitet wurden (Abb. 4). Die bogenförmigen Spuren und kurz abgesetzten Hiebe sind ein klarer Hinweis auf den Einsatz der zweihändig geführten Spitzfläche.[4] In den Dachräumen des Berner Münsters wurden nahezu alle Quader

4 Durch die zweihändige Werkzeugführung ist die Schulter im Mittelpunkt und führt zu den bogenförmigen Spuren. Die Bearbeitung erfolgte meist an der schrägliegenden oder fast senkrecht stehenden Fläche.

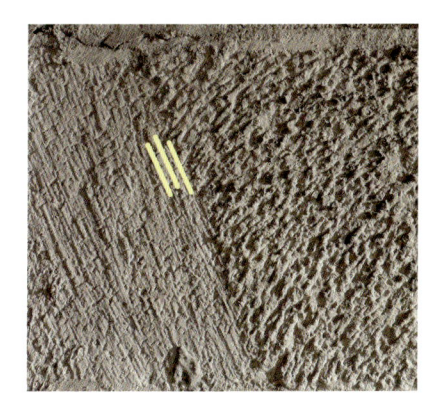

5 | Bern, Münster, Seitenschiff Nord, 1460er-Jahre. Hier wurde die rechte Seite mit der Spitzfläche zunächst fein gespitzt und links dann mit der flachen Seite (circa 5,5 cm breit, gelb markiert) überarbeitet.

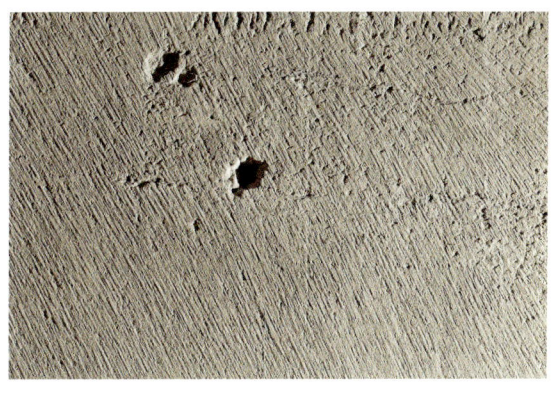

6 | Bern, Münster, Dachraum über der Sakristei, um 1440. Fein überflächter Quader mit sehr schmalem Randschlag. Oben und rechts sind noch die Spitzspuren des vorhergehenden Arbeitsprozesses sichtbar; in der Mitte ein Zangenloch.

in diesem Zustand belassen; dies genügte den Anforderungen an eine gerade Oberfläche völlig. Allerdings war dies wohl nicht jedem Steinmetz klar: An einem Quader sieht man, wie die gespitzte Oberfläche mit der glatten Seite desselben Werkzeugs zum Teil überarbeitet wurde, bevor – vielleicht der Parlier – ihn darauf hinwies, dass das nicht nötig sei (Abb. 5). Dieses Beispiel zeigt sehr anschaulich, wie die eigentliche Endbearbeitung eines Quaders durchgeführt wurde: In einem ersten Schritt wurde die Oberfläche mit leicht schräg geführtem Werkzeug geglättet und anschließend, fast senkrecht gehalten, fein überflächt. Diese Bearbeitungstechnik ist eine der wichtigsten, wenn nicht die wichtigste im gotischen Kirchenbau (Abb. 6).

Entwicklungen in der Steinbearbeitung

An dieser Stelle soll kurz und stark vereinfachend auf die Entwicklungen und Veränderungen der mittelalterlichen Steinbearbeitung eingegangen werden.[5] Wie oben beschrieben, sind die sichtbaren Oberflächen das Ergebnis eines Arbeitsprozesses. Neben dem technisch Notwendigen, das heißt der Herstellung eines rechtwinkligen Werkstückes für den Einbau in ein Mauerwerk, wurde den Sichtflächen der Quader stets besondere Aufmerksamkeit geschenkt.

Insbesondere an romanischen Kirchen finden sich, zeitlich und regional sehr unterschiedlich, mit dem Steinmetzeisen gestaltete Oberflächen: etwa mit dem Spitzeisen in geometrischen Formen bearbeitete Oberflächen, mit Fischgrat-

---

5 Detailliert dazu: Völkle [1], S. 90–154.

7 | Straßburg, Münster, Langhauspfeiler, um 1250. Die runden Teile des Bündelpfeilers sind mit der Zahnfläche fein überflächt; die Schneidebreite beträgt etwa 4 cm mit zwölf Zähnen.

8 | Bern, Münster, Seitenschiff Nord, um 1470. Im oberen Bereich fein gespitzt, unten mit einem etwa 4,5 cm breiten Eisen (gelb markiert) scharriert. In der Mitte ist ein Zangenloch zu sehen.

muster verzierte Fassaden oder mit individuellen handwerklichen »Handschriften« versehene Quader.[6] Der Randschlag wurde in dieser Zeit häufig stark betont, er hatte eine fast einrahmende Wirkung und hob damit das einzelne Werkstück hervor. Dies änderte sich jedoch bereits im 12. Jahrhundert: Die Sichtflächen wurden – auch mit zunehmendem Können der Steinmetze – gleichmäßiger und feiner mit der Fläche bearbeitet, und die Randschläge wurden schmaler. Damit trat die Wirkung des Einzelsteins zugunsten der Wandfläche zurück. Dies ist auch die Zeit der beginnenden Gotik, die feine Oberflächenbearbeitung vereinheitlichte die Wirkung der geometrisch gestalteten Bauteile.

Das Aufkommen der gotischen Formen in der Île-de-France und deren Verbreitung brachten eine weitere Innovation mit sich: Die bisher glatten Werkzeugschneiden wurden zunehmend mit einer Zahnung versehen; dies machte eine wesentlich rationellere Bearbeitung vor allem weicherer Steine möglich.[7] An der eigentlichen Endbearbeitung änderte sich jedoch nichts; auch mit den gezahnten Werkzeugen wurden die Oberflächen fein eingeebnet und verliehen sowohl

---

6 Hans-Peter Autenrieth: Über das Feinrelief in der romanischen Architektur, in: Baukunst des Mittelalters in Europa. Hans Erich Kubach zum 75. Geburtstag, hg. von Franz J. Much, Stuttgart 1988, S. 27–70.

7 Die gezahnten Werkzeuge sind allerdings keine mittelalterliche Erfindung, sie waren bereits in der Antike weit verbreitet. Völkle [1], S. 73.

8 Über die möglichen Gründe und Verbreitung siehe auch Völkle [1], S. 134–139.

glatten als auch profilierten Werksteinen eine sehr gleichmäßige, homogene Oberfläche. Diese Art der Bearbeitung findet sich auch weit verbreitet am Kölner Dom, allerdings sind die feinen Spuren der Zahnung auf dem eher heterogenen Trachyt meist nur schlecht ablesbar. Wesentlich besser sieht man die gezahnten Spuren im Sandstein, etwa an den Mittelschiffpfeilern des Straßburger Münsters (Abb. 7), die um etwa 1250 entstanden. Diese Art der Bearbeitung (je nach Zeit und Region mit gezahnten oder glatten Schneiden) hielt sich bis in die zweite Hälfte des 15. Jahrhunderts und war damit die dominierende Bearbeitung bei nahezu allen hoch- und spätgotischen Kirchenbauten.

9 | Bern, Münster, Chorwand Nord, um 1490. Beispiel für ein scharriertes Werkstück; die etwa 40 mm breiten Scharrierhiebe wirken wie mit dem Lineal gezogen. Das Steinmetzzeichen ist dunkelgrau ausgemalt.

Ab etwa 1460 setzte sich mit der sogenannten Scharrierung eine neue Bearbeitungsform durch.[8] Anders als bisher wurde die Endbearbeitung dabei nicht mehr mit der zweihändig geführten Fläche, sondern mit Knüpfel und einem breiten Eisen durchgeführt. Damit kamen die gleichen Werkzeuge zum Einsatz, mit denen der bereits oben beschriebene Randschlag ausgeführt wurde. Auch zu diesem Arbeitsschritt gibt es im Dachraum des Berner Münsters ein schönes Beispiel, bei dem ein fein gespitzter Quader mit einem etwa 5 cm breiten Scharriereisen diagonal bearbeitet, der Arbeitsgang aber nicht abgeschlossen wurde (Abb. 8). Die Entwicklung und Verbreitung dieser Bearbeitungstechnik war regional unterschiedlich und dauerte einige Jahrzehnte. Zu Beginn wurde das Breiteisen nur von einigen Steinmetzen eingesetzt, während manch einer bei der bewährten Glatt- oder Zahnfläche blieb. Bis zum Ende des 15. Jahrhunderts hatte sich das Scharriereisen aber verbreitet durchgesetzt, die Oberflächen erhielten damit eine neue, standardisierte Bearbeitung, oft mit gut erkennbaren Handschriften (Abb. 9).

Die Scharrierung ist eine der Bearbeitungstechniken, die in der Bauforschung aufgrund ihres gut datierbaren Auftretens gerne als Datierungshilfe für Bauabschnitte herangezogen wird. Allerdings muss dabei beachtet werden, dass die Scharrierung ab etwa 1460 bis heute zum Einsatz kommt und sich dabei auch veränderte und weiterentwickelte. So waren die eingesetzten Eisen in der Spätgotik meist nur etwa 5–6 cm breit, während sie ab dem 17. Jahrhundert in der

10 | *Bern, Münster, Chortreppenturm. Zwischen dem unteren, leicht diagonal scharrierten (um 1500) und dem darüberliegenden, vertikal scharrierten Quader (um 1900) liegen gut vierhundert Jahre. Im unteren Bereich ist das Eisen 5,5 cm, im oberen etwa 9 cm breit.*

Regel wesentlich breiter, bis zu 15 cm und mehr, geschmiedet wurden. Auch die Bearbeitungsrichtung änderte sich. Während im ausgehenden Mittelalter meist diagonal scharriert wurde, sind die Bearbeitungsspuren im 19. Jahrhundert in der Regel vertikal ausgeführt. Es gilt also auch hier, dass nur genaue Beobachtung der Werkspuren (und selbstverständlich alle anderen Befunde) exakte Aussagen zur zeitlichen Zuordnung ermöglichen (ABB. 10).

Individuelle Steinbearbeitung

Neben den unfertigen Werkstücken bringen individuelle Handschriften einzelner Werkleute weitere Erkenntnisse zum Arbeitsprozess. Durch die zahlreichen erhaltenen Steinmetzzeichen am Berner Münster konnten in den vergangenen Jahren viele Beobachtungen dazu gemacht werden.[9] Interessant war vor allem die Erkenntnis, dass es über die gesamte mittelalterliche Bauzeit von 1421 bis 1520

---

9 Leider kann in diesem Rahmen nicht näher darauf eingegangen werden. Insgesamt wurden am Berner Münster inzwischen mehrere tausend Zeichen von etwa 740 Steinmetzen dokumentiert. Siehe auch: Alexandra Druzynski von Boetticher, Peter Völkle: Steinmetzzeichen am Berner Münster, in: Das Berner Münster. Das erste Jahrhundert: Von der Grundsteinlegung bis zur Chorvollendung und Reformation (1421–1517/1528), hg. von Bernd Nicolai, Jürg Schweizer, Regensburg 2019, S. 186–195.

immer wieder Steinmetze gab, die bestimmte Arbeitsschritte tatsächlich sehr individuell ausführten. Einzelne betonten zum Beispiel den Randschlag mit einem besonders steil geführten Eisen, andere strukturierten die ganze Fläche mit stark akzentuierten Scharrierhieben, wieder andere überschliffen ihre Werkstücke nach dem Scharrieren. Die individuellen Spuren sind dabei so deutlich, dass sie selbst ohne Steinmetzzeichen zugeordnet werden können und so die Handwerker als Individuen greifbar machen, wenn auch ohne Namen. Werkstücke eines besonders fleißigen Steinmetzen finden sich in der Glockenstube. Von ihm sind zahlreiche Quader und Steine eines nicht fertiggestellten Gewölbes aus dem frühen 16. Jahrhundert verbaut. Neben einfachen Wandquadern in verschiedenen Fertigungsstadien sticht hier vor allem die Endbearbeitung seiner Werkstücke heraus: Zahlreiche seiner Oberflächen sind mit einem Fischgratmuster scharriert; er war der einzige Steinmetz am Berner Münster, der diese aufwendige Zierbearbeitung ausführte (ABB. 11).

11 | *Bern, Münster, obere Glockenstube, um 1515. Das Fischgratmuster wurde mit einem etwa 7 cm breiten Eisen scharriert.*

Spuren der Versetzarbeit

Neben den Spuren der Steinbearbeitung lassen sich zahlreiche weitere Spuren zum Bauablauf nachweisen. Zunächst fallen die sogenannten Zangenlöcher auf, die mit Spitzeisen und Fäustel in die Oberfläche eingehauen wurden. Diese Vertiefungen, die sich meist auf der Mittelachse des Werkstückes befinden, dienten zum Ansetzen der Steinzange, einem mittelalterlichen Anschlagmittel zum Heben von Steinen mit einem Tretrad oder Dreibein. Damit war es möglich, den Quader direkt auf dem Mörtelbett des darunterliegenden Steins abzusetzen. Diese Zangenlöcher wurden nach dem Versetzen im Außenbereich mit Mörtel verschlossen, blieben im Innenbereich aber meist offen (ABB. 3, 6, 8). Alternativ zum aufgezogenen Mörtelbett wurden die Lagerfugen vor allem im 16. Jahrhundert auch mit einem fließfähigen Vergussmörtel verfüllt. Die dazu notwendigen

12 | *Bern, Münster, Mittelschiffgewölbe, 1573. Rippe mit Tonresten vom Bleierguss*

13 | *Bern, Münster, Mittelschiffwand Süd, um 1450. Vierung mit Harzkleber. Die eingeklebte Stelle wurde anschließend mit einem Schlageisen überarbeitet.*

Abdichtungen, meist aus Hanffasern, sind heute noch an wenigen Stellen im Dachraum des Berner Münsters zu finden. Ebenso die hölzernen Keile, die zum Ausrichten der Steine beim Versetzvorgang benötigt wurden.

Neben Kalkmörtel wurde im gotischen Kirchenbau sehr häufig erhitztes, flüssiges Blei zum Füllen der Fugen verwendet. Dies wurde vor allem für feingliedrige Bauteile wie etwa Kreuzblumen, Fialen oder auch Gewölberippen eingesetzt. Die dazu notwendige Abdichtung aus Ton wurde nach dem Versetzvorgang abgenommen und gereinigt. In seltenen Fällen sind jedoch noch Reste davon sichtbar, wie erst kürzlich bei der Reinigung des Mittelschiffgewölbes im Berner Münster mehrfach dokumentiert wurde. (ABB. 12).[10]

Auch im mittelalterlichen Baubetrieb ging nicht alles reibungslos vonstatten. Dies zeigt sich an den zahllosen Reparaturen, die sich in Form von eingesetzten Vierungen (passgenau eingesetzte Reparaturstücke) oder angeklebten Bruchstücken erhalten haben (ABB. 13). Für die Kleber wurde im Mittelalter meist mit Rezepturen aus Baumharzen, Bienenwachs und Steinmehl gearbeitet. Die Bestandteile wurden dazu gut vermischt und so weit erhitzt, bis sie flüssig wurden.

---

10 Das Mittelschiffgewölbe des Berner Münsters wurde zwar erst 1573 in nachgotischer Zeit erbaut, entspricht aber bautechnisch einem spätgotischen Netzgewölbe.

Auch die zu verklebenden Steine wurden erhitzt, der Kleber aufgetragen und die Bruchstücke oder Vierungen sofort angepresst.[11] Bereits nach wenigen Minuten war der Kleber ausgehärtet und konnte anschließend bei Bedarf sogar mit Steinmetzwerkzeugen überarbeitet werden.

Kopieren historischer Arbeitstechniken

Wenn heute Steine im mittelalterlichen Kontext bearbeitet werden, zum Beispiel beim Anfertigen von Kopien verwitterter Werkstücke, wird der heutige Arbeitsprozess zu deren Herstellung oft mit großer Selbstverständlichkeit als »authentisch« bezeichnet oder wahrgenommen. Doch ist diese Annahme wirklich zutreffend? Bei genauerer Auswertung der oben beschriebenen Beobachtungen muss dies in einigen Punkten stark infrage gestellt werden: Die mittelalterliche Steinbearbeitung war stark von den damaligen Gegebenheiten und Traditionen geprägt. So kamen vor allem langstielige, zweihändig geführte Werkzeuge wie die Spitzfläche oder der Zweispitz zum Einsatz. Die Werkstücke wurden üblicherweise, wie fast alle historischen Abbildungen belegen, auf dem Boden oder auf Kanthölzern liegend bearbeitet. Daraus ergaben sich Arbeitshaltung und Arbeitsabläufe und damit auch die charakteristischen Bearbeitungsspuren. Unsere heutigen Techniken lassen sich damit aber kaum vergleichen. Dies betrifft zunächst die Arbeitshaltung: Bereits im 19. Jahrhundert war es üblich, die Werkstücke auf Holzböcke »aufzubänken«, um eine für den stehenden Steinmetz bequeme Arbeitsposition zu ermöglichen. Dadurch wurde der Einsatz der zweihändig geführten Werkzeuge reduziert, da sie hier ihren Vorteil – den rationellen, kräfteschonenden Arbeitseinsatz vor allem der schräg am Boden liegenden Flächen – weitgehend einbüßten. Stattdessen kamen überwiegend Spitzeisen, Fäustel, Schlag- beziehungsweise Breiteisen und Knüpfel zum Einsatz.

Zudem technisierten sich im 19. Jahrhundert die Arbeitsabläufe immer stärker: Zeichnungen und Schablonen sind mit äußerster Präzision hergestellt worden, ebenso die Werksteine. Dies führte zu einer Fertigungstechnik, die auf einem hohen Maß an Perfektion beruhte. Unsere heutigen handwerklichen Traditionen sind also weit mehr von den Grundlagen des 19. Jahrhunderts geprägt als von mittelalterlichen. Hinzu kommen die Entwicklungen moderner Technik: Mit CAD (computer-aided design) gezeichnete Schablonen aus dem Plotter, vorgefräste Steine und pressluftbetriebene Hartmetallwerkzeuge sind nur einige Beispiele dafür (Abb. 14). Dies alles hat Konsequenzen für den Herstellungsprozess, die Oberflächengestaltung und letztendlich für das gesamte Werkstück. Damit wird deutlich, dass die heutigen Bearbeitungs- und Fertigungsmethoden zu

---

11 Völkle [1], S. 156–159.

14 | *Moderne Steinbearbeitung in der Münsterbauhütte Bern: Ein vorgefrästes Werkstück wird mittels Druckluftwerkzeug bearbeitet.*

einer eigenen »Handschrift« führen, die keinesfalls negiert werden soll. Im Gegenteil: Um falsche Rückschlüsse zu vermeiden, sollten neue Steine durch ihre Beschaffenheit als solche erkennbar sein; Bearbeitungsart oder andere Hinweise (etwa Inschriften mit Jahreszahlen) sollten zukünftigen Generationen ermöglichen, Erneuerungen und Restaurierungen zweifelsfrei zu erkennen.

Steinkonservierung und Erhalt historischer Steinoberflächen

Die vorangegangenen Ausführungen verdeutlichen, dass der Erhalt der vorhandenen, im besten Falle originalen Werkspuren und Oberflächen oberste Priorität haben muss. Nur sie geben ein authentisches Zeugnis der historischen Prozesse und Einflüsse der Jahrhunderte. Um die originale Substanz zu erhalten, werden am Berner Münster seit etwa 25 Jahren umfangreiche konservatorische und restauratorische Maßnahmen durchgeführt, bewährte Methoden verfeinert und neue Arbeitstechniken entwickelt. Dies reicht von verschiedensten Reinigungstechniken über die Festigung von Oberflächen, Füllen von Rissen und Schalen bis hin zu Mörtelantragungen mit selbst gemischten Mörteln.

Im Folgenden soll anhand der Oberflächenkonservierung eine dieser Methoden etwas detaillierter vorgestellt werden. Berner Sandsteine neigen besonders in nicht direkt beregneten Bereichen zu Schuppenbildung und Abblätterungen. Dies führt im Laufe der Zeit zum Verlust besonders wertvoller Informationen, insbesondere von Bearbeitungsspuren, Steinmetzzeichen, Inschriften oder Farbresten. Um diese instabilen Oberflächen zu sichern, wird Kieselsol, eine kolloidale Kieselsäuredispersion, auf die verwitterte Oberfläche appliziert. Dabei werden die sich ablösenden Schuppen aufgeweicht und können durch leichtes Andrücken mittels Finger oder Handballen zurückgelegt werden. Durch die leicht klebende Wirkung des Kieselsols wird die Oberfläche stabilisiert, und oft werden fast schon verloren geglaubte Spuren wieder sichtbar. Auch Steinmetzzeichen können damit gesichert und lesbar gemacht werden, bis hin zu größeren,

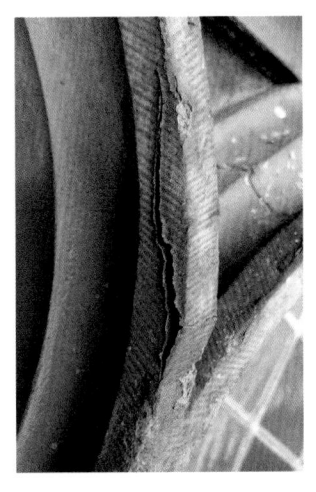

15 | *Links: abgelöste Oberfläche mit originalen Bearbeitungsspuren (Obergadenmaßwerk, um 1500). Rechts: nach der Sicherung mit Kieselsol*

16 | *Links: ein fast verschwundenes Steinmetzzeichen an einem Obergadenmaßwerk (um 1500). Rechts: Gesichert mit Kieselsol und feinen Stützkittungen aus Kieselsolmörtel wird es wieder lesbar.*

sich ablösenden Bereichen (ABB. 15–16). Nach der Sicherung kann die Steinoberfläche noch mit Kieselsäureester gefestigt werden, was die Beständigkeit der Maßnahmen weiter erhöht.

Am Berner Münster wurde inzwischen ein Großteil der Oberflächen konserviert und restauriert. Durch regelmäßige, periodische Kontrollen stehen diese unter besonderer Beobachtung; Veränderungen werden dokumentiert, und schon kleine Schäden können mit wenig Aufwand behoben werden. Dies ermöglicht einen langfristigen und nachhaltigen Substanzerhalt.[12]

---

12 Weitere Informationen zur Arbeit in der Münsterbauhütte Bern sind online verfügbar unter: https://www.bernermuensterstiftung.ch/publikationen#taetigkeitsberichte [24. Juni 2024].

Die Restaurierung mittelalterlicher Gesteine am Utrechter Domturm[*]

Karlijn M. L. de Wild

Der Utrechter Domturm ist mit einer Höhe von 112,32 Metern der höchste Kirchturm der Niederlande, errichtet als Westturm der Hauptkirche des Bistums Utrecht, die dem heiligen Martin geweiht ist.[1] Unter Bischof Hendrik van Vianden wurde der romanische Vorgängerbau abgerissen und ab 1254 die heutige gotische Kathedrale neu errichtet.[2] Bevor er nach Utrecht kam, war Hendrik van Vianden Dompropst in Köln und daher bereits mit dem Bau großer Kathedralen vertraut. Wie weit sein Einfluss auf den Bau der Utrechter Domkirche genau reichte, ist nicht bekannt, aber als Oberhaupt des Bistums Utrecht wird er am Bauprojekt und an der Berufung von Baumeistern sicher beteiligt gewesen sein. Der neue Dombau im Herzen der

---

[*] Übersetzung aus dem Niederländischen von Klaus Hardering
[1] Dirk Jan van de Vries: Poortjes van Martinus, in: Utrecht in steen. Historische bouwstenen in de binnenstad, hg. von Wim Dubelaar, Timo G. Nijland, Hendrik Jan Tolboom, Utrecht 2007, S. 16–29, hier: S. 20–21.
[2] Edward Johannes Haslinghuis, Kees J. A. C. Peeters: De Dom van Utrecht (De Nederlandse monumenten van geschiedenis en kunst 2. De provincie Utrecht 1,2), 's-Gravenhage 1965, S. 176–177.

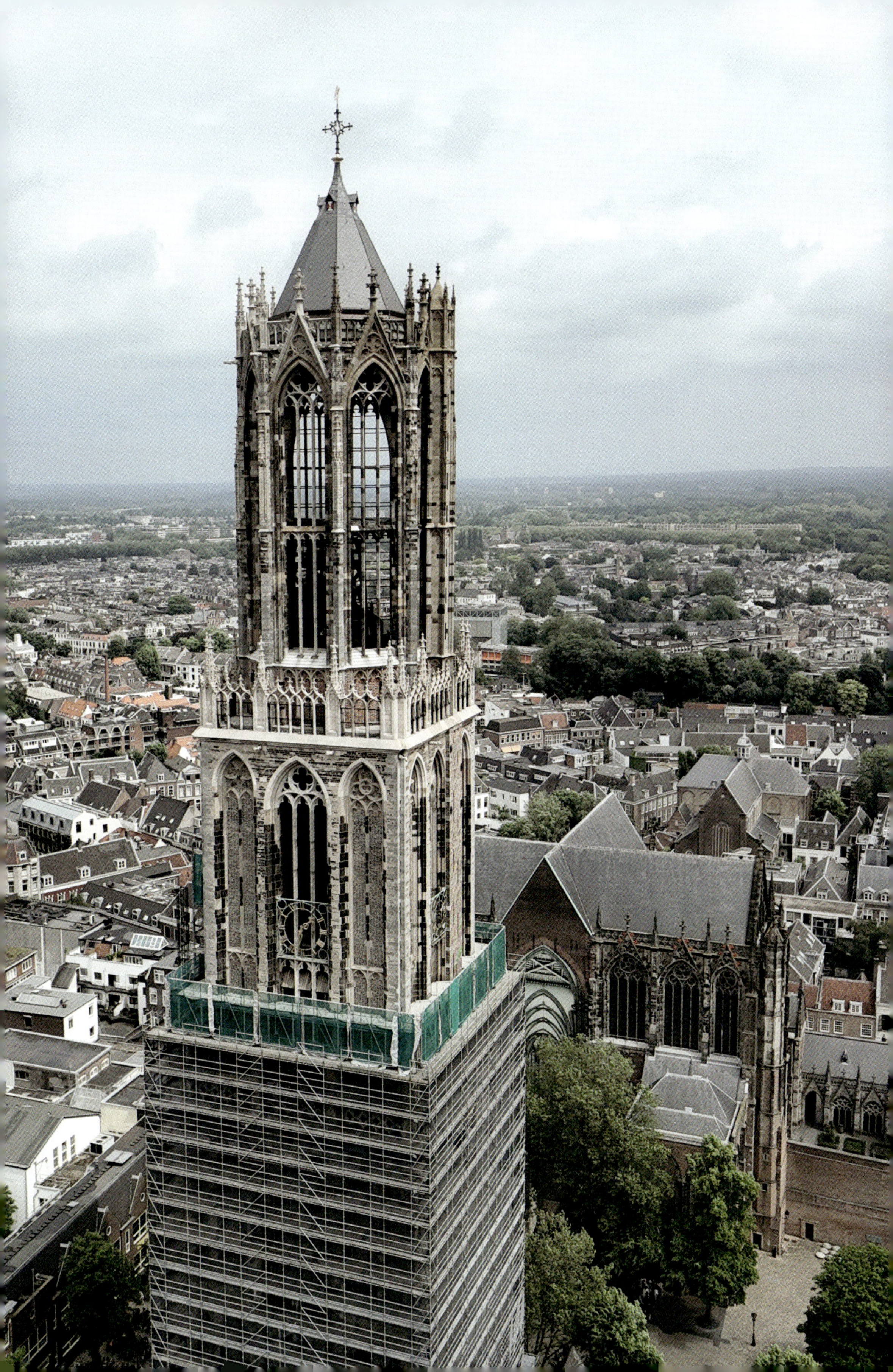

Utrechter Innenstadt hatte nicht nur – untypisch für niederländische Verhältnisse – imposante Ausmaße, sondern auch einen beeindruckenden Turm. Die Konstruktion des Turmes besteht aus einem Backsteinkern, der mit einer Außenhaut aus Naturstein verkleidet ist. Da die Niederlande außer weichem Mergelgestein aus der Provinz Limburg über keine eigenen Natursteinvorkommen verfügten, mussten für den Bau von Turm und Kirche große Mengen an Naturstein aus dem Ausland beschafft werden.

Drachenfels-Trachyt aus dem Siebengebirge bei Bonn, der überwiegend außen im obersten Abschnitt des Utrechter Domturms zu finden ist, stellt eine der in mittelalterlicher Bauzeit verwendeten Gesteinsarten dar. Diese Steinart ist jedoch nicht unproblematisch. Bei der letzten Restaurierung des Domturms zwischen 1899 und 1931 wurde bereits in die mittelalterliche Bausubstanz eingegriffen. Doch obwohl Drachenfels-Trachyt in den Niederlanden weit verbreitet ist, blieb das Wissen über seine Verwendung und die verschiedenen Möglichkeiten zu seinem Erhalt begrenzt. Dies war für das derzeitige Restaurierungsteam der Grund, für die von 2020 bis 2024 durchgeführten Arbeiten die Zusammenarbeit mit den Dombauhütten von Köln und Xanten zu suchen.

Geschichte des Domturms

Der Domturm wurde unter den Baumeistern Jan (van Henegouwen), Godijn van Dormael und Jan van den Doem II. zwischen 1321 und 1382 in drei Bauphasen errichtet.[3] Für den Bau des Utrechter Domes wurde wahrscheinlich auch Baumaterial aus jener romanischen Kirche wiederverwendet, die zuvor an dessen Stelle gestanden hatte.[4] Neben den beachtlichen Lieferungen von Drachenfels-Trachyt aus dem Siebengebirge ließen die Utrechter Baumeister auch große Mengen an deutschem Tuffstein herbeischaffen. Doch waren es nicht nur deutsche Natursteinsorten, die ihren Weg auf die Utrechter Baustelle fanden.[5] Wegen der günstigen Lage und der guten Wasserverbindung mit den südlichen Niederlanden kamen auch belgische Gesteinsarten in ansehnlichen Mengen für den Bau zum Einsatz. Nicht nur Steinmaterial aus Namur und Tournai, sondern auch große Mengen an Ledestein (karbonatischer Sandstein aus der belgischen Gemeinde Lede) wurden für den Utrechter Domturm verwendet.

---

3 Haslinghuis, Peeters [2], S. 176–177. – René de Kam, Frans Kipp, Daan Claessen: De Utrechtse Domtoren. Trots van de stad, Utrecht 2014, S. 114. – Elizabeth den Hartog: De bouwsculptuur van de Utrechtse Dom. Een andere kijk op de bouwgeschiedenis, Zwolle 2015, S. 128.
4 Timo G. Nijland, Wim Dubelaar, Hendrik Jan Tolboom: De historische bouwstenen van Utrecht, in: Dubelaar, Nijland, Tolboom [1], S. 30–109, hier: S. 37–39, 53.
5 Abraham Louis Willem Eduard van der Veen: Resultaten van het onderzoek van oude natuursteen, Teil 4, 's-Gravenhage 1923, o. Pag.

Als der erste Baumeister 1356 starb, war der Turm noch lange nicht fertig. Daher ernannte das Kapitel den aus dem kleinen belgischen Dorf Dormaal stammenden Godijn van Dormael zum zweiten Baumeister.[6] Van Dormael war ein erfahrener Turmbauer, der bereits an der Westfassade der St.-Lambertus-Kathedrale in Lüttich mitgewirkt hatte, seine Tätigkeit dort aber nicht ganz aufgeben konnte. Nach nur vier Jahren Arbeit in Utrecht wurde er endgültig nach Lüttich zurückgerufen.[7] Zu diesem Zeitpunkt war der Domturm zu zwei Dritteln fertiggestellt und die beeindruckende achteckige Laterne nur in Ansätzen vorhanden.

Sie wurde erst zwischen 1364 und 1382 unter der Leitung des dritten und letzten Baumeisters Jan van der Doem II. vollendet.[8] Obwohl der Bauplan von 1321 kaum verändert worden war, nahm dieser letzte Baumeister einige konstruktive Anpassungen vor. Da man sich wohl um die Tragfähigkeit des Baugrunds sorgte, wurde eine leichtere Bauweise angestrebt, um Setzungen zu vermeiden.[9] Die schwereren Steinsorten wurden durch größere Lieferungen des leichteren deutschen Tuffsteins ersetzt. Die Herstellung der Eckquader an den acht Pfeilern der Laterne erfolgte nun mit Ledestein und Drachenfels-Trachyt anstelle des belgischen Blausteins. Infolge dieser Änderung des Bauplans bestanden die acht Laternenpfeiler im Bereich zwischen 70 und circa 90 Metern auch zu Beginn der jetzigen Restaurierung noch fast ausschließlich aus Ledestein und Drachenfels-Trachyt.

Geschichte der Instandhaltung und Restaurierung

Nach der Fertigstellung des Domturms im Jahr 1382 begann eine jahrhundertelange Geschichte der Restaurierung und Instandhaltung. Neben verschiedenen kleineren Reparaturen und Wartungsarbeiten kam es ab dem 15. Jahrhundert regelmäßig zu größeren Instandsetzungsmaßnahmen. Als der berühmte Sturm von 1674 Kirche und Turm dauerhaft trennte, waren umfangreiche Arbeiten mehr als notwendig.[10] Dennoch blieben die Trümmer, nicht zuletzt auch wegen der Reformation, bis 1826 auf dem Domplatz liegen. Als 1836 der nächste große Sturm über die Stadt tobte, wurde auch der Domturm schwer getroffen und erlitt erhebliche Schäden.[11] In der Folgezeit standen kaum Mittel für die Wiederherstellung des Kirchturms zur Verfügung, sodass das Bauwerk in den Jahrzehnten bis zur Jahrhundertwende dem Verfall preisgegeben war.[12] Hunderte von

---

6 Haslinghuis, Peeters [2], S. 176–177.
7 De Kam, Kipp, Claessen [3].
8 Haslinghuis, Peeters [2], S. 177–178.
9 De Kam, Kipp, Claessen [3], S. 184.
10 Haslinghuis, Peeters [2], S. 180–185.
11 Gerrit Moll: Rapport over de toestand van de Domtoren, Utrecht 1836, Het Utrechts Archief, Inv.-Nr. 1007-2, 4956.
12 Ferdinand Jacob Nieuwenhuis: De restauratie van den Domtoren te Utrecht, Utrecht 1912, S. 15–16.

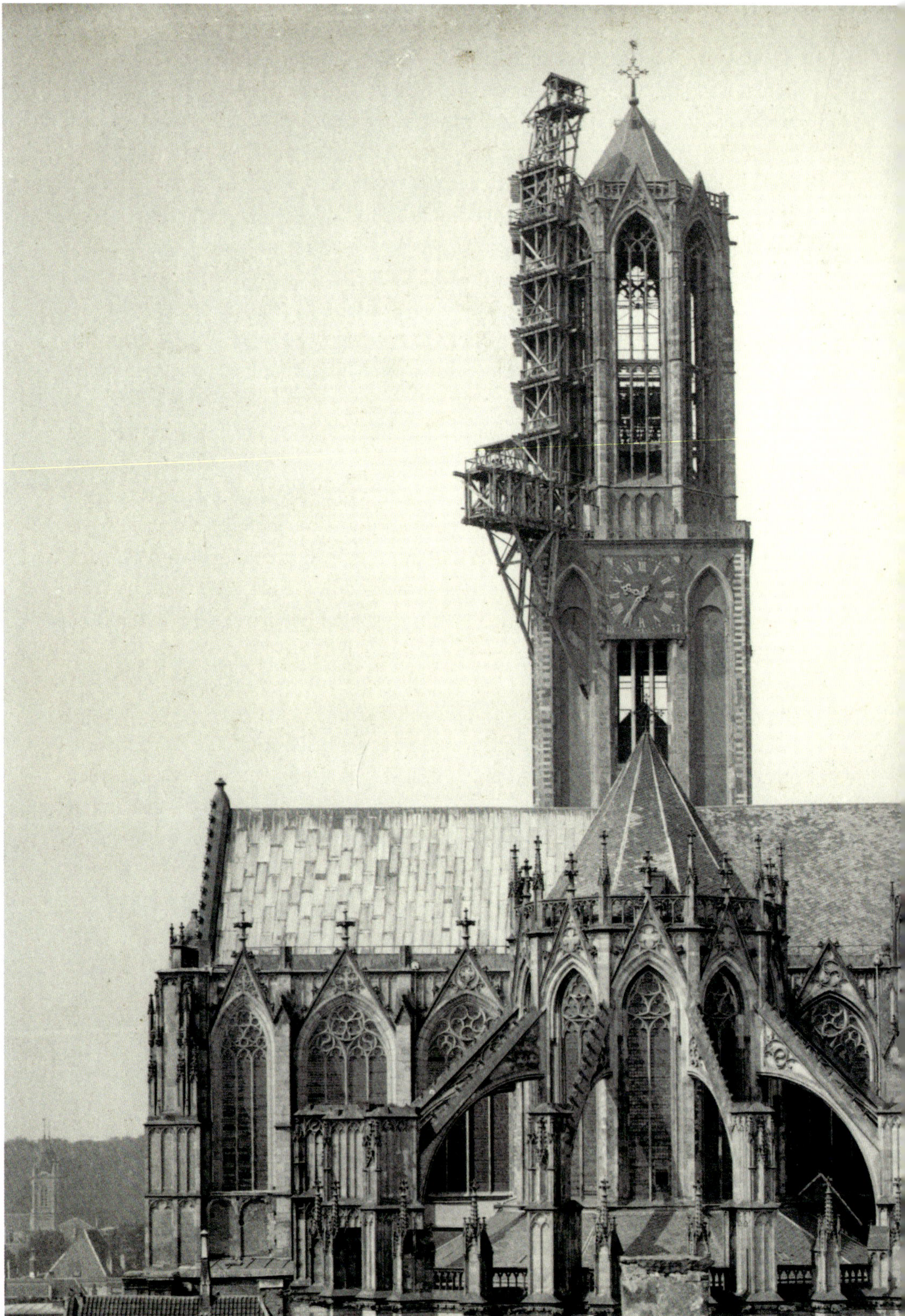

1 | *Wilhelm Gerardus Baer, Ansicht des Utrechter Domes von Osten, während der »Großen Restaurierung«, 1903*

Klammern wurden angebracht, um den verfallenden Turm zusammenzuhalten. Auch das schrittweise Abtragen der Natursteinverkleidungen verwandelte den einstigen »Stolz von Utrecht« zu Beginn des 20. Jahrhunderts in einen Turm von beklagenswertem Zustand.

Der Utrechter Architekt Ferdinand Jacob Nieuwenhuis (1848–1919) war sehr besorgt um das Schicksal des Domturms, und als er 1892 in seiner Funktion als Stadtbaudirektor die Restaurierung der Domkirche abschloss, ergab sich die Gelegenheit, nun auch den Domturm in Angriff zu nehmen (ABB. 1). Der Architekt machte keinen Hehl daraus, dass er den Maßnahmen der vergangenen Jahrzehnte sehr kritisch gegenüberstand. Der Turm sei mehr durch »onkundige menschenhanden« verunstaltet worden als »door het verloop van de tijd«.[13]

Der Restaurierungsplan, den Nieuwenhuis 1899 erstellte, war sehr detailliert und ging von der Erhaltung des historischen Bestandes aus, so wie er ihn am Domturm vorgefunden hatte. Obwohl das Gebäude bereits ziemlich heruntergekommen war, war vieles von der ursprünglichen Bauzier erhalten geblieben. In der ersten Hälfte der sogenannten Großen Restaurierung (1899–1931) wurde Nieuwenhuis von Regierungsberater Pierre Cuypers (1827–1921) unterstützt. Vor allem die Wahrung des gotischen Stils und die Rekonstruk-

---

13 Ferdinand Jacob Nieuwenhuis: Brief vom 1. Juli 1898 an den Stadtrat über den Zustand des Domturms 1898, Het Utrechts Archief, Inv.-Nr. 1007-3, 29800.

tion des ursprünglichen Entwurfs »in den ouden toestand« sollten den verwahrlosten Domturm wieder zu einer mittelalterlichen Ikone der Innenstadt machen.[14] Nieuwenhuis und Cuypers, die zusammen mit dem Architekten Constantijn Muysken (1843–1922) die Restaurierungskommission bildeten, konnten die stilistische Einheit vor allem deshalb bewahren, weil große Teile der Laterne noch aus mittelalterlichen Gesteinsarten wie Drachenfels-Trachyt, Tuff- und Ledestein bestanden. Außerdem wiesen die mittelalterlichen Laternenpfeiler noch viele Oberflächen mit Bearbeitungsspuren und Resten von Bauornamentik auf.[15] Bis 1921 konnte die Restaurierungskommission die Restaurierungsarbeiten auf diese Weise gestalten. Nach zwei Jahrzehnten waren die Laterne und das zweite Geschoss des Domturms vollständig restauriert und bereits verlorene Bauteile wie Balustraden und Fialen wiederhergestellt.

Natursteinvarietäten
Ein wichtiger Teil der Voruntersuchungen für die aktuelle Restaurierung ist das Bestimmen der vorhandenen Gesteinsarten sowie ihres relativen Verwendungszeitraums und die Suche nach möglicherweise noch vorhandenen ursprünglichen Bearbeitungsspuren. Die lange Restaurierungs- und Instandhaltungsgeschichte des Domturms hat zu der Erkenntnis geführt, dass hier mehr als fünfzig jeweils gut zu bestimmende Natursteinarten Verwendung fanden. Diese Gesteinsarten wurden zu Beginn der aktuellen Restaurierung in sieben Hauptgruppen unterteilt und kartiert (Abb. 2). Insbesondere für die Laterne des Domturms zeigte sich, dass nicht nur der Restaurierungsverlauf der »Großen Restaurierung« unter Nieuwenhuis und Cuypers anhand der verwendeten Natursteine nachzuvollziehen ist, sondern auch, dass vor allem an der Süd- und Südwestseite des Turmes erhebliche Mengen an ursprünglichem Tuff-, Ledestein und Drachenfels-Trachyt erhalten geblieben sind. Die Kartierung des Natursteinbestands in der Laterne lieferte somit auch wichtige Informationen über die Verwendung mittelalterlicher Gesteinsarten an der Außenseite der tragenden Pfeiler in diesem Teil des Turmes.

Nach entsprechenden Untersuchungen wurde bei der Natursteinkartierung zwischen einer Gruppe von bauzeitlich verwendeten Steinen und einer Gruppe von Ersatzsteinen unterschieden. Die ursprüngliche Natursteinpalette umfasst den bereits erwähnten Tuff- und Ledestein sowie Drachenfels-Trachyt, ergänzt durch Tournaiser und Namurer Stein sowie einige rote Sandsteine. Im Laufe der

14 Menno Wiegman: De restauratie van de Domtoren. Verschillende restauratieopvattingen verenigd, in: Bulletin KNOB, 109, 2010, Heft 6, S. 222–233, hier: S. 222.

15 Bericht über die Sitzungen der Kommission zur Restaurierung des Domturms in Utrecht am 19. Dezember 1902 und 20. Dezember 1904, Het Utrechts Archief, Inv.-Nr. 1007-2, 4959.

| NO | N | NW | W | SW | S | SO | O |

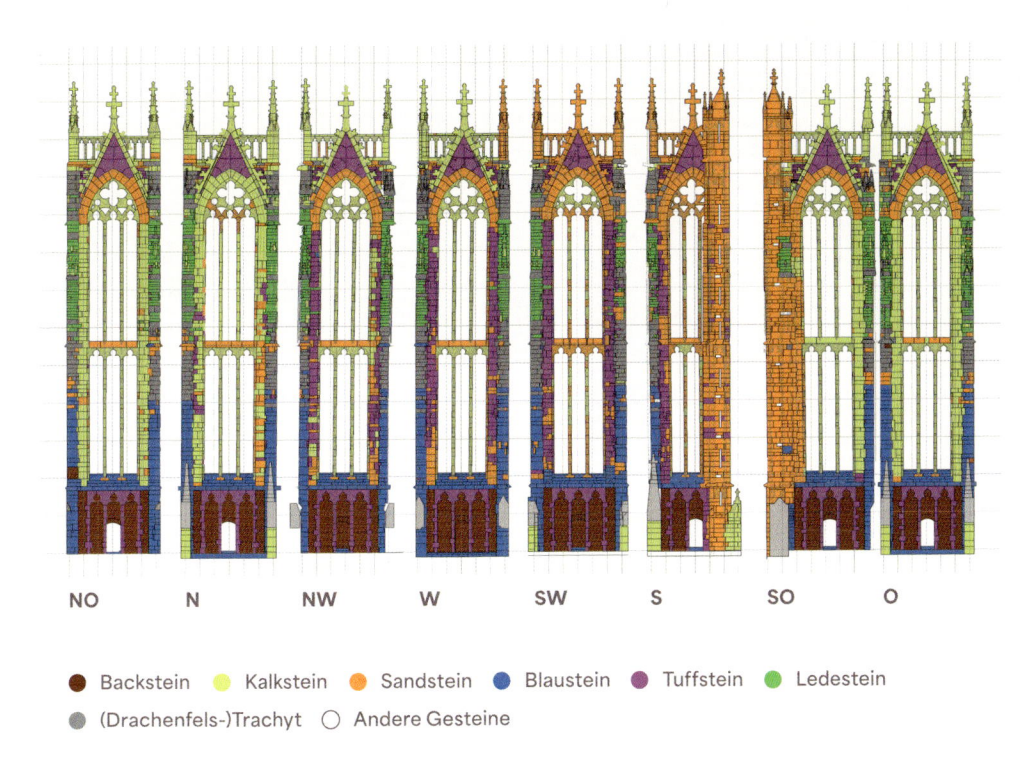

● Backstein   ● Kalkstein   ● Sandstein   ● Blaustein   ● Tuffstein   ● Ledestein
● (Drachenfels-)Trachyt   ○ Andere Gesteine

2 | *Utrecht, Dom, Natursteinkartierung der Laterne des Domturms, Zeichnung Rothuizen Erfgoed, 2019*

Zeit wurde diese Palette um zahlreiche Ersatzsteine erweitert, wie zum Beispiel Sandstein (von Restaurierungen im 15. Jahrhundert bis zur »Großen Restaurierung« Anfang des 20. Jahrhunderts), französische Kalksteine (vor allem aus Reffroy, Euville, Mezangère und Massangis von 1902 bis 1931) und Ettringer Tuffstein (um 1920 und während der Instandsetzung 1970–1974).

Aktuelle Restaurierung

Gegen Ende des Jahres 2016, mehr als ein Jahrhundert nach dem Beginn der »Großen Restaurierung«, war für die Stadt Utrecht die Zeit für eine weitere Restaurierungskampagne gekommen. Entscheidende Voraussetzungen, die von den verantwortlichen Architekten eingehalten werden mussten, waren die Gewähr, dass in einem Zeitraum von fünfzig Jahren keine weiteren Maßnahmen notwendig werden, und der Vorrang der öffentlichen Sicherheit rund um den Turm bei allen vorgeschlagenen Maßnahmen. Zudem sollte der Plan klar und effizient erstellt werden, wobei Ergänzungen oder Veränderungen am bestehenden Bau ausgeschlossen waren. Die Planerstellung begann mit einer Reihe von Vorunter-

3 | Utrecht, Dom. Eine abgestürzte Kreuzblume aus Euville-Kalkstein balanciert gefährlich hinter einem Wimperg in 70 Metern Höhe, 2016.

4 | Utrecht, Dom, Drachenfels-Trachyt im Zustand vor der jüngsten Restaurierung: Substanzverlust durch Ausbrüche und Verwitterung, 2017

suchungen, bei denen nicht nur die bereits erwähnte Natursteinkartierung, sondern auch technische Aufzeichnungen über den aktuellen Zustand des Turmes in die Qualitätsprüfungen einflossen (Abb. 3–4). Die einzelnen Steinquader wurden mehrfach überprüft und anschließend bewertet. Dabei ist entschieden worden, Eingriffe an Werkstücken nur dann vorzunehmen, wenn eines der folgenden Kriterien zutraf:[16]

- eine verbleibende »Lebensdauer« von weniger als fünfzig Jahren;
- Absturzgefahr von Fragmenten in Kieselsteingröße oder größer;
- negative Bestandsbeeinflussung;
- Initiierung von Folgeschäden durch Korrosion;
- Erhalt einer Gesteinsart, die ansonsten am Domturm nicht mehr vorzufinden ist.

Bei den Voruntersuchungen stellte sich bald heraus, dass die Laterne des Turmes zwischen 1902 und 1912 so aufwendig restauriert worden war, dass nicht nur große Teile des mittelalterlichen Bestandes, sondern auch die ebenso alte Bauzier bewahrt blieben.[17] Dies zeigte sich vor allem an den Wandfialen, die ausschließ-

16 Erik Jan Brans, Karlijn M. L. de Wild: Restauratie Domtoren. Visie, proefrestauratie, uitgangspunten opname en beschrijving, Middelburg 2019.
17 Nieuwenhuis [12], S. 18–20.

5 | Utrecht, Dom, Westseite der Laterne vor der Restaurierung, 2017

lich aus Ledestein und Drachenfels-Trachyt bestehen. Fluch und Segen dieser Restaurierung war daher die Frage, wie mit diesem historisch äußerst wertvollen Bestand umzugehen ist. Obwohl fast alle Fialen an den Laternenpfeilern äußerlich noch intakt schienen, wies der Stein viele Schäden auf, und die Prämisse, dass der Domturm für die nächsten fünf Jahrzehnte frei von größeren Wartungsarbeiten sein sollte, war dem Wunsch, diese Fialen weitestgehend zu erhalten, diametral entgegengesetzt. Nach Abschluss dieser Restaurierungskampagne soll in den nächsten fünfzig Jahren kein Gerüst mehr aufgebaut werden, was bedeutet, dass diese mittelalterlichen Bildhauerarbeiten nicht mehr zugänglich sein werden.

Zu Beginn der Voruntersuchungen im Jahr 2017 erwiesen sich vor allem diese Originalmaterialien an der Außenseite der Laterne als komplexe Herausforderung (Abb. 5). Der mittelalterliche Naturstein zeigte bei näherer Betrachtung viele riskante Schäden, insbesondere bei den Bauornamenten. Der Restaurierungsplan setzte auf minimale Eingriffe, um mit dem wertvollen Bestand so schonend wie möglich umzugehen. Die Lage der Drachenfels-Trachyt- und Ledesteinquader in 80 bis 90 Metern Höhe direkt über öffentlichen und frei zugänglichen Flächen bereitete Sorgen. Eingriffe mussten daher gründlich überlegt, sicher und verantwortungsvoll sein.

Diese Überlegungen wurden in einem Restaurierungskonzept festgehalten, das als Grundlage für den Restaurierungsplan dienen sollte. Die Ergebnisse der Zusammenarbeit mit den Bauhütten in Köln und Xanten bildeten hierzu eine wich-

6 | *Utrecht, Dom, Krabbe aus Drachenfels-Trachyt am südlichen Treppenturm der Laterne mit abgebrochenen Teilen und typischem Schadensbild für die Bauornamentik des Domturms, 2020*

tige Voraussetzung. Aber auch die umfangreichen bauhistorischen Forschungen zu Verwendungszweck und -zeitraum der verschiedenen Steinarten waren richtungsweisend für den Umgang mit den Schadensbildern. Eine dritte Säule des Restaurierungskonzepts ist schließlich der Respekt vor der »Großen Restaurierung« und der »Handschrift« der Vorgängerarchitekten. Die deutlich erkennbare Rücksichtnahme auf die Geschichte bisheriger Instandhaltungsmaßnahmen zieht sich wie ein roter Faden durch das Restaurierungskonzept.[18] In den meisten Fällen knüpft die aktuelle Planung direkt an vergangene Ansätze an.

Schadensbilder am Drachenfels-Trachyt und Ledestein

Der technische Zustand des Drachenfels-Trachyts in Utrecht wurde in drei Kategorien eingeteilt: ursprünglicher Quader in gutem Zustand (mit oder ohne Bearbeitungsspuren), in mäßigem Zustand (sowohl ursprüngliche Oberfläche als auch partielle Erosion) und in schlechtem Zustand (ursprüngliche Oberfläche fast vollständig verloren). Der weitaus größte Teil des Drachenfels-Trachyts am Domturm kann in die Kategorie »mäßiger« oder »schlechter Zustand« eingeordnet werden, wobei an fast allen Quadern Oberflächenerosion in Form von Abplatzungen, Schalenbildung, Rissen und schwarzen Gipskrusten auftrat (ABB. 6).[19] Diese Schadensbilder führten unter anderem zu einer Ablösung der Steinoberfläche und zu Problemen durch in die Tiefe des Gesteins eindringende

---

18 Karlijn M. L. de Wild, Erik Jan Brans: Een kijk op restauratiekeuzes bij complexe binnenstedelijke projecten. De Domtoren van Utrecht, in: Complexe binnenstedelijke projecten se Vlaams-Nederlandse Natuursteendagen 12–13 oktober 2023, Amsterdam (Professional paper, Service Géologique de Belgique 322), Brüssel 2023, S. 85–101.
19 Illustrated glossary on stone deterioration patterns/Glossaire illustré sur les formes d'altération de la pierre (Monuments and sites V15), Paris 2008, S. 42.

Feuchtigkeit, was zu großer Instabilität führen kann.[20] Besonders bei einem in großer Höhe an der Außenseite des Kirchturms verbauten Naturstein sind diese unvorhersehbaren Szenarien höchst unerwünscht.

Um einen Restaurierungsplan für die spezifischen Schadensbilder von Drachenfels-Trachyt und Ledestein zu erstellen, wurde 2019 eine Proberestaurierung durchgeführt.[21] Es wurde geprüft, ob ausgebaute Natursteinquader nachbearbeitet werden können, was sich im Fall des abgewitterten Drachenfels-Trachyts jedoch als unmöglich erwies. Während der Proberestaurierung wurden auch Festigungs- oder Ausbesserungsversuche unternommen, um die Erosion des Natursteins aufzuhalten oder zumindest zu verlangsamen. Schließlich sind mehrere Reinigungsproben durchgeführt worden, um herauszufinden, mit welcher Methode sich die schwarze Verfärbung des Drachenfels-Trachyts am besten lösen lässt. In Xanten zeigte sich, dass eine Reinigung des Drachenfels-Trachyts durch Mikrostrahlen die schwarzen Gipskrusten reduzieren konnte. In Utrecht war das Ergebnis dieser Reinigungsmethode jedoch weniger gut. Für Versuche zur technischen Festigung des Natursteins wurden Quader in der Dombauhütte in Xanten und im Labor der Niederländischen Organisation für angewandte naturwissenschaftliche Forschung (TNO) beprobt.

Die Festigungsprobe mit Drachenfels-Trachyt vom Domturm wurde zunächst mit einem Injektionsmörtel auf Kalkbasis durchgeführt.[22] Aus der Forschungsliteratur zu Utrecht war bekannt, dass das Festigen von Rissen und Schalen im Drachenfels-Trachyt zwar möglich, aber nicht ohne Risiken war.[23] Erste Versuche schienen nicht den gewünschten Effekt zu haben, da der Injektionsmörtel nicht ausreichend tief in die Risse eindrang. Nach Empfehlung der deutschen Kollegen, die allerdings auf dem damaligen Kenntnisstand beruhte, wurde erwogen, die Quader mit einem in Ethanol gelösten Produkt auf Ethylsilikatbasis (Sebosil S) zu behandeln. Es wurde ein Protokoll zur Rissinjektion erstellt und in mehreren Schritten versucht, die Risse immer weiter zu schließen.[24] Da es jedoch manchmal schwierig ist, vorherzusagen, ob das Konsolidierungsmittel ausreichend tief in den Stein eindringt, ist ein Monitoring der behandelten Quader erforderlich.

---

20 Karlijn M. L. de Wild, Hendrik Jan Tolboom, Nicolas Verhulst: Het middeleeuwse Drachenfels trachiet en de middeleeuwse Ledesteen aan de Utrechtse Domtoren, in: Conservatie-restauratie in context. Postprints van de internationale studiedagen BRK-APROA 11, Brügge 2021, S. 89–98.
21 De Wild, Tolboom, Verhulst [20].
22 Nicolas Verhulst: Verslag i. v. m. mogelijkheid behandelen/injecteren van verweerd Drachenfels trachiet op de Domtoren van Utrecht, Weesp 2020.

23 Tanja Pinkale, Kathrin Bommes, Peter Kozub: Drachenfels trachyte. Research into the preservation of Cologne Cathedral's medieval radiating chapels, in: Monument future. Decay and conservation of stone. Proceedings of the 14th international Congress on the deterioration and conservation of stone, Halle an der Saale 2020, S. 949–954.
24 De Wild, Tolboom, Verhulst [20].

7 | *Utrecht, Dom, Krabbe aus Ledestein mit starker Craquelé-Bildung, 2020*

Eine solche Nachkontrolle ist aber nur möglich, wenn diese sich an leicht zugänglichen Stellen befinden, zum Beispiel an Fassadenteilen, die knapp über dem Bodenniveau liegen. Leider waren die in Utrecht geplanten Maßnahmen an Quadern vorgesehen, die sich in 80 bis 90 Metern Höhe an der Außenseite des Turmes befanden. Außerdem zeigte sich bei weiteren Untersuchungen, dass die Schalendicke des Drachenfels-Trachyts in Utrecht zu gering war, sodass Schalen nicht mit ausreichender Adhäsion auf dem soliden Steinuntergrund zu festigen sind. Die Dicke betrug nur 1 bis maximal 1,5 mm, was eine Behandlung mit Sebosil S unmöglich machte.

Auch die Experimente mit Ledestein erwiesen sich als nicht so erfolgreich wie ursprünglich erhofft. Die für diese Natursteinart typische Verwitterung im Bereich der Stoßfugen war bereits während der »Großen Restaurierung« recht intensiv behandelt worden. Die Steinoberfläche war abgearbeitet und mit sehr hartem Zementmörtel versehen worden. Da diese älteren Ausbesserungen noch recht intakt waren und ein Abschlagen des Mörtels den Stein nur noch mehr beschädigt hätte, beschloss man, sie zu belassen. Probleme mit dem Ledestein traten daher vor allem bei Elementen auf, die aus der Fassade auskragen, wie zum Beispiel Gesimse und die vielen Krabben, an denen die Laternenpfeiler reich waren. Diese mittelalterlichen Bauornamente befanden sich rund um die Laterne in gleicher Höhe wie der Drachenfels-Trachyt und waren trotz ihres hohen Alters noch gut erkennbar. Allerdings wiesen sie ein für Ledestein bekanntes Schadensbild mit einer Vielzahl von kleinen und großen Rissen auf (Abb. 7). In der Bauhütte des Xantener Domes wurde ein Ledesteinquader zur Probe mit Araldite 2020 und einem Fluoreszenzfarbstoff getränkt, um nach der Behandlung überprüfen zu können, wie weit das Konsolidierungsmaterial in den Stein eingedrungen war. TNO untersuchte den Probestein mikroskopisch. Sie kamen zu der Erkenntnis, dass einige Risse keinen Kontakt zur Gesteinsoberfläche aufwiesen, sodass sich das Konsolidierungsmaterial nicht im Risssystem, sondern im umliegenden Porenraum des Gesteins anlagerte. Außerdem erwies sich der behandelte Stein als nicht widerstandsfähig gegen Nässe, nach wenigen Schnitten mit der Nasssäge brach er auseinander.

Das Fazit der Proberestaurierung 2019 war, dass eine Stabilisierung dieses für den Domturm wertvollen Bestandes nicht möglich war. Zum einen brachten die Reinigungsmethoden nicht die gewünschten Ergebnisse, und die Festigungsmethoden konnten nicht mit dauerhaftem Erfolg durchgeführt werden. Obwohl der Restaurierungsplan von einer maximalen Erhaltung der vorhandenen Bausubstanz ausgeht, waren auch die Vorgaben in Bezug auf die öffentliche Sicherheit von großer Bedeutung. Die einzige Methode, die vorgeschlagen werden konnte, um zu gewährleisten, dass der Domturm in dieser Hinsicht für die nächsten fünf Jahrzehnte gesichert und frei von weiterer Instandsetzung ist, war der (teilweise) Austausch von Drachenfels-Trachyt und Ledestein.

Steinaustausch

Der Ersatz des Drachenfels-Trachyts erfordert zwangsläufig den Rückgriff auf andere Gesteinsarten. Während der »Großen Restaurierung« wurden große Mengen des deutschen Trachyts durch Reffroy, einen weißen Kalkstein aus Nordfrankreich, ersetzt. Auch im unteren Bereich des Domturms kamen größere Mengen von Drachenfels-Trachyt vor, der bereits bei früheren Restaurierungen durch verschiedene Sandsteinarten ersetzt worden war. Während der »Großen Restaurierung« wurde in diesen unteren Mauerabschnitten der für den Domturm völlig neue Weidenhahner Trachyt eingeführt. Voruntersuchungen in den Jahren 2017 und 2018 ergaben, dass diese beiden Ersatzsteine ganz eigene technische Probleme mit sich brachten. Der französische Kalkstein konnte seine Matrix verlieren und zerfallen, bereitete vor allem aber auch sehr große ästhetische Probleme, weil sich das leuchtend weiße Ersatzmaterial stark von der ansonsten dunkelgrauen bis schwarzen Umgebung des Drachenfels-Trachyts abhob. Der Weidenhahn-Trachyt war bekanntermaßen recht weich und das Gestein bröckelte vor allem im fugennahen Bereich stark. Dies war bereits bei Lieferungen dieser Steinsorte in den Jahren 1920–1931 der Fall, als die unteren Wandpartien des Domturms zuletzt restauriert wurden.[25]

Für den Ersatz des Drachenfels-Trachyts und, falls notwendig, der älteren Trachyt-Ersatzsteine wurde untersucht, welche Gesteinsarten sich sowohl hinsichtlich der technischen Eignung als auch in Bezug auf das Erscheinungsbild gut in den Bestand einfügen würden. Der italienische Peperino-Duro-Tuffstein, der in den Niederlanden bereits weit verbreitet ist, war eines der vielversprechenden Ersatzmaterialien.[26] Die andere untersuchte Gesteinsart war Montemerlo-Tra-

---

[25] Vergaderverslagen Commissie tot Herstel, Herstellingen van den Domtoren te Utrecht 1902–1932, verslag van 11 januari en 4 april 1923, Het Utrechts Archief, Inv.-Nr. 1007-2, 4959.

[26] Ad Slinger, Herman Janse, Gerard Berends: Natuursteen in monumenten (Monumenten monografieën 4), Zeist 1982, S. 17–20.

8 | *Utrecht, Dom. Bei einer Proberestaurierung (2021) wurden Versuche mit Steinquadern aus Montemerlo-Trachyt (links) und Peperino Duro (rechts) als Ersatz für den Drachenfels-Trachyt durchgeführt; der Quader aus Udelfanger Sandstein in der Mitte stammt von der »Großen Restaurierung« um 1904.*

chyt, ebenfalls aus Italien, eine in den Niederlanden bisher unbekannte Gesteinsart, die jedoch in den Domkirchen von Köln und Xanten Verwendung findet.

Im Rahmen der Restaurierungsprobe wurde mit beiden Ersatzsteinen sorgfältig experimentiert (ABB. 8). Dabei zeigte sich, dass beide Steinsorten aus technischer wie auch aus ästhetischer Sicht einsetzbar sind. Der Peperino Duro bewährte sich vor allem in Bezug auf die Wahrung des Erscheinungsbildes. Die drei Gesteinsarten (Drachenfels-, Montemerlo-Trachyt und Peperino-Duro-Tuffstein) bilden bruchfrisch eine nahezu identische Farbpalette aus, verwittern aber auch ähnlich, sodass die Farbgebung auch im Laufe der Zeit einheitlich bleibt (ABB. 9).

Das Restaurierungsteam sprach sich zunächst für die Verwendung von Montemerlo-Trachyt aus, stieß dabei aber auf ein Problem mit der Lieferung. Die Menge an Ersatzgestein, die benötigt wurde, um den Drachenfels-Trachyt und die früheren Trachyt-Ersatzsteine auszutauschen, war in Utrecht so groß, dass sie die maximal verfügbare Liefermenge überstieg. Außerdem nahm der Steinbruch keine neuen Kunden mehr an. Die einzige Möglichkeit, an Trachyt aus Montemerlo zu gelangen, bestand in einer Partnerschaft mit dem Kölner Dom. Durch diese Zusammenarbeit konnte eine kleine Menge Montemerlo-Trachyt beschafft werden. Ein weiterer, vielleicht noch größerer Einwand gegen die

9 | *Utrecht, Dom, Ersatz des ursprünglichen Drachenfels-Trachyts durch Peperino Duro (Kreuzblume und Krabbe am Fialaufbau) und Montemerlo-Trachyt (Krabbe am Zierwimperg) am nordöstlichen Laternenpfeiler in etwa 90 Metern Höhe, 2023*

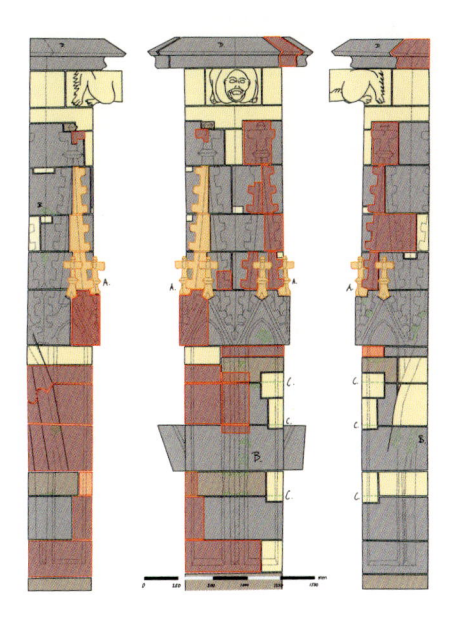

10 | *Utrecht, Dom, Restaurierungsplan für eine Fiale aus Drachenfels-Trachyt am nordwestlichen Laternenpfeiler: rot markierte Teile werden in Montemerlo-Trachyt, orangefarbene in Peperino Duro ersetzt und grüne lediglich ausgebessert, Zeichnung Rothuizen Erfgoed, 2019*

ausschließliche Verwendung von Trachyt aus Montemerlo ergab sich aus dem Restaurierungskonzept. Würde man sowohl den aktuellen Drachenfels-Trachyt als auch die früheren Trachyt-Ersatzsteine (aus Reffroy und Weidenhahn) durch dieselbe Gesteinsart austauschen, so würde eine wichtige Phase der bisherigen Restaurierungsgeschichte des Domturms völlig ausgelöscht. Denn auf diese Weise würden die mehr als sieben Jahrhunderte alten Quader und die nun fast hundert Jahre alten Ersatzsteine als ein und dasselbe Material interpretiert. Um das Problem der Liefermenge von Montemerlo-Trachyt zu lösen und zugleich die Restaurierungsgeschichte erkennbar zu lassen, entschied sich das Utrechter Team für einen besonderen Ansatz: Drachenfels-Trachyt wird ausschließlich durch Montemerlo-Trachyt ersetzt, während die früheren Trachyt-Ersatzsteine (aus Reffroy und Weidenhahn) durch den Peperino-Duro-Tuffstein ausgetauscht werden (ABB. 10).

Auch bei der Wahl des Ersatzes für den Ledestein stand das Restaurierungsteam vor großen Herausforderungen. Zwar ist Ledestein immer noch erhältlich,

Bewertungskriterium	Montemerlo-Trachyt	Peperino-Duro-Tuffstein
Bauphysikalische Eignung	+	+
Ästhetische Eignung (Bauornamentik)	+	o
Ästhetische Eignung (Mauerwerk)	+	+
Ähnliche Verwitterungsfarbe wie Drachenfels-Trachyt	+	+
Bau- und kulturgeschichtliche Kontinuität	++	+
Finanzielles (zusätzliche Kosten im Vergleich zur vorgeschriebenen Steinsorte)	--	o

doch können die für den Domturm erforderlichen Schichthöhen und Abmessungen nicht mehr geliefert werden.[27] Der Ausgangspunkt für den Ersatz dieses Steins ist die Berücksichtigung der historischen Schichthöhe und damit auch des Fugenbildes an den Laternenpfeilern. Während der »Großen Restaurierung« wurde der Ledestein bereits mit den oben beschriebenen zementhaltigen Mörteln restauriert, aber auch durch eine hellgrüne Variante des Udelfanger Sandsteins ersetzt. Der Sandstein fügt sich technisch und ästhetisch gut in die Umgebung des Ledesteins ein, laut niederländischer Sandsteinverordnung darf quarzhaltiger Sandstein aber in den Niederlanden nicht mehr verwendet werden. Den Ledestein durch Mörtelergänzungen zu ersetzen, wie es ein Jahrhundert zuvor geschehen war, wurde vom Restaurierungsteam ausgeschlossen, da die Gefahr bestand, dass diese Reparaturen nicht fünf Jahrzehnte lang wartungsfrei bleiben würden. Es war daher notwendig, auf eine Steinart zurückzugreifen, die in Farbe, Aussehen und in den physikalischen Eigenschaften dem Bestand des benachbarten Ledesteins entspricht.

Die Lösung für den Austausch von Ledestein am Domturm ist jedoch weniger einfach als für die Trachyt-Ersatzsteine. Ursprünglich fiel die Wahl auf den tech-

27 Die Schichthöhen des ursprünglichen Ledesteins variieren am Domturm zwischen 18 und 21 Zentimetern, manchmal mit »Ausreißern« von bis zu 25 oder 28 Zentimetern. Dies erschwerte die Suche nach einem passenden Ersatzgestein, das in vergleichbarer Schichthöhe verfügbar ist.

11 | *Utrecht, Dom, Austausch von Ledestein durch französischen Kalkstein (Croix-Huyart) und ersetzte Krabbe aus Drachenfelser Trachyt, 2023*

12 | *Utrecht, Dom, unterer Teil einer Krabbe aus wiederverwendetem Ledestein, 2023*

nisch gut zu verwendenden französischen Kalkstein aus St.-Pierre-Aigle mit mehr Einschlüssen, insbesondere von Turritella-Schalen, als der sehr feine gelbgrüne Originalstein. Diese Einschlüsse wurden schon bei früheren Lieferungen an die Steinmetzwerkstatt zu einem Problem, da das Ersatzgestein in der Umgebung des Ledesteins das ästhetische Gesamtbild immer stärker beeinträchtigte. Im Verlauf des Findungsprozesses wurde auch der französische Croix-Huyart-Kalkstein untersucht, der als zweite Wahl Verwendung fand, nachdem die Lieferungen aus St.-Pierre-Aigle mehr und mehr zu wünschen übrig ließen (ABB. 11). Zumindest würden beide Ersatzgesteine die technischen Voraussetzungen erfüllen und einen Zeitraum von fünfzig Jahren ohne weitere Instandhaltungsmaßnahmen garantieren. Dennoch sind diese Steinsorten wegen der hohen Konzentration an Abdrücken von Turritella-Muscheln im homogenen Bestand der älteren Ledesteine nicht ideal. Daher wurde beschlossen, für dringend notwendige Teilauswechslungen, beispielsweise an Bauzier und Gesimsen, die ausgebauten Quader des ursprünglichen Ledesteins wiederzuverwenden. In einigen Fällen waren die rückwärtigen Bereiche bereits ausgebauter Quader technisch fest genug, um daraus kleinere Passstücke herzustellen. Anders als beim Drachenfels-Trachyt, der bei der Nachbearbeitung völlig zerfiel, konnten die Ledesteinquader für kleinere Reparaturen wiederverwendet werden (ABB. 12).

Krabben

Wie bereits erwähnt, wurde ein beträchtlicher Teil des Drachenfels-Trachyts und des Ledesteins an der Laterne für große Fialen verwendet, die halb in das Pfeilerwerk an der Außenseite des Domturms eingebunden sind. Auch wurde eine umfangreiche bauhistorische Studie zu Fragmenten einzelner Krabbenformen durchgeführt, um festzulegen, mit welchen Krabbenmotiven die neuen Quader zu versehen sind (Abb. 13, 15).

Die Studie war von nicht zu unterschätzender Bedeutung, ging es doch darum, die erhalten gebliebenen ursprünglichen Formen für die Zukunft zu bewahren. Und obwohl es sich natürlich um interpretierte Motive handelt, die in die neuen Quader geschlagen wurden, gab es nur wenig Spielraum für die Bildhauer. Bei der Erforschung der an den mittelalterlichen Fialen verwendeten Krabbenmotive wurden einige interessante Entdeckungen gemacht. So zeigte sich, dass die großen doppelten Kreuzblumen, die diese Fialen bekrönen, sowohl aus Ledestein- als auch aus Drachenfelsblöcken zusammengesetzt sind (Abb. 14 a–b). Die Krabben haben unabhängig davon jedoch eine einheitliche Form. Auch wenn über die mittelalterliche Baufabrik des Domturms nur wenig bekannt ist, stützt diese Beobachtung die Hypothese, dass die Steine für den Bau des Turmes vor Ort in einer Hütte nahe der Baustelle bearbeitet wurden. Höchstwahrscheinlich waren es lokale Bildhauer, die die mittelalterlichen Fialen mit ihren Verzierungen versahen.

Eine weitere aufschlussreiche Beobachtung bezog sich auf die Mehrfachnutzung von Modellen. Für die Kreuzblumen der acht Fialtürme der Laterne wurden nur vier verschiedene Krabbenmotive verwendet. Jedes Motiv kam also genau zweimal vor. An sich ist es nicht verwunderlich, dass ein Modell bei der Herstellung einer Steinmetzarbeit mehrfach verwendet wird. Einzigartig ist jedoch, dass die nach dem gleichen Modell gefertigten Kreuzblumen vom Grundrissplan der Laterne aus betrachtet spiegelbildlich angeordnet sind (Abb. 15). Eine Beobachtung, für die es in der bisherigen Forschung zur Architektur der Gotik keine Erklärung gibt und die sehr wahrscheinlich nicht nur am Utrechter Dom zu machen ist.

Die Beobachtungen an den mittelalterlichen Bauornamenten dienten daher als Richtschnur für die Gestaltung der neu anzufertigenden Werkstücke. Die Fragmente der Krabben wurden für Modellstudien auf Papier und in Ton verwendet. Diese Modelle sind zunächst von den Architekten und dem staatlichen Regierungsberater begutachtet und dann in Gips gegossen worden. So konnte das Restaurierungsteam sicherstellen, dass die ursprüngliche Gestaltung der mittelalterlichen Verzierungen so originalgetreu wie möglich auf die neuen Quader übertragen wurde (Abb. 16 a–c).

13 | Utrecht, Dom, Zwischenzustand beim Versetzen der Steinvierungen, 2022. Die Ersatzstücke werden mit kleinstmöglichem Originalverlust eingebaut und genauestens dem vorhandenen Bestand angepasst.

14 a–b | Utrecht, Dom, gleich gestaltete Krabben aus Trachyt am nordöstlichen Laternenpfeiler (Mitte) und Ledestein am nordwestlichen Laternenpfeiler (unten), 2021

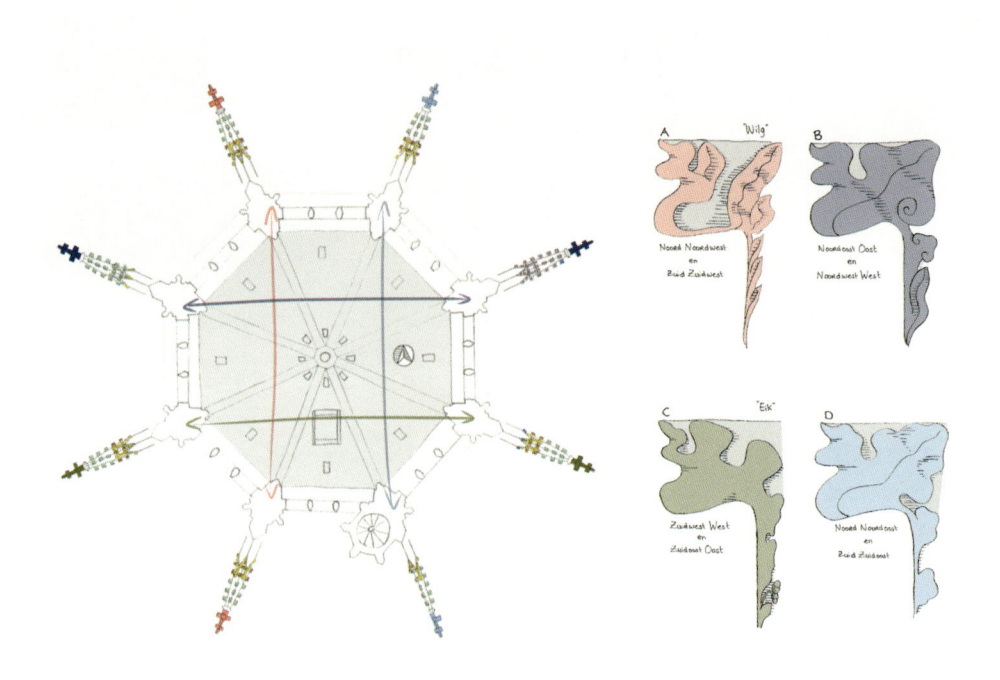

15 | *Utrecht, Dom, Auswertung der bauhistorischen Aufnahme von mittelalterlichen Kreuzblumen und Krabben an den Laternenpfeilern des Utrechter Domturms, Zeichnung Rothuizen Erfgoed, 2021*

Andere Methoden der Konservierung

Auch wenn die jetzige Restaurierung einen starken Eingriff in die mittelalterliche Bausubstanz darstellt, bedeutet dies nicht, dass alle diese historisch wertvollen Quader bedenkenlos entfernt wurden. Eher ist das Gegenteil der Fall: Große Mengen von Drachenfels-Trachyt und Ledestein konnten erhalten werden. Zum Beispiel, indem man sie wieder neu verbaute oder nur kleine Teile der Gesamtquader ersetzte (Abb. 17 a–b). Das Einsetzen von kleineren Vierungen aus Drachenfels-Trachyt und Ledestein erfolgte sehr viel häufiger als der Austausch eines kompletten Quaders, und selbst wenn ein ganzer Quader ersetzt werden musste, wurden die ausgebauten Steinquader in einem Depot gelagert.

Schließlich gibt es noch eine weitere Kategorie mittelalterlicher Steine, hauptsächlich Drachenfels-Trachyt, bei denen ein Eingreifen zwar erforderlich war, ein vollständiger Austausch aber zu weit gegangen wäre. Diese Quader wurden häufig für Wasserschläge und für die Kantenprofile der großen Wimperge am oberen Abschluss des Turmes verwendet. Quader, die noch eine ausreichende technische Qualität aufwiesen, aber stark durch Wasser belastet waren und sich in einer für den Betrachter fast unsichtbaren Höhe befanden, wurden

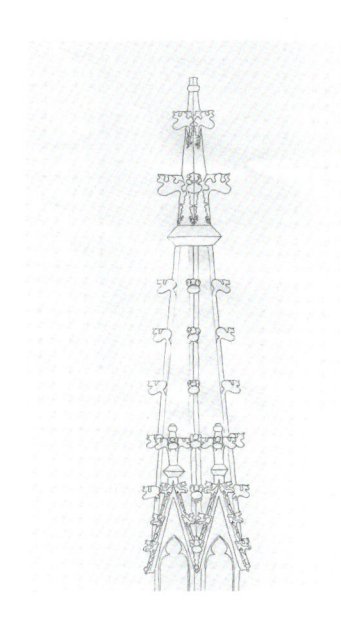

16 a–c | *Verfahren zum Austausch mittelalterlicher Bauornamente: Für jede Fiale wird eine Entwurfszeichnung angefertigt (links, Zeichnung Rothuizen Erfgoed, 2021); anhand der Tonmodelle und Entwurfszeichnungen fertigen Steinmetzen und Bildhauer die einzelnen Quader (mittig); vor der Restaurierung werden fotogrammetrische Aufnahmen des entsprechenden Bauteils gemacht, die nach Abschluss der Arbeiten noch einmal wiederholt werden (rechts). So ist auch in Zukunft zu überprüfen, wie umfangreich die Restaurierung war.*

oft mit einer schweren Bleiabdeckung versehen, um das Eindringen von Wasser in Zukunft zu verhindern. Dieses Verfahren wurde auch am letzten noch verbliebenen Wasserspeier aus Drachenfels-Trachyt des Turmes angewandt, wobei der mit Blei ausgekleidete Ausguss verlängert wurde, damit das Wasser nicht mehr unmittelbar über den steinernen Mund des Wasserspeiers abfließt.

Schlussfolgerung

Obwohl bei der Restaurierung von Natursteinen an Baudenkmälern immer zu bedenken ist, dass ein solcher Eingriff zunächst einmal Sicherheit für die Öffentlichkeit bedeuten muss, umfasst der Restaurierungsplan aber mehr als nur die technischen Aspekte des Materials. Bei der Beurteilung eines mittelalterlichen Bestandes sind die Maßstäbe komplexer als etwa bei einem Quader der jüngsten Instandsetzung. Bei der Restaurierung des Domturms in Utrecht waren es vor allem der deutsche Drachenfels-Trachyt und der belgische Ledestein, die beim Erstellen des Restaurierungsplans Kopfzerbrechen bereiteten. Beide Gesteinsarten wiesen riskante Schadensbilder auf und sind in Steinbrüchen nicht mehr verfügbar; besonders aufwendige Quader waren mit Bauornamenten versehen, die erkennbar geblieben sind.

17 a | *Utrecht, Dom, Fialaufbau aus Drachenfels-Trachyt vor der Restaurierung, 2021*

Die Überlegung, ob bei einem Quader Maßnahmen überhaupt erforderlich sind, ist nur der erste Schritt der vorgeschriebenen Methodik. Wenn nach eingehender Prüfung feststeht, dass ein Quader in seinem Bestand nicht mehr zu erhalten ist, folgt eine Reihe von weiteren Fragen, die es zu beantworten gilt:

Muss der Quader als Ganzes ausgetauscht werden, oder kann man sich mit einem teilweisen Austausch begnügen?

Welchen historischen Wert hat der Quader, aus welcher Zeit stammt er, lassen sich daraus wichtige restaurierungsgeschichtliche Schlüsse ziehen und ist es möglich, anhand dieser Geschichte ein Gefühl für die verbleibende Lebensdauer des Steins zu bekommen?

Gibt es am Quader erkennbare Bearbeitungsspuren oder Bauzier, und können diese Spuren noch richtig interpretiert werden?

Und im Falle eines (teilweisen) Ersatzes durch eine andere Natursteinart: Welche Steinarten sind technisch und ästhetisch am besten geeignet, oder welche Arten schaden dem ursprünglichen Quader oder seiner Umgebung?

Nur durch umfangreiche Voruntersuchungen, aus denen Antworten auf die oben genannten Fragen hervorgehen, ist es möglich, einen Restaurierungsplan zu erstellen, der es wiederum ermöglicht, sachkundige Entscheidungen zu treffen, die der Bedeutung und dem Wert des Materials gerecht werden. Es ist

17 b | *Utrecht, Dom, Fialaufbau aus Drachenfels-Trachyt nach der Restaurierung, 2023*

wichtig, diese Entscheidungen zu begründen und schriftlich festzuhalten, um während der laufenden Arbeiten im Zweifelsfall darauf zurückgreifen zu können. Diese Arbeitsweise gewährleistet eine einheitliche und allumfassende Restaurierungskampagne. In der Praxis der niederländischen Denkmalpflege sind diese Entscheidungen den jeweiligen Vorstellungen des Baumeisters anvertraut.

Konservierungsaufgaben am Xantener Dom im Wandel der Zeit

Johannes Schubert & Torsten Knapp

Oft wird der Xantener Dom St. Viktor als der »kleine Bruder« des Kölner Domes bezeichnet. Jedoch, wie nicht selten bei menschlichen Brüdern auch, sind sich diese Sakralbauten genauer betrachtet gar nicht so sehr ähnlich. Zwar verfügen beide Kirchen über ein gotisches fünfschiffiges Langhaus, aber in wesentlichen Teilen überwiegen die Unterschiede. So besitzt der Xantener Dom kein Querhaus, keinen Kapellenkranz und kein Triforium.

Ältester Bauteil ist der um 1200 entstandene spätromanische Westbau. 1263 legte Propst Friedrich von Hochstaden, der Bruder des Kölner Erzbischofs Konrad von Hochstaden, den Grundstein für den gotischen Chor. 1519 wurde das letzte Langhausgewölbe geschlossen. Die Arbeiten zur Erhöhung des Nordturms und die Fertigstellung von Sakristei, Kreuzgang und Heilig-Geist-Kapelle erstreckten sich zwar noch bis zur Mitte des 16. Jahrhunderts, konnten aber – im Gegensatz zum Kölner Dom – noch zu Zeiten der ausklingenden Gotik abgeschlossen werden.

Durch die abnehmende Finanzkraft des Xantener Kanonikerstifts, dessen Stiftskirche der Xantener Dom im ei-

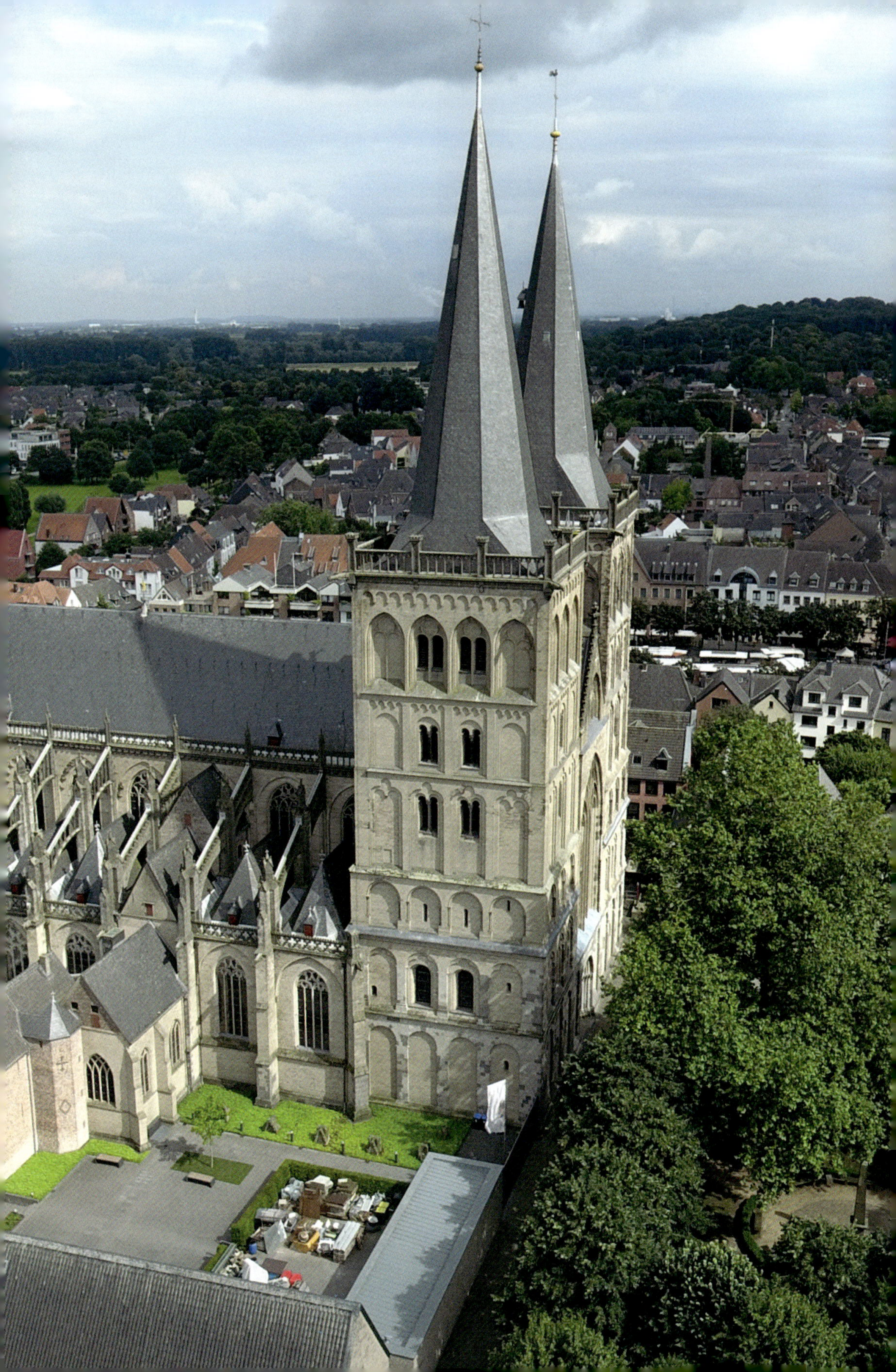

1 | Xanten, Dom St. Viktor, Nordseitenschiff, 1946

gentlichen Sinne war, blieben Veränderungen in den folgenden Jahrhunderten überschaubar. 1802 wurde das Stift aufgelöst und die Stiftskirche zur Pfarrkirche umgewidmet. Um 1860 erfolgte eine sehr behutsame Restaurierung unter der Leitung von Carl Cuno, der auf neugotische Veränderungen vollständig verzichtete.

Stärkste Zäsur in der Geschichte des Kirchenbaus war zweifellos die Zerstörung im Zweiten Weltkrieg. Die Schäden am Bauwerk waren so stark (ABB. 1), dass es ernst zu nehmende Pläne zum Abriss der Ruine gab.

Große Teile der Ausstattung und die wertvollsten Glasmalereien wurden rechtzeitig ausgelagert. So blieben das um 1230 entstandene Chorgestühl, wertvolle Tapisserien sowie 16 Altarretabel erhalten. Sechs Retabel, die barocke Kanzel und die im 19. Jahrhundert erneuerte Schwalbennestorgel sind als Verluste zu beklagen. In den Glasmalereien stammen noch etwa 12 % der Einzelscheiben aus dem Mittelalter und der Renaissance, 10 % aus der Zeit des Historismus (ABB. 2).

Der Wiederaufbau der Gebäudehülle erfolgte bis 1966 im Wesentlichen als Rekonstruktion des Vorkriegszustands, allerdings – wie auch an anderen Kirchen im Rheinland üblich – unter großflächigem Einsatz neuer Gesteine wie Londorfer Basaltlava oder Ettringer Tuff und der Verwendung hochhydraulischer Mörtel. Für die Rekonstruktion des Nordturms in den 1970er-Jahren wurde sogar das oberste Geschoss vollständig in Beton gegossen und nur mit Tuff verblendet.

Heute beträgt der Anteil bauzeitlicher Materialien an der Außenhülle noch etwa 12 %. Zu nennen sind hier vor allem Römertuff in den Wandflächen sowie Drachenfels-Trachyt in den Strebepfeilern und Sockelbereichen, aber auch kleinere Anteile Ruhrsandstein und Baumberger Sandstein sowie vereinzelte lothringische Kalksteine, die als Spolien römischer Bauten zweitverwendet wurden (ABB. 3).

n XIII n XII n XI n X

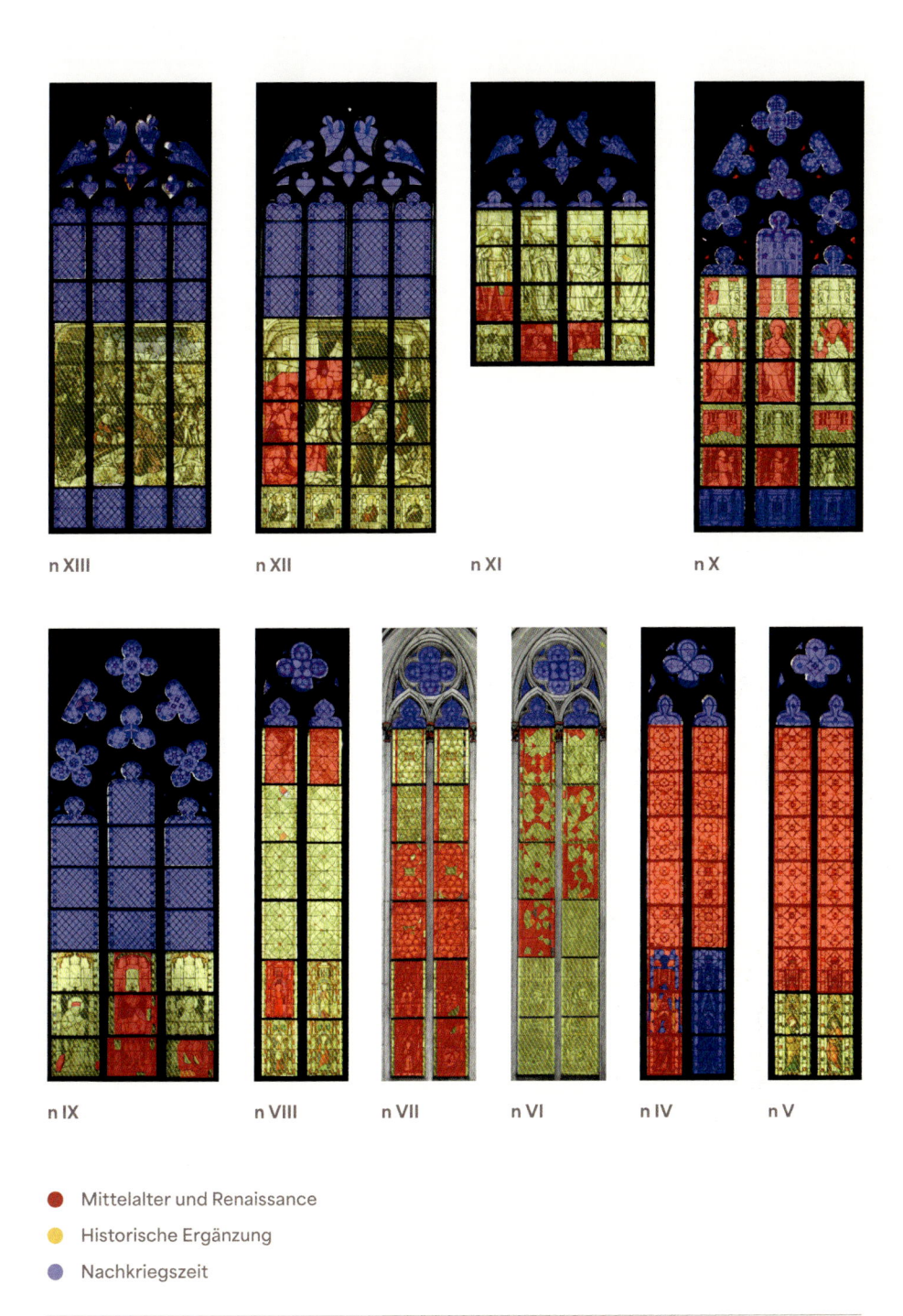

n IX n VIII n VII n VI n IV n V

- Mittelalter und Renaissance
- Historische Ergänzung
- Nachkriegszeit

2 | *Xanten, Dom St. Viktor, Visualisierung der Entstehungszeiten der nördlichen Seitenschiffverglasung*

- Eifeltuffe
- Drachenfels-Trachyt
- Diverse Sandsteine
- Londorfer Basaltlava
- Moselschiefer

Bauzeitlicher Anteil Außenhülle circa. 12 %, davon überwiegend:

Römertuff: Wandflächen
Drachenfels-Trachyt: Strebepfeiler
Ruhrsandstein: Chorpfeiler
Baumberger Sandstein: Sakristeikaff, Südportal
Lothr. Kalkstein: vereinzelt Chor

3 | *Übersicht über die verbauten Gesteine am Xantener Dom*

Während der Rekonstruktion des Südportals zwischen 1992 und 1997 kam es zum Umdenken: weg vom großflächigen Steinaustausch hin zur Bewahrung des Originalmaterials an Ort und Stelle. Erstmals wurde eine ursprünglich für die Neufertigung vorgesehene Konsole aus Baumberger Sandstein durch Acrylharzvolltränkung konserviert (Abb. 4).

Die Sensibilisierung für die Bewahrung der wenigen bauzeitlichen Bereiche in der Außenhülle führte 2002 zur Einrichtung des Arbeitszweigs Steinkonservierung an der bisher überwiegend handwerklich-rekonstruierend arbeitenden Xantener Dombauhütte. Für ein besseres Verständnis der Situation wurde ein Kartierungssystem entwickelt, welches baustellentauglich mit geringem Aufwand vor Ort umgesetzt werden kann. Für die folgende digitale Aufarbeitung wird das Programm Metigo Map benutzt, für dessen Entwicklung und Reife die Xantener Dombauhütte durch weitreichende Praxistests Impulse setzen konnte.

Eine große Herausforderung stellt das Material Drachenfels-Trachyt dar. Um einen weiteren Verlust durch Steinaustausch zu verhindern, wurde 2003 gemeinsam mit der Dombauhütte Köln ein von der Deutschen Bundesstiftung Umwelt (DBU) gefördertes Projekt ins Leben gerufen. Leider blieben die Erkenntnisse im Bereich der Konservierungsmöglichkeiten unter unseren Erwartungen. Nach Exkursionen zu historischen Objekten in der Gegend um Marienbad (Tschechien) und Padua (Italien) wurde als Material für Vierungen der tschechische Tepla-Trachyt durch den im Rahmen des Projekts genauer untersuchten norditalienischen Montemerlo-Trachyt ersetzt.

4 | Xanten, Dom St. Viktor, Südportal, acrylharzvollgetränkte Konsole aus Baumberger Sandstein (links) und Rekonstruktion aus Obernkirchener Sandstein (rechts)

Ausgiebige Tests zu Reinigungsmöglichkeiten führten zum erfolgreichen Einsatz des Microlat-Strahlverfahrens zur Reduktion von Krusten. Einen großen Erfolg für den Erhalt historischer Oberflächen stellte die Entwicklung von Injektionsverfahren dar, mit denen Mikrozemente in Hohlräume hinter Schalen eingebracht werden konnten.

Steinergänzungsmörtel wurden in ihrer Rezeptur und der Art der Applikation modifiziert und weiterentwickelt. Antragungen, aber auch vermehrt Vierungen, wurden nicht mehr wie zu dieser Zeit üblich rechtwinklig, sondern dem Schadensverlauf folgend ausgeführt. Diese Vorgehensweise wurde bei der Rekonstruktion zweier Epitaphien und der Figurengruppe der »Ölbergszene« (2009–2017) zum Ausführungsstandard (Abb. 5).

Ein völlig anderes Anforderungsprofil gilt für die historischen, mit Römertuff verblendeten Mauerwerksbereiche. Durch den Einsatz von zu hartem Fugenmörtel während der Wiederaufbauzeit nach dem Zweiten Weltkrieg kam es zu großflächigen Abplatzungen der alterungsbedingt bereits stark geschädigten Tuffsteine. Hier galt es vor allem, ein verträgliches Fugmaterial zu finden. Es erfolgten der Aufbau eines Mörtelarchivs und eine intensive Analyse und Beprobung der im Handel erhältlichen sowie der von Restauratoren für den Einsatz im Tuffmauerwerk entwickelten Mörtel. Über einhundert Verfugmörtel wurden so erfasst.

Nach einer umfassenden Untersuchung der historischen Mörtel am Xantener Dom und der verwendeten regionalen Zuschlagstoffe erfolgten diverse Versuche unter Verwendung selbst nass beziehungsweise trocken gelöschter

5 | *Xanten, Dom St. Viktor, Kreuzgang, Epitaph für Rutger van den Speet und Gerhard Keup, Detail, dem Schadensverlauf folgende Vierung, Zustand vor der Retusche der Ansatzfuge*

Luftkalke (ABB. 6–8). In einem gemeinsamen Projekt mit den Firmen Lhoist Germany Rheinkalk GmbH (Wülfrath) und MTM-Baustoffe (Münster) wurden erdfeuchte Fug-, Putz- und Steinergänzungsmörtel sowie Farben auf Luftkalkbasis entwickelt, die bis heute am Xantener Dom erfolgreich angewendet werden und die unter dem Produktnamen InNovaCal erhältlich sind.

Nachdem für den Umgang mit bauzeitlichem Mauerwerk und mit verputzten und gefassten Innenflächen zufriedenstellende Lösungen für Restaurierungsarbeiten gefunden werden konnten, richtete sich das Augenmerk auf die wertvollen Glasmalereien des Domes. Auf Grundlage einer 1996 erfolgten umfangreichen Bestandsaufnahme und Kostenschätzung durch die Firma Glasmalerei Oidtmann (Linnich) und mehrerer Expertendiskurse wurde 2005 eine eigene Glasrestaurierungswerkstatt eingerichtet. Die Glaswerkstatt der Kölner Dombauhütte leistete dabei maßgebliche Unterstützung. Bei der Erarbeitung des Konservierungskonzepts und dessen praktischer Umsetzung haben die Kölner Kolleginnen und Kollegen personell und technisch die Grundlagen gelegt. Bis 2021 erfolgte die Restaurierung aller zwischen 1290 und 1910 entstandenen historischen Glasmalereien (ABB. 9) und deren Montage hinter neu geschaffenen Schutzverglasungen.

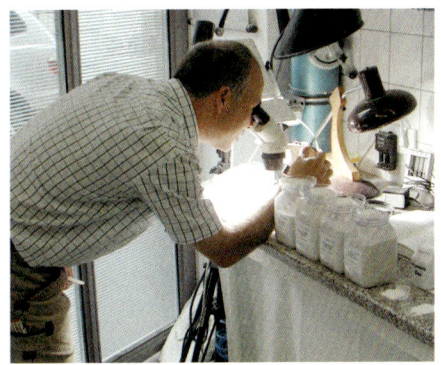

6–8 | *Xanten, Dombauhütte, frisch angetragene Steinergänzungsmasse auf Basis von Luftkalk (oben). Archivierte Mörtelproben (links unten). Dombauhüttenleiter Johannes Schubert im Labor (rechts unten)*

9 | Xanten, Dom St. Viktor, Passionsfensterzyklus, Detail, Zustand vor der Restaurierung mit Sprungbleien (links) sowie nach deren Entnahme und der Retusche (rechts)

Nach sorgfältiger Abwägung konservatorischer und ästhetischer Aspekte wurde eine innenbelüftete Thermoschutzverglasung für den Einsatz am Xantener Dom entwickelt (ABB. 10–11). Diese wird nicht vermörtelt, sondern reversibel mit einer Haltekonstruktion an die aufbereitete Fensterfalz angepresst. Durch den Einsatz einer moderaten Isolierglasscheibe wird eine Angleichung des Wärmedurchlasses zwischen Fenster und Wand erreicht, sodass der Taupunkt am Fenster nicht mehr unterschritten wird und sich kein Kondenswasser bilden kann. Gleichzeitig werden Aufheizungs- und Abkühlungsprozesse durch Sonneneinstrahlung beziehungsweise Regen in ihrer Intensität gedämpft, sodass es zu deutlich weniger Spannungen an den historischen Glasmalereien kommt. Wissenschaftlich wurde diese Entwicklung in einem DBU-Projekt überwacht. Noch immer erfolgen Datenerfassungen von Oberflächen- und Nahfeldtemperaturen, Feuchtigkeit und Luftströmung (ABB. 12). Die Xantener Dombauhütte verfolgt auch bei den neuzeitlichen Fenstern des Wiederaufbaus aus Klima- und Substanzschutz den Einbau von Schutzglas, um zukünftig auch bei winterlichen Temperaturen angemessene Nutzungen der Kirche zu ermöglichen.

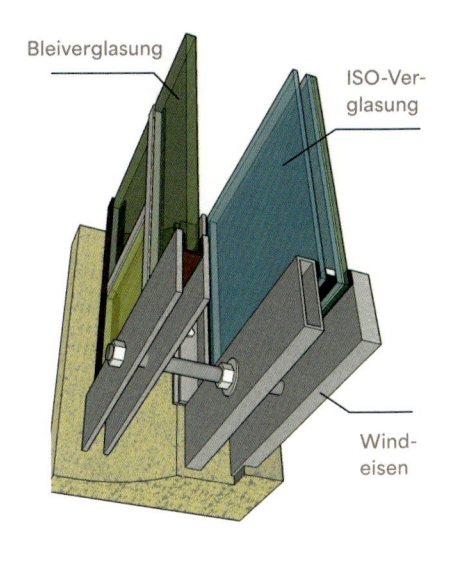

10 | *Schematischer Aufbau der am Xantener Dom entwickelten Isolierschutzverglasung*

11 | *Montage der messinggerahmten Glasmalerei des Eucharistiefensters*

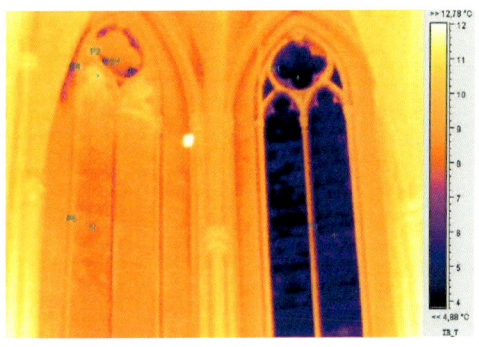

12 | *Xanten, Dom St. Viktor, Passionsfensterzyklus, Ansicht oberer Teil (links) und thermografische Untersuchung nach Einbau der Isolierschutzverglasung (rechts)*

Bleiverglaste Fensterflächen wirken bei Temperaturen um den Gefrierpunkt und darunter durch die Abkühlung von außen und der damit einhergehenden Taupunktunterschreitung auf der inneren Oberfläche als zusätzliche Kondensationsflächen. Dadurch erfolgt eine weitere Absenkung der Luftfeuchtigkeit im Innenraum bei zu trockener Raumluft. Durch den Einsatz von Isolierschutzverglasung kommt es nun nicht mehr zur Unterschreitung des Taupunkts, sodass sich kein Kondenswasser bildet und dadurch keine weitere Austrocknung der Innenraumluft erfolgt. Die Belastungen für die historischen Ausstattungsstücke werden deutlich reduziert.

13 | *Xanten, Dom St. Viktor, Barbaraaltar, Detail, Zustand ungereinigt, trocken gereinigt und feucht gereinigt im Vergleich*

Jüngstes Konservierungsprogramm am Xantener Dom ist die von 2018 bis 2022 erfolgte Wartung und Restaurierung der Altarretabel. Die Mittel für das mehrjährige Sonderprogramm stellten die Bundesrepublik Deutschland, das Bistum Münster und der Dombauverein bereit. In Zusammenarbeit mit Holzrestauratoren konnten die Objekte gereinigt und von Schimmel befreit werden. Begleitend erfolgten Sicherungs- und Konservierungsmaßnahmen an gefassten Oberflächen (Abb. 13).

Aktuell ist das Raumklima im Inneren des Domes in den Fokus gerückt. Seit etwa zwanzig Jahren werden Temperatur und Luftfeuchtigkeit im Dom digital überwacht; verschiedene grenzüberschreitende Projekte mit Partnern aus den Niederlanden halfen uns, die raumklimatischen Zusammenhänge im Innenraum zu verstehen. Eine mit der Hochschule Rhein-Waal entwickelte Echtzeitlüftungsampel hilft, alle gegebenen Möglichkeiten zur Optimierung des Raumklimas effektiv zu nutzen (Abb. 14). Dabei stehen neben der Schaffung möglichst günstiger Konditionen für die wertvolle Ausstattung die Aufenthaltsqualität der Besucher und Besucherinnen und ein effizienter Energieeinsatz während der Beheizung im Winterhalbjahr auf der Agenda. Hier bieten sich Ansätze für ein bereits beantragtes Projekt zur intelligenten Beeinflussung des Innenklimas. Dabei gilt: Grundsätzlich ist nur durch eine größtmögliche Dichtigkeit der Außenhülle die Steuerung des Innenklimas möglich.

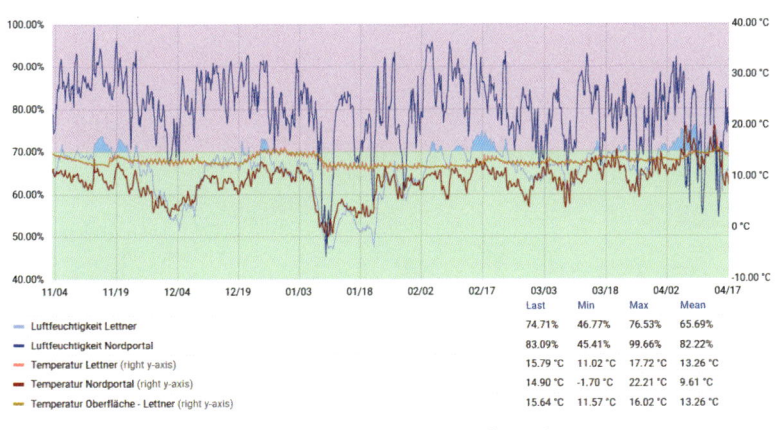

14 | *Xanten, Dom St. Viktor, Lüftungsampel am Nordportal*

Dank einer permanenten Überwachung der Klimadaten kann sofort reagiert werden, wenn sich schädigende Einflüsse einstellen; derzeit mit der vorhandenen Heizung und Umlüftung. Die gesteuerte Frischluftdurchflutung durch Türen und Fenster spielt dabei eine wesentliche Rolle. Im Sommer sind die Möglichkeiten der Lüftung eingeschränkt, da der Feuchtigkeitseintrag über die Außenluft an vielen Tagen zur Verschlechterung des Innenraumklimas führen würde. Eine Taupunktunterschreitung und ausfallendes Kondenswasser an kühlen Innenflächen wären die Folge. Eine technische Lufttrocknung ist derzeit noch zu aufwendig und sehr energieintensiv.

In den letzten dreißig Jahren wurde der Wandel von einer handwerklich geprägten Dombauhütte hin zu einem modernen gewerkübergreifend arbeitenden Restaurierungsbetrieb vollzogen. Die Veränderung des Aufgabenprofils setzte neue Akzente in der Ausbildung und Qualifizierung unseres Teams. Mit dem Umbau der Dombauhütte konnten auch räumliche und technische Voraussetzungen für die neuen Arbeitsbereiche geschaffen werden.

Die Anpassung an die veränderten Ansprüche an uns und die kontinuierliche Arbeit am Objekt zeigen auch in Xanten die Vorteile einer Dombauhütte. Verfahren und Produkte können über Jahre hinweg beobachtet, überprüft und für den Einsatz in der Zukunft verbessert werden. Somit bleibt die Xantener Dombauhütte dem hohen Ziel verpflichtet, die uns anvertraute Substanz des Domes St. Viktor kommenden Generationen möglichst originalgetreu zu überliefern.

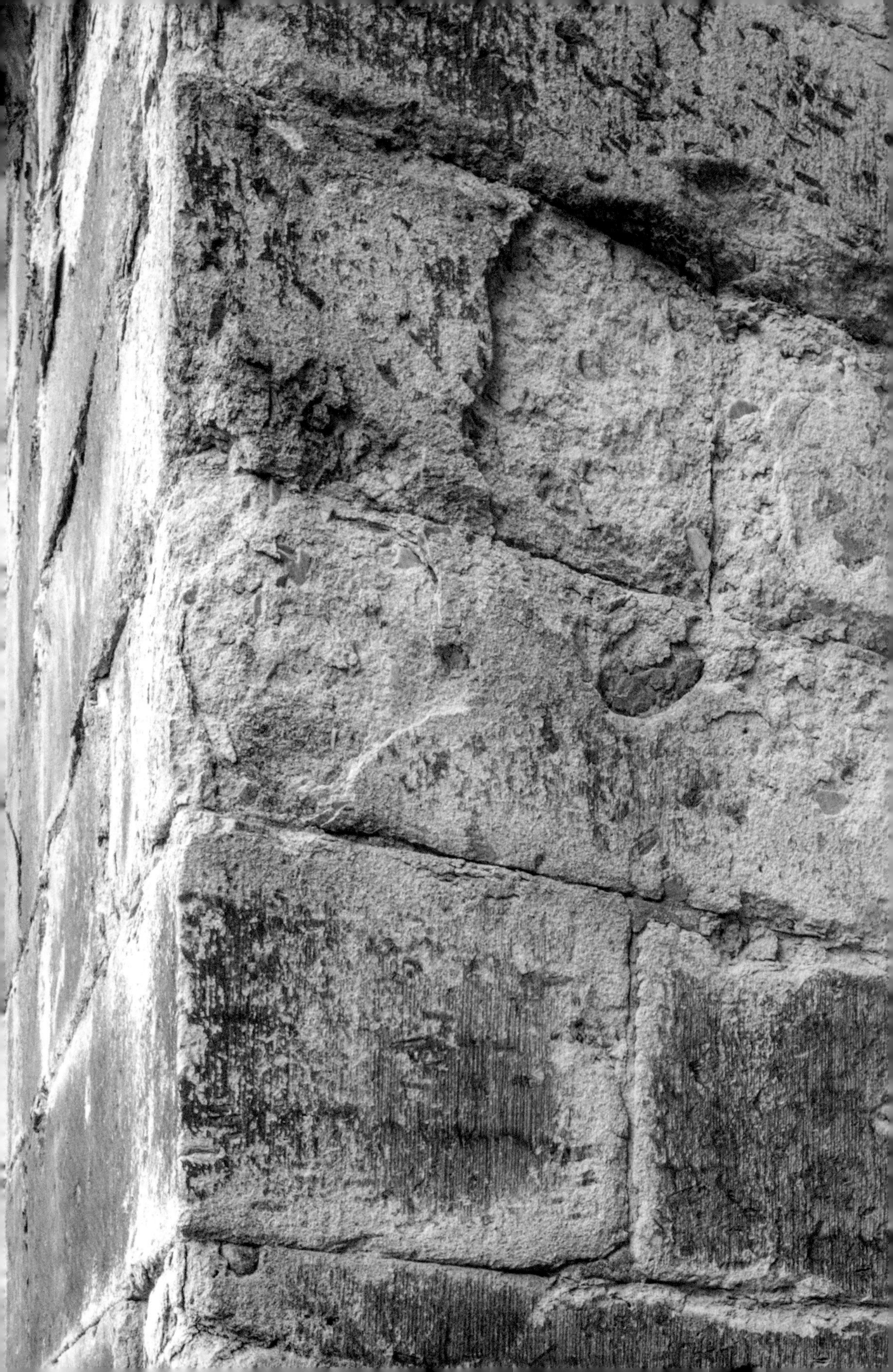

Forschung zu Festigungsmöglichkeiten des Drachenfels-Trachyts

Kathrin Bommes & Elisabeth Mascha

Poröse mineralische Baustoffe, einschließlich Natursteinen, unterliegen im Laufe der Zeit klimatischen Einflüssen und geologischen Verwitterungsprozessen. Obwohl der Verfall unseres kulturellen Erbes nicht vollständig gestoppt werden kann, kann er doch erheblich verlangsamt werden. Dabei ist ein Verständnis für die Geschichte des Denkmals, seine Materialeigenschaften und eine genaue Identifikation der Schadensbilder entscheidend für Erhaltungsmaßnahmen.

Auch bei den teilweise über 700 Jahre alten Bausteinen[1] aus Drachenfels-Trachyt am Chor des Kölner Domes drohen die noch original mittelalterlichen Oberflächenbearbeitungen durch die stetige Verwitterung verloren zu gehen. Um weitere Substanzverluste in einem der bedeutendsten Außenabschnitte des Kölner Domes zu verhindern, ist ein geeignetes Konservierungskonzept für die Bauteile aus Drachenfels-Trachyt unabdingbar. Hierbei ste-

---

[1] Thomas Schumacher: Steine für den Dom, in: Steine für den Kölner Dom (Meisterwerke des Kölner Domes 8), Köln 2004, S. 46–77, hier: S. 48.

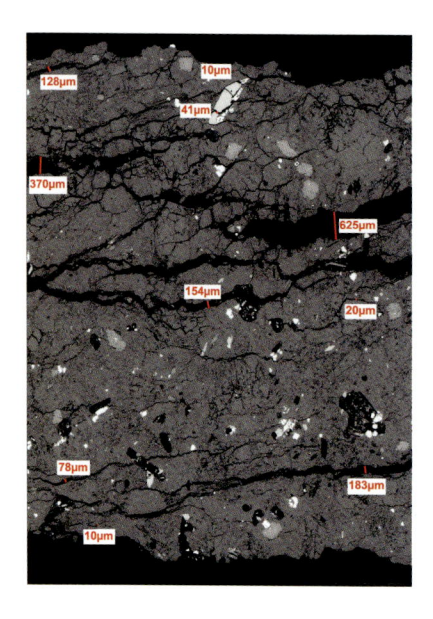

1 | *Mikroskopaufnahme (REM/BSE) eines Dünnschliffs (Panoramabild): Neben zahlreichen oberflächenparallelen Rissen mit Weiten von 10–370 µm gibt es durch Schalenbildung auch Hohlräume von über 600 µm.*

hen festigende Maßnahmen des Gesteins im Vordergrund, da sich viele der auftretenden Schadensphänomene auf eine strukturelle Entfestigung zurückführen lassen. Wenn auch in der jüngeren Vergangenheit Forschungen zu Konservierungsmaßnahmen am Drachenfels-Trachyt erfolgten,[2] konnte bisher kein zufriedenstellendes Festigungskonzept für diesen inhomogenen Stein mit seinen komplexen Schadensphänomenen entwickelt werden. Für ein maßgeschneidertes Konsolidierungskonzept sind daher umfassende Analysen und Diagnosen, insbesondere aufgrund der Irreversibilität solcher Maßnahmen, dringend erforderlich.

Schadensbild am Drachenfels-Trachyt

Visuell zeigen sich beim Drachenfels-Trachyt zum Teil massive Gefügeauflockerungen, die sich insbesondere in Form von großflächigen Schalen, dem sogenannten Aufblättern, und Risssystemen äußern, was auf Verwitterungsprozesse zurückzuführen ist (Abb. S. 150). Da diese Prozesse oft unterschiedliche Eigenschaften von der Oberfläche bis in die Tiefe verursachen können, sind Untersuchungen für die Erarbeitung eines Erhaltungskonzeptes unerlässlich.

Mikroskopische Untersuchungen, insbesondere mittels Rasterelektronenmikroskop (REM), zeigen divergierende Rissweiten von 6 bis 600 µm bis zu einer Tiefe von 2 cm (Abb. 1).[3] Risse über 100 µm können jedoch nicht allein durch Festigungsmittel überbrückt werden,[4] daher ist bei der Auswahl eines Mittels die Kompatibilität mit weiteren Maßnahmen zu berücksichtigen.

---

2 Modellhafte Entwicklung von Konservierungskonzepten für den stark umweltgeschädigten Trachyt an den Domen zu Köln und Xanten. Abschlussbericht, DBU-Projekt, Aktenzeichen 20105, Köln, Xanten 2006. – Christoph Schaab: Der Kreuzgang der ehemaligen Benediktinerabtei zu Brauweiler. Erarbeitung eines Konservierungs- und Restaurierungskonzeptes für die Pfeiler aus Drachenfels-Trachyt und Siebengebirgs-Andesit, Diplomarbeit, FH Köln 1997.

3 Johannes Weber, Elisabeth Mascha: Mikroskopische Untersuchungen an Steinproben (Drachenfels-Trachyt) des Kölner Doms, Juni–Juli 2020, DBA, Köln, unverzeichneter Aktenbestand (Steinrestaurierung), S. 6.

4 Elisabeth Mascha: Visualisierung von Festigungsmitteln im Porenraum von mineralischen Werkstoffen in der Restaurierung, Diss., Univ. für angewandte Kunst Wien 2021, S. 26.

Homogene Verteilung des Festigers über die Probentiefe

Gute Adhäsion zu den Aggregaten mit partieller Brückenbildung (oben)

Festiger bildet keine Schrumpfrisse aus (unten)

Inhomogene Verteilung mit Verdichtung an der Oberfläche

Lose, ohne Anbindung vorliegende Festigerplatten (oben)

Starke Schrumpfrisse des Festigers (unten)

○ Aggregate   ○ Porenraum   ● Festigungsmittel

2 | *Illustration zu den Anforderungen an Festigungsmittel: positive Eigenschaften (links) und negative Eigenschaften (rechts)*

Anforderungen an das Festigungsmittel

Die Hauptfunktion einer Festigung besteht darin, die physikalischen und mechanischen Eigenschaften eines geschädigten Steins wiederherzustellen. Dies ist jedoch eine komplexe Aufgabe, da nicht nur das Eindringvermögen des Festigers, sondern auch die richtige Verteilung des Feststoffs entscheidend ist, um eine effiziente und unschädliche Maßnahme zu gewährleisten. Der Festiger sollte Hohlräume und Risse unterschiedlicher Größe überbrücken, lose Aggregate binden und eine gute Adhäsion sowie geringes Schrumpfverhalten aufweisen (Abb. 2).

Durch Verwendung anorganischer Wirkstoffe können Wasserdampfdurchlässigkeit ermöglicht sowie Feuchtigkeitsansammlungen und deren negative Folgen vermieden werden. Unterschieden wird zwischen nicht reaktiven Produkten, die in einer Flüssigkeit suspendiert sind (die meisten Sol- beziehungsweise Nanosysteme), und reaktiven Festigern, die durch eine chemische Reaktion ein festes Produkt im porösen Material bilden, zum Beispiel Kieselsäureester (KSE), wobei beide Produktfamilien sehr spezifische Eigenschaften aufweisen.

Nachdem allerdings in der Praxis Schadensphänomene selten alleine auftreten und – wie anhand des Drachenfels-Trachyts nachweisbar – sehr komplex ausgebildet sein können, ist eine Anwendung unterschiedlicher Produkte in Form von aufeinanderfolgenden Applikationen zur Optimierung der Eigenschaften für ein maßgeschneidertes Konsolidierungskonzept oft unumgänglich.

Untersuchungsmethodik

Zweifelsohne sind Laboruntersuchungen zur Auswahl von Konsolidierungsmitteln von großer Bedeutung, bevor diese vor Ort angewendet werden.[5] Dennoch ist zu beachten, dass die gängigen Methoden zur Bestimmung physikalischer und mechanischer Parameter aus der Geotechnik oder dem Ingenieurwesen übernommen wurden, die genormte homogene Prüfkörper erfordern. Diese können jedoch nur bis zu einem gewissen Grad ein Schadensbild abbilden und daher die Realität kaum vollständig darstellen. Aus diesem Grund wurden in den vorliegenden Untersuchungen zusätzliche Prüfkörper präpariert, die das typische Tiefenprofil eines geschädigten Trachyts der Chorkranzkapellen simulieren (ABB. 3).

Um die Effizienz der Behandlungen vergleichen zu können, wurde eine breite Auswahl an Testmethoden angewendet (ABB. 3), wobei auch hier eine Interpretation der Ergebnisse im Hinblick auf komplexe Schäden in der Tiefe begrenzt ist. Hierfür bieten begleitende REM-Untersuchungen aufgrund einer hohen Auflösung umfangreiche Möglichkeiten zur Beurteilung der Verteilung, der Bindungseigenschaften und der Mikrostruktur des Festigungsmittels im Porensystem.

Zusammenfassung der Ergebnisse

Die natürliche Inhomogenität des Steins und die komplexen Schadensbilder der Prüfkörper beeinflussen die Messergebnisse stark, da Tests vor und nach der Behandlung nicht am selben Prüfkörper oder am exakt gleichen Punkt durchgeführt werden können. Die Feuchtekennwerte liefern jedoch wichtige Informa-

---

5 Marisa Laurenzi Tabasso, Stefan Simon: Testing methods and criteria for the selection/evaluation of products for the conservation of porous building materials, ed. by International Institute for Conservation of Historic and Artistic Works (IIC) (Reviews in Conservation 7), London 2006, S. 67–82.

Eindring-, Reaktionsverhalten	Physikalische Eigenschaften (Feuchtekennwerte)	Mechanische Eigenschaften	Optische Eigenschaften
Eindringverhalten (Festiger)	Wasseraufnahme (24 h) Volltränkung	Biaxiale Biegezugfestigkeit	Farbabgleich
Reaktions-/Trocknungsverhalten (Festiger)	Kapillare Wasseraufnahme (w-Wert)	Ultraschallgeschwindigkeit	Rasterelektronenmikroskop
	Wasserdampfdiffusionswiderstand	Statischer/dynamischer E-Modul	
	Hydrische Dilatation	Bohrwiderstand	

Getestete Festiger:

Kieselsole: Sebosil S 5 %, 10 %, 20 % Feststoffgehalt
KSE: 100, 300, 300 E, 510

KSE-Kombinationen:

1) KSE 100 + 300 + 300   3) KSE 100 + 300 + 300 E
2) KSE 100 + 300 + 510   4) KSE 100 + 300 + 500 STE

Prüfkörpergruppe 1
Große Bohrkerne

Prüfkörpergruppe 2
Kleine Bohrkerne, Scheiben

Prüfkörpergruppe 3
Sandwich-Samples

Kapillares Saugen/
Tiefenprofil

Volltränkung/
Maximalwerte

Imitation Mürbezone

3 | Übersicht der Untersuchungsmethodik: Auswahl der Untersuchungen, Prüfkörper und Festigungsmittel

tionen für die Risikoabschätzung und müssen in Zusammenhang mit den REM-Ergebnissen interpretiert werden.

Bei der Anwendung der einzelnen Produkte zeigen die Kieselsole (Sebosil S) eine geringe Steigerung der Biegezugfestigkeit bei gleichzeitigem Anstieg des E-Moduls, was zu einer problematisch erhöhten Sprödigkeit des Steins führen

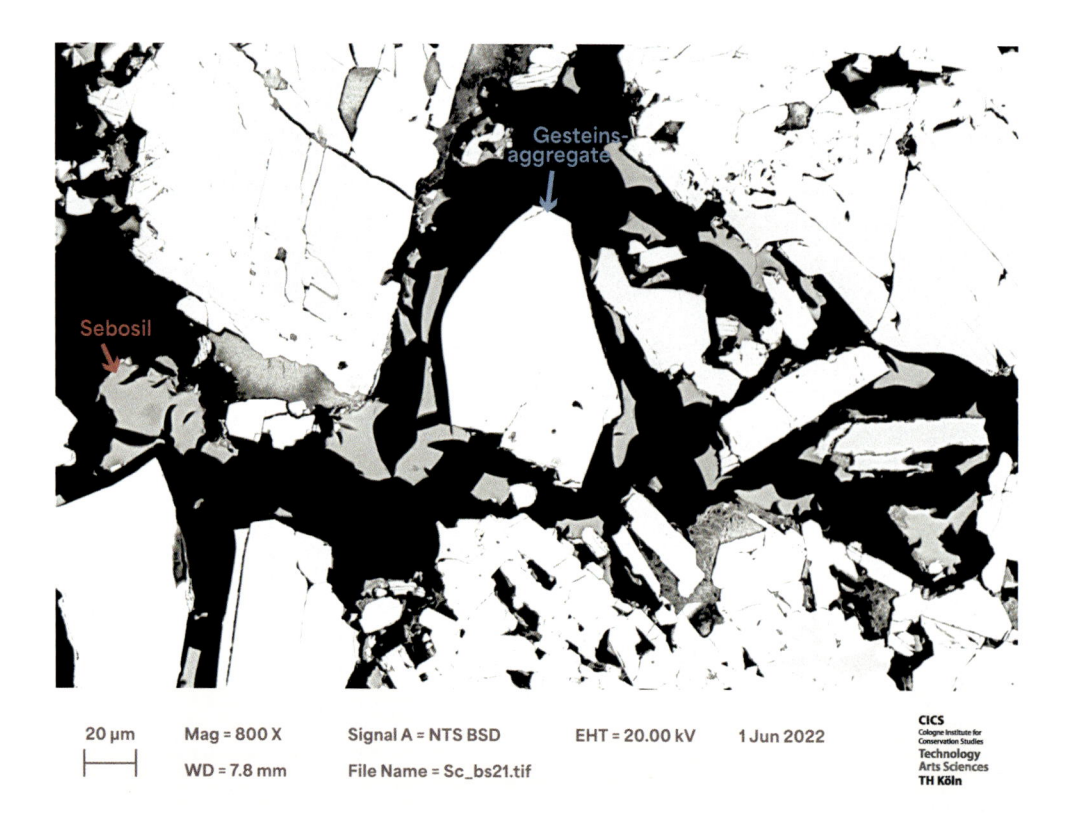

4 | Mikroskopaufnahme (REM/BSE) eines Anschliffs: Laborfestigung mit Sebosil S 20%. Die ausgebildeten Gelplatten schweben vornehmlich frei im Porenraum.

kann. Auch wenn die physikalischen (wasserbasierten) Werte durchaus als positiv einzustufen sind und die schnelle Aushärtung innerhalb weniger Tage einen Vorteil für die Anwendung in situ bietet, führt das hohe Schrumpfverhalten zu splitterartigen, ohne jegliche Anbindung vorliegenden Gelplatten im Porenraum, weshalb Sebosil S für das vorliegende Schadensbild am Kölner Dom nicht geeignet ist (Abb. 4).

Bei den KSE-Einzelprodukten lässt sich feststellen, dass es bei allen Produkten zu einer Festigkeitssteigerung kommt, die deutlich stärker ausfällt als bei Sebosil S. Aber auch hier zeigt sich, dass der E-Modul im Verhältnis zur Biegezugfestigkeit stärker ansteigt und somit die Gefahr einer erhöhten Sprödigkeit des Gesteins besteht. Nur bei KSE 300 E ist ein konstanter Anstieg von Festigkeit und E-Modul zu erkennen, und dieses Produkt scheint auch im Vergleich zu den anderen KSE-Varianten schneller auszureagieren.

Von den kombinierten KSE-Anwendungen wurden von jeder Probe REM-Panoramabilder über die gesamte Probentiefe erstellt (Abb. 5), um essenzielle

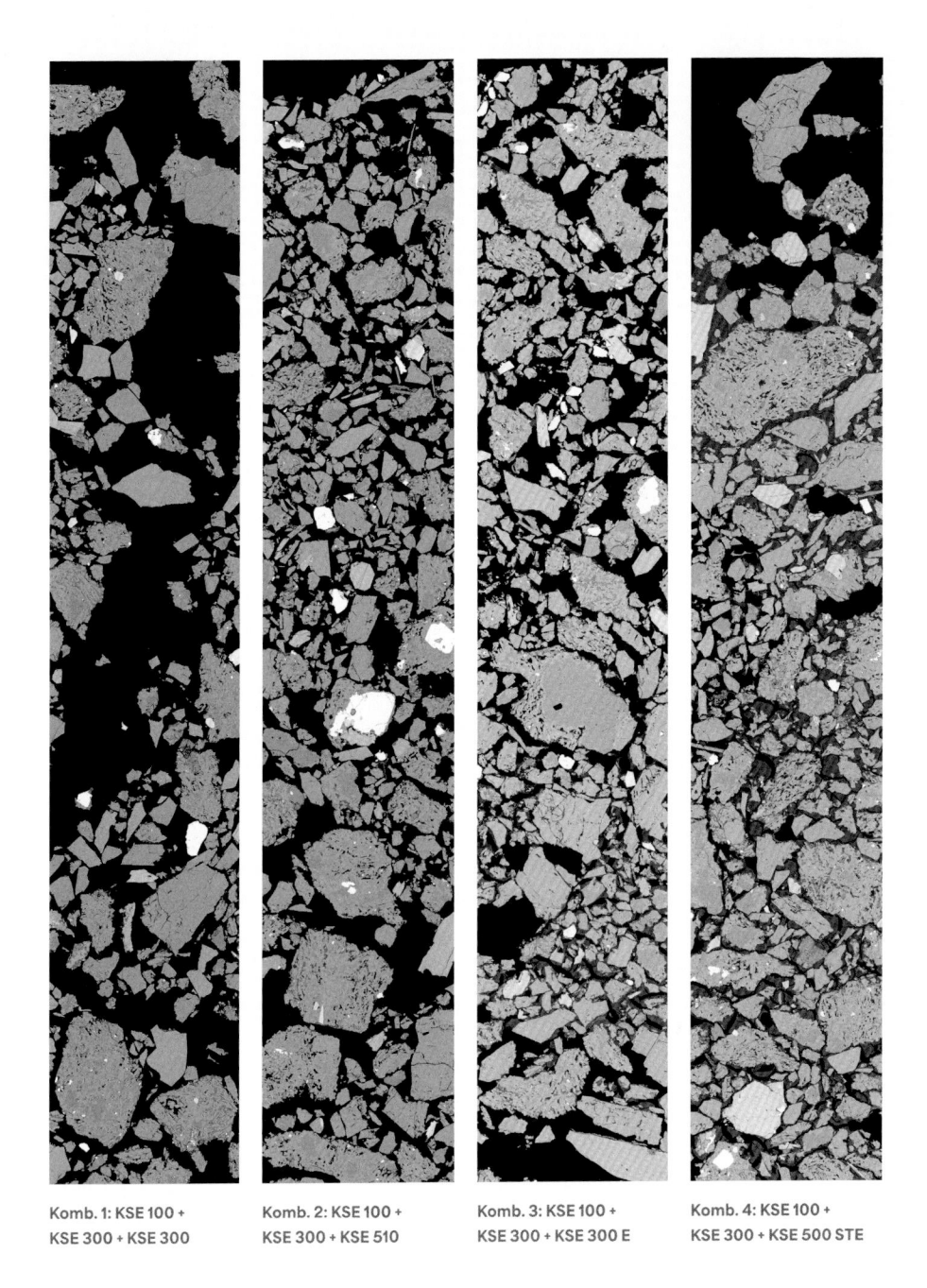

| Komb. 1: KSE 100 + | Komb. 2: KSE 100 + | Komb. 3: KSE 100 + | Komb. 4: KSE 100 + |
| KSE 300 + KSE 300 | KSE 300 + KSE 510 | KSE 300 + KSE 300 E | KSE 300 + KSE 500 STE |

5 | *Mikroskopaufnahmen (REM/BSE) von Anschliffen: oberer Ausschnitt von Panoramabildern, welche über den gesamten Querschnitt von Sandwich-Samples (behandelt mit unterschiedlichen KSE-Kombinationen) erstellt wurden*

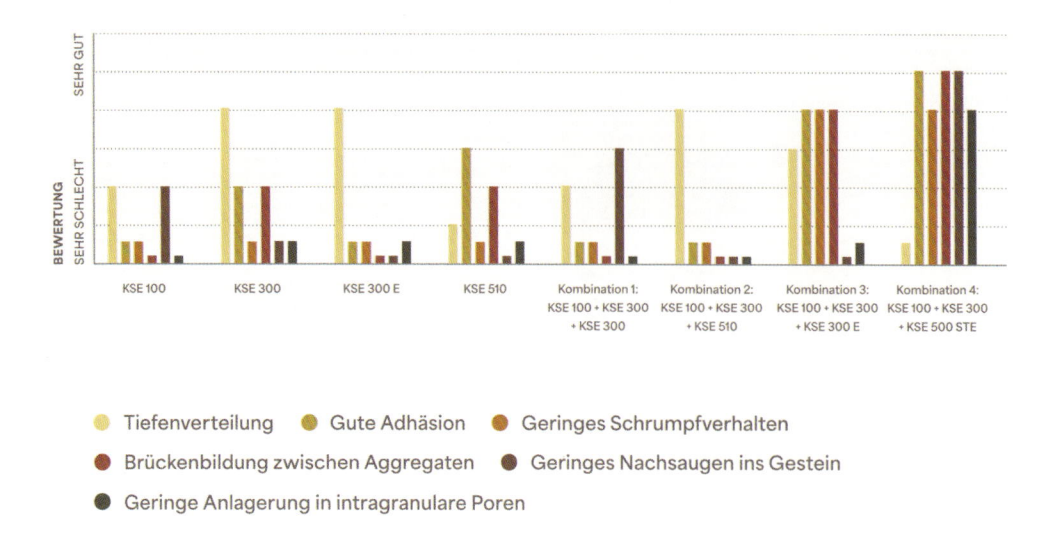

6 | *Bewertung der wesentlichen Eigenschaften unterschiedlicher KSE-Festigungen*

Eigenschaften wie Tiefenverteilung, unerwünschte Akkumulationen, Adhäsions- und Schrumpfeigenschaften evaluieren zu können.

In der letzten Abbildung (Abb. 6) sind die Eigenschaften grafisch vereinfacht dargestellt, wobei deutliche Unterschiede der Anwendungen zu erkennen sind. Im Hinblick auf das Schadensbild von schuppenden Oberflächen können die beiden ersten Kombinationen als ungeeignet bezeichnet werden. Die dritte Kombination zeigt zwar bessere Eigenschaften, jedoch darf der unerwünschte Effekt des Eindringens in den intakten Gesteinskern nicht unterschätzt werden, da dies in situ zu einer Überfestigung des »gesunden« Gesteins führen könnte. Die besten Ergebnisse finden sich bei der vierten Kombination: Die für KSE-Systeme eher untypische Brückenausbildung mit gleichzeitig hohem Wirkstoffgehalt ist als positiv zu beurteilen. Dennoch ist hier auf die inhomogene Verteilung hinzuweisen, welche durch geeignete Applikationsmethoden optimiert werden müsste.

Bei allen in der vorliegenden Untersuchung getesteten KSE-Produkten – sowohl einzeln als auch in Kombination – wurde eine sehr lange Reaktionszeit von über drei Monaten festgestellt, die sich in einer lang anhaltenden Hydrophobie der Gesteine äußert. In Bezug auf die Anwendung in situ ist diese Eigenschaft höchst problematisch, da sich Folgemaßnahmen dadurch massiv verzögern würden und der lang anhaltende hydrophobe Effekt der behandelten Steine ein Schadensrisiko durch einen gestörten Wasserhaushalt innerhalb des Mauerwerks darstellt.

Die verlängerte Reaktionsdauer der Produkte liegt, laut Aussage des Herstellers, an dem Einsatz eines neuen Katalysators. Allerdings gibt es keine Angaben darüber, wie lange die Reaktion der Produkte tatsächlich dauert. Dies müsste dringend in weiterführenden Untersuchungen überprüft werden.

Fazit

Die hier vorgestellten Untersuchungen sowie Evaluierungen der letzten Jahre zeigen, dass Ergebnisse aus Laborfestigungen, wenn sie an entsprechenden Prüfkörpern ausgeführt werden, auch auf Behandlungen in situ umlegbar sind. Bei inhomogenen Steinen wie dem Drachenfels-Trachyt ist die Bewertung von physikalischen und mechanischen Kennwerten oft schwierig, aber im Hinblick auf die Feuchteeigenschaften essenziell. REM-Untersuchungen helfen bei der Interpretation dieser Kennwerte. Für ein maßgeschneidertes Festigungskonzept ist es jedoch wesentlich, dass im Vorfeld adäquate Mikro-Eigenschaften von Festigungsmitteln unter Berücksichtigung des spezifischen Materials mit seinen charakteristischen Schadensbildern überprüft werden.

Wenn auch zum Teil positive Ergebnisse der kombinierten Anwendungen von KSE vorliegen, so muss man deren Eindringverhalten beziehungsweise Tiefenverteilung kritisch betrachten: Die mikroskopischen Untersuchungen zeigen, dass das Eindringvermögen zwar sehr gut ist, jedoch vielleicht zu gut, wodurch der Festiger oft viel tiefer als in die entfestigte Zone und damit unerwünscht in den gesunden Stein eindringt. Ein weiterer Punkt ist die inhomogene Tiefenverteilung, wie sie bei der vierten KSE-Kombination auftritt. Dies ist eher untypisch für KSE und könnte in Zusammenhang mit möglichen Eigenschaftsveränderungen des Produkts durch Einsatz des neuen Katalysators stehen.

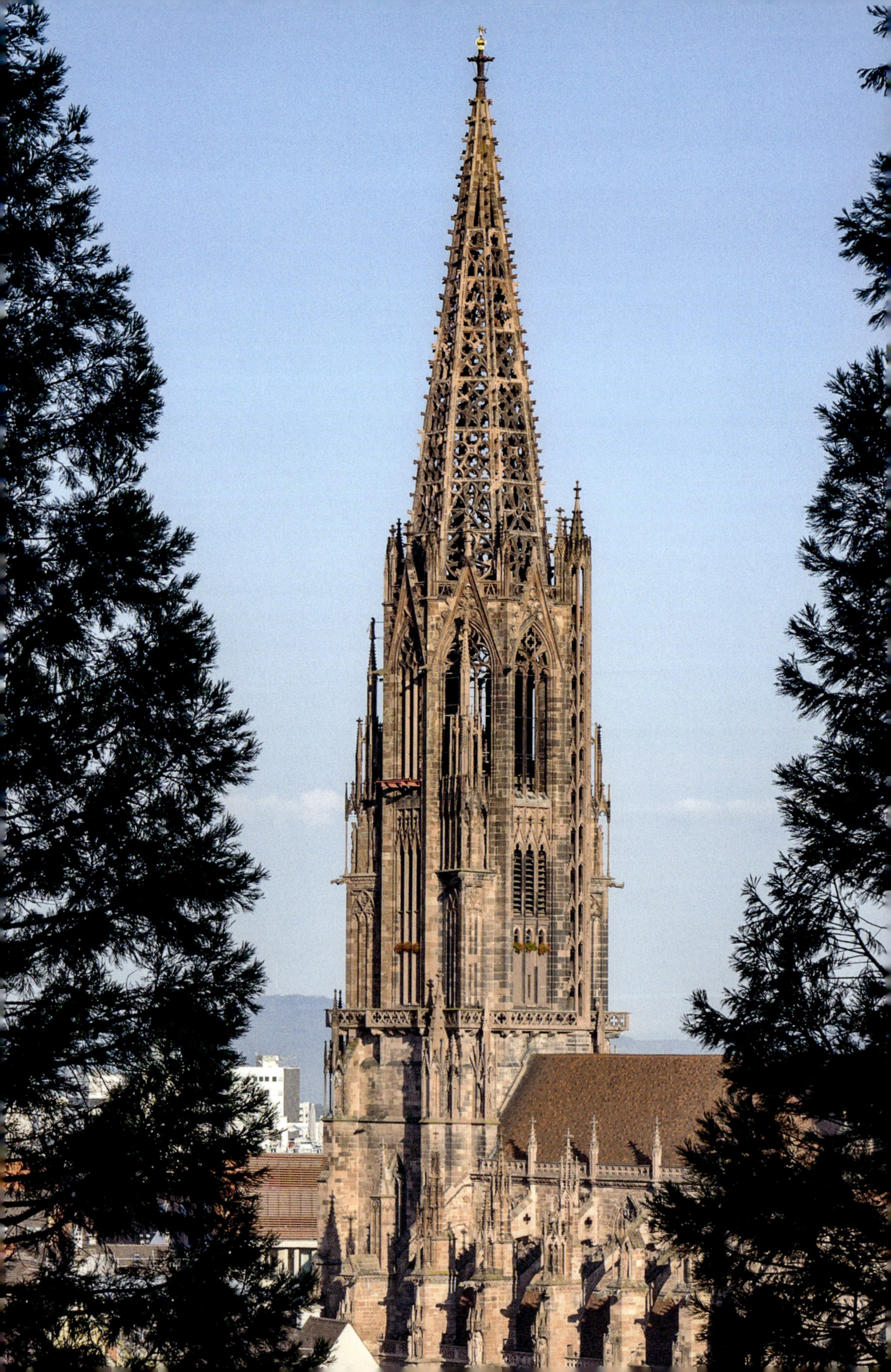

Zwischen Erhalt und Neuschöpfung
Restaurierungsmethoden am Freiburger Münster

Anne-Christine Brehm & Tilman Borsdorf

Um 1200 ist mit dem Bau des Freiburger Münsters begonnen worden; das letzte Gewölbe im Chorumgang wurde 1536 vollendet. Mit diesem Datum war der Bau des Freiburger Münsters in seiner heutigen Form abgeschlossen. Die Münsterbauhütte blieb aber über die Jahrhunderte bestehen, stets waren einige Steinmetze am Münster tätig.[1] Neben Ausstattungsstücken wie der Kanzel (1561), dem Lettner (1589) und der Renaissance-Vorhalle (1620) waren die Steinmetze mit Restaurierungen und Sicherungen insbesondere an dem von Blitzeinschlägen immer wieder getroffenen Hauptturm beschäftigt.[2]

In der Zeit der Nachgotik entstanden zahlreiche Maßwerkbrüstungen, mit denen Emporen, Laufgänge und Plattformen ausgestattet wurden. So entstanden zwischen 1750 und 1780 die Maßwerkbrüstungen auf den Kapellenwänden und an den Hochschiffwänden des Chores. Anschließend, zwischen 1779 und 1784, wurden kleine Türmchen auf die Kapellenpfeiler aufgesetzt. Zugleich begann man mit dem Bau von Strebepfeileraufsätzen, 1757 im Südwesten, 1813 im

---

[1] Yvonne Faller, Heike Mittmann, Stephanie Zumbrink: Freiburger Münster. Die Münsterbauhütte. Von den Anfängen bis zur Gegenwart (Schriftenreihe Münsterbauverein 2), Freiburg im Breisgau, Berlin 2012, S. 9.
[2] Heike Mittmann, Bernd Mathias Kremer: Das Freiburger Münster nach seiner Vollendung – Das Bauwerk und die Ausstattung im Wandel der Zeiten, in: Das Freiburger Münster, hg. vom Freiburger Münsterbauverein, Regensburg 2011, S. 78–111, hier: S. 82–84.

1 | Der Freiburger Münstersteinbruch im Tennenbacher Tal (Schwarzwald)

Nordwesten. Das Projekt geriet ins Stocken und wurde nach der Erhebung der Pfarrkirche in den Status einer Bischofskirche wieder aufgenommen: Von 1844 bis 1890 wurden auf den Strebepfeilern der Südseite und eines Teils der Nordseite neugotische Aufsätze errichtet.[3] 1912 baute man einen der Aufsätze, den zweiten von Südwesten, aus »ästhetischen Gründen« ab und ersetzte ihn 1930 durch eine neue Gestaltung.[4] In den 1920er-Jahren wurde an den spätmittelalterlichen Chorstrebepfeilern ein Austausch schadhafter Konsolen und Baldachine vorgenommen, in den 1930er-Jahren dann ein Teil der Kapellenpfeileraufsätze des 18. Jahrhunderts durch neu gestaltete, neugotische Türmchen ersetzt. Gerade diese jüngere Restaurierungs- und Renovierungsgeschichte des Freiburger Münsters bereitet heute die meisten Probleme.

Das Baumaterial
Das Freiburger Münster besteht größtenteils aus Buntsandstein, einem rötlichen oder gelblichen Quarzsandstein aus der Unteren Trias mit einem Alter von circa 250 Millionen Jahren. In der Umgebung von Freiburg finden sich zahlreiche Lagerstätten dieses Steinmaterials.

Am Lorettoberg, circa zwei Kilometer südlich des Münsters gelegen, hatte die mittelalterliche Bauorganisation, »Unser Lieben Frauen Werk«, einen Steinbruch.[5] Dort steht Plattensandstein an, jedoch nicht in den für den Bau notwendigen Schichthöhen. Am Münster verbaut findet sich das Material daher nur an wenigen Stellen, etwa im Dachraum des spätromanischen Querhauses.

Die für den Bau benötigten Werksteinblöcke stammen hingegen größtenteils aus den Emmendinger Vorbergen, in 16 bis 19 Kilometer Entfernung zum Freiburger Münster. Der dort anstehende Obere Geröllsandstein des Mittleren Buntsandsteins ist durch Quarz gebunden und weist daher eine große Witterungsbeständigkeit auf.[6]

Spätestens ab dem frühen 14. Jahrhundert war die Münsterbauorganisation im Besitz eines in den Emmendinger Vorbergen gelegenen Steinbruchs im Tennenbacher Tal (Schwarzwald), der bis in das 19. Jahrhundert hinein einen Großteil des Materials für das Freiburger Münster lieferte (Abb. 1).[7] Die dort vorhandenen

[3] Heike Köster: Die Strebepfeileraufsätze am Freiburger Münster, Magisterarbeit, Univ. Freiburg 1988 (Manuskript im Freiburger Münsterbauverein). – Mittmann, Kremer [2], S. 96.
[4] Mittmann, Kremer [2], S. 99.
[5] Wolfgang Werner, Anne-Christine Brehm, Uwe Zäh u. a.: Freiburger Münster – Die Steine für den Münsterbau. Herkunft – Gewinnung – Verwendung vom Mittelalter bis heute (Schriftenreihe Münsterbauverein 10), Freiburg im Breisgau, Berlin 2022, S. 81.
[6] Werner, Brehm, Zäh u. a. [5], S. 13.
[7] Werner, Brehm, Zäh u. a. [5], S. 100.

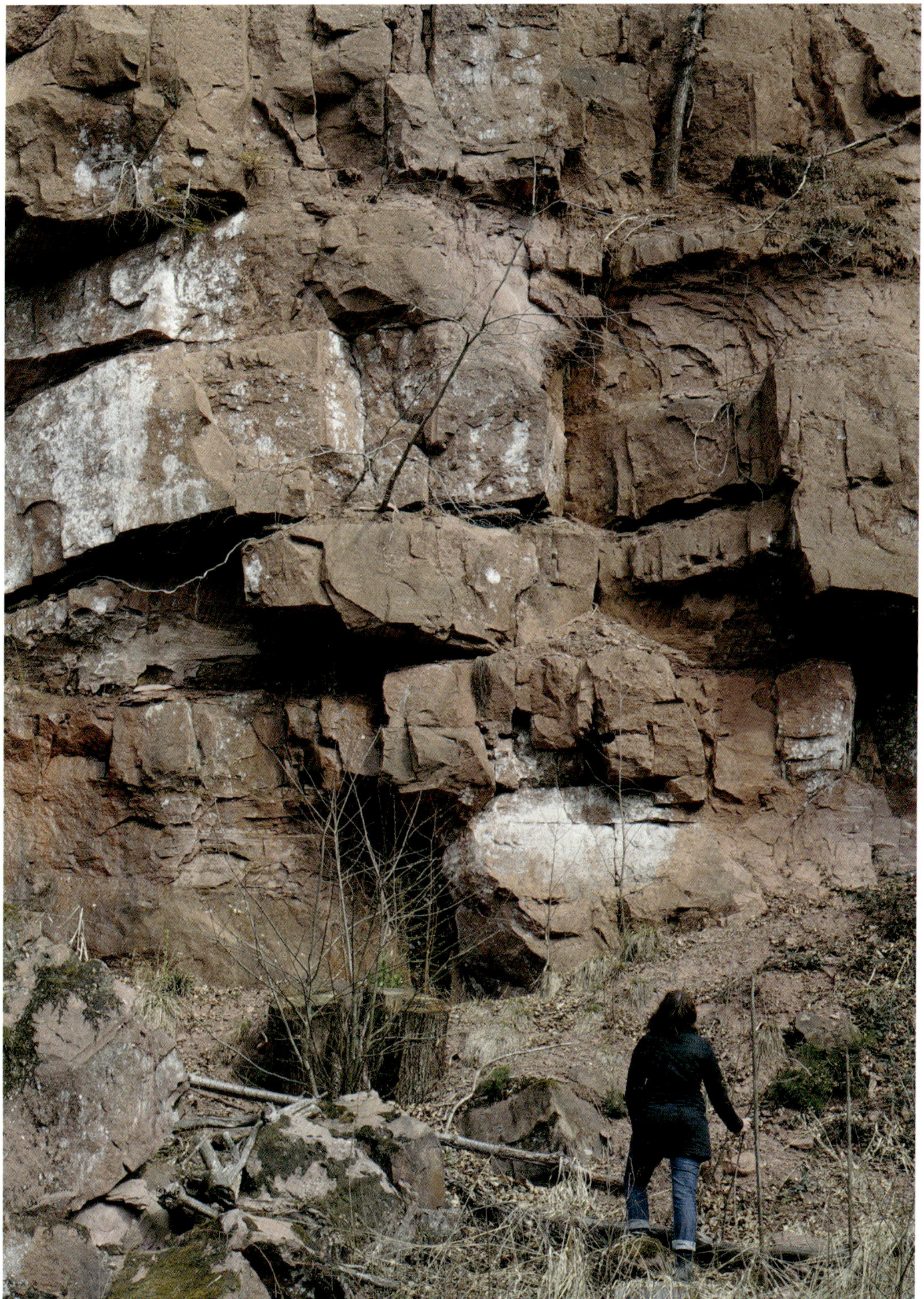

Abschnitte mit hochwertigem Baumaterial messen Schichtdicken von bis zu 15 Metern; Bankmächtigkeiten von 1 bis 2,5 Meter sind vorherrschend.[8]

Neben diesem Steinbruch wurden im 15. Jahrhundert auch Steine vom Wöpplinsberg bei Emmendingen geliefert.[9] Dort finden sich gelbe und hellbraune Varietäten tonigen Plattensandsteins. Im Spätmittelalter wurde dieses feinkörnige Material teilweise auch als einfache Quader verbaut, mehrheitlich jedoch für aufwendige Arbeiten wie Maßwerke, Konsolen, Baldachine und Kreuzblumen verwendet. Die Steinbrüche am Wöpplinsberg wurden spätestens im 19. Jahrhundert stillgelegt. Der mittelalterliche Steinbruch des Freiburger Münsters im Tennenbacher Tal wurde 1822 verpachtet und 1880 schließlich verkauft.[10]

Dadurch wurde der Radius der Herkunft der Steine erweitert: Roter und Gelber Buntsandstein kam nun aus Bust im Unterelsass, aus Leistadt und der Haardt im Pfälzerwald, Schilfsandstein aus Heilbronn, Schwaigern-Niederhofen und Sinsheim-Hilsbach, Elbsandstein aus Sachsen sowie Granit aus Schweden. Große Teile des Steinmaterials wurden aber weiterhin aus dem Schwarzwald gewonnen. Im 19. und frühen 20. Jahrhundert kamen die Steine aus einem Steinbruch unweit des mittelalterlichen Steinbruchs im Tennenbacher Tal. Während der mittelalterliche Steinbruch am Fuß des Berges liegt, wurden die Steine im 19. Jahrhundert am Bergrücken abgebaut. Dort befindet sich tonig gebundener Plattensandstein. Diesen bezog die Münsterbauhütte bis in die 1970er-Jahre zudem aus dem Nordschwarzwald.[11]

Bestandserfassung und Voruntersuchung

Bei der Vorplanung für zukünftige Restaurierungsbaustellen kommt es auf ein vertieftes Verständnis der überlieferten Bausubstanz an. Das ist auch in der Münsterbauhütte Freiburg die Vorgehensweise. Anfänglich werden Archivalien gesichtet und die Restaurierungsgeschichte ermittelt. Parallel finden die Voruntersuchungen am Objekt statt. Hierzu gehören die Farbuntersuchung auf mögliche Fassungsreste, welche von externen Experten durchgeführt wird, eine Baualterskartierung, welche die Restaurierungsgeschichte und Baugeschichte verdeutlicht, und eine Gesteinssortenkartierung (ABB. 2), die Rückschlüsse auf die Baugeschichte zulässt und auch Einfluss auf die Erfassung der Verwitterungsformen nimmt. Für die Kartierung der Verwitterungsformen wird vorab ein Schadensglossar entwickelt, welches die objektspezifischen Schadensbilder benennt und deren Ursache beschreibt. Dies ist notwendig, da eine Vielzahl unterschiedlicher Sandsteine verbaut wurde und diese je nach Zeitgeist unterschied-

---

8 Werner, Brehm, Zäh u. a. [5], S. 93.
9 Werner, Brehm, Zäh u. a. [5], S. 118.
10 Werner, Brehm, Zäh u. a. [5], S. 100.
11 Werner, Brehm, Zäh u. a. [5], S. 111–191.

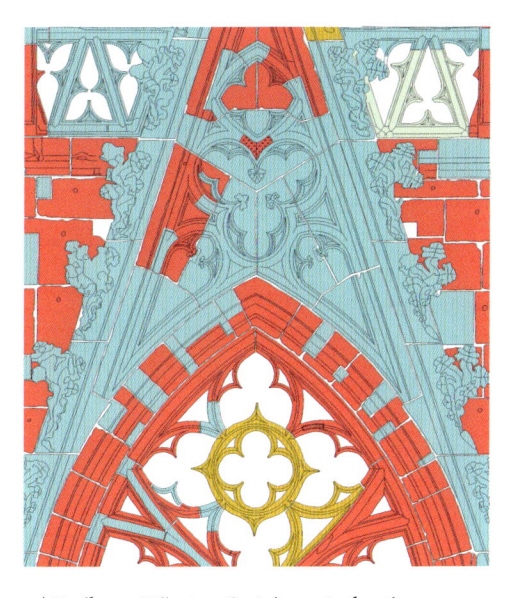

2 | Freiburg, Münster, Gesteinssortenkartierung des Hauptturms, Ausschnitt Oktogon

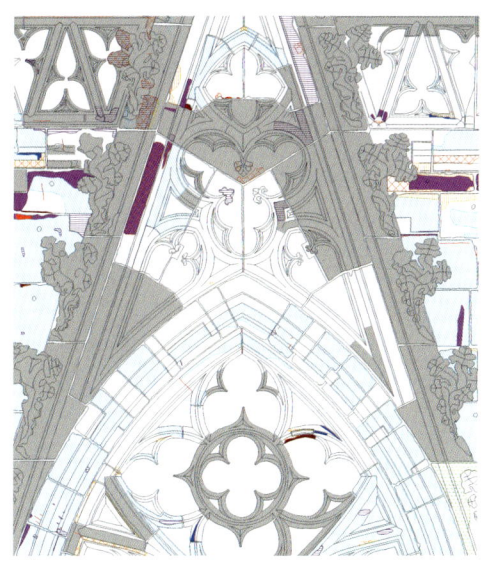

3 | Freiburg, Münster, Schadenskartierung des Hauptturms, Ausschnitt Oktogon

lich verarbeitet und behandelt wurden. Die Kartierung der Verwitterungsformen kann im Anschluss in der Software Metigo Map erfolgen (Abb. 3). Alle hier beschriebenen Voruntersuchungen dienen dazu, den Istzustand möglichst wertfrei abzubilden.

Für eine Interpretation der vorgefundenen Schäden ist es jedoch notwendig, naturwissenschaftliche Voruntersuchungen durchzuführen. Dies erfolgt meist parallel, um die Ursachen von Schäden oder die Interpretation von Befunden näher zu eruieren. Bohrwiderstandsmessungen, Wasseraufnahmekoeffizient (W-Wert) und einfache Untersuchungen zum Nachweis bauschädlicher Salze können von der Bauhütte selbst durchgeführt werden. Weitere Untersuchungen, wie Ultraschallmessungen, Dünnschliffe zur Materialanalyse und Ähnliches, werden von externen Instituten und Fachinstitutionen ausgeführt.

Ist ein tieferes Verständnis über die vorgefundenen Zusammenhänge erreicht, kann ein Maßnahmenkonzept entwickelt werden. Dieses berücksichtigt unterschiedliche Verwitterungsformen und ihre Folgen sowie eine denkmalrechtliche Bewertung des Vorgefundenen nach Erhaltungsmöglichkeit und Erhaltungswürdigkeit. Beispielsweise werden zementgebundene Antragungen (Meier-Kit) aus dem 19. Jahrhundert und dem Beginn des vorigen Jahrhunderts meist erhalten, Mörtelfugen mit einer hohen Konzentration von bauschädlichen Salzen hingegen erneuert. Durch die intensive Auseinandersetzung mit dem Objekt entstehen aber auch Erkenntnisse über vergangene Restaurierungsmethoden. So gibt es eine Fülle an Techniken, welche seit der Erbauungszeit einge-

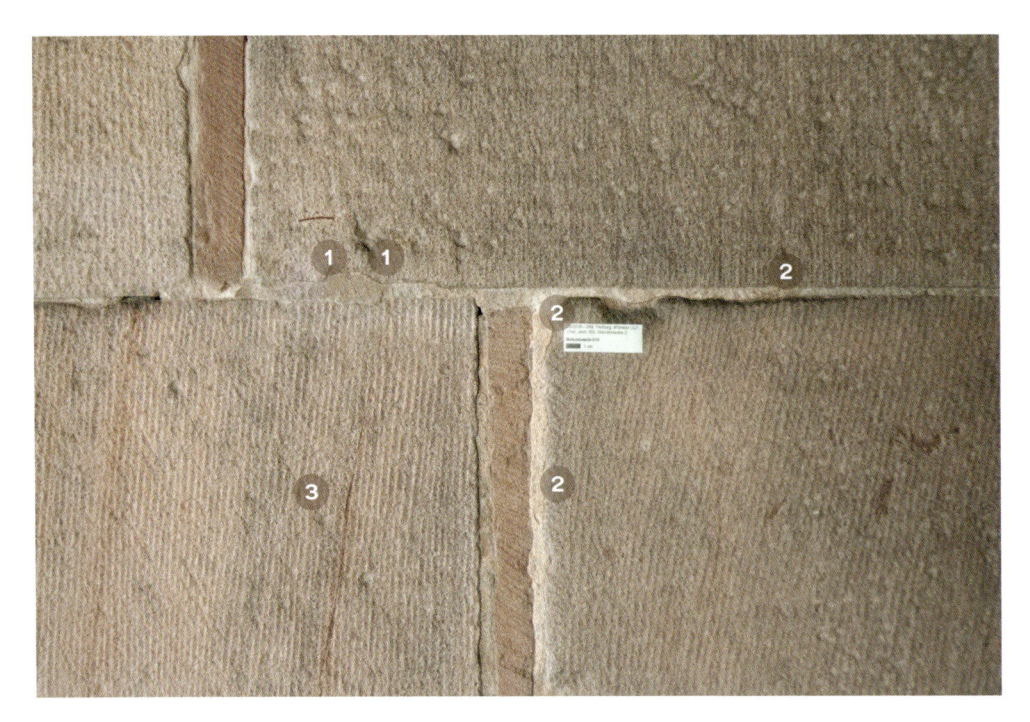

4 | Freiburg, Münster, Mörtelbefundung am Langhaus, Joch 10 Süd. 1 originaler rosafarbener Fugenmörtel mit intakter Oberfläche, 2 Reste des originalen Fugenmörtels mit zerstörter Oberfläche, 3 in die Stoßfugen eingelassene Sandsteinplatten

setzt wurden. Seien es mit Leinöl behandelte Oberflächen, veränderte Fugengeometrien, Klebetechniken oder verwendete Mörtelsysteme (Abb. 4). Auch modernere Maßnahmen wie Kunstharzvolltränkung und Hydrophobierung sowie Vernadelung mit Glasfaserstäben und Epoxidharz et cetera zeigen uns, welche Probleme mit jeder Maßnahme entstehen können. So werden für jedes Objekt und jedes Bauteil eine eigene Herangehensweise und ein individuelles Restaurierungskonzept entwickelt. Dabei verlässt sich die Münsterbauhütte Freiburg auf ihre Erfahrung mit erprobten Konservierungsmethoden, Langzeitbeobachtungen an Probekörpern und abgeschlossenen Restaurierungen.

Konservierungsmethoden und verwendete Materialien

Vor jeder Konservierungsmaßnahme steht die Reinigung. Aufgrund der oftmals vorhandenen Fassungsreste wird diese in der Regel im Zuge der Farbbefundung durch externe Restauratoren ausgeführt. Somit wird die Reinigung durch die Restauratoren der Münsterbauhütte nur an solchen Flächen vorgenommen, an denen keine Fassungsreste vorliegen. Zur Reinigung von Verkrustungen und schwarzen Belägen wird das Mikrosandstrahlverfahren angewendet. Bei den schwarzen

5 | *Kittungsmassen der Freiburger Münsterbauhütte*

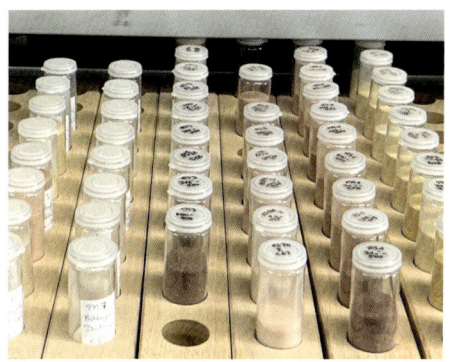

6 | *Sande in der Restaurierungswerkstatt der Freiburger Münsterbauhütte*

Belägen handelt es sich meist um an der Oberfläche aufliegenden oder verbackenen Ruß beziehungsweise Schmutz, welcher den Sandstein bei starker Sonnenexposition bis zu 70° erwärmen kann. Biogene Besiedelung in Form von Algen und Flechten wird meist durch Heißdampfreinigung entfernt. Leider finden sich auch viele Flächen mit dicken Vogelkotablagerungen, die nur trocken gereinigt werden können. Nach der Reinigung erfolgen die eigentlichen Steinkonservierungsmaßnahmen.

Die Auswahl geeigneter Konservierungstechniken und -methoden ist ein sich stetig weiterentwickelnder Prozess. Das Motto hierbei ist: Weniger ist mehr. So wird aufgrund der Qualität der verwendeten bauzeitlichen Sandsteine nur selten flächig gefestigt. Bohrwiderstands- und W-Wert-Messungen am Münster haben gezeigt, dass die gewünschte Verbesserung nur von kurzer Dauer ist und daher eine Festigung im Laufe der Zeit mehrfach wiederholt werden müsste. Da jedoch schon nach der ersten Festigung die W-Werte deutlich von denen der ungefestigten Oberfläche abweichen, ist bei erneuter Festigung eine weitere Verschlechterung der W-Werte zu erwarten. So werden von den Restauratoren der Münsterbauhütte lediglich die kieselsolgebundenen Kittungen gefestigt, um im Verhältnis zum Original eine Verbesserung im Festigkeitsprofil zu erreichen. Die Kittungsmassen wurden von der Bauhütte in Zusammenarbeit mit externen Restauratoren und Instituten entwickelt und in der Restaurierungswerkstatt hergestellt (Abb. 5). Grundlage der Kittungsmassen sind Sande, welche aus unterschiedlichen Sandsteinen hergestellt werden und gänzlich ohne Pigmente auskommen (Abb. 6). Dabei handelt es sich nicht um eine völlig neue Methode, sie kommt bereits bei vielen anderen Restauratoren und Fachbetrieben zur Anwendung. Aber auch hier verlässt sich die Münsterbauhütte nicht allein auf Erfahrungswerte anderer, sondern unterzieht die entwickelten Kittungsmassen durch Probekörper, die seit 2010 auf der Sterngalerie des Hauptturms aufgestellt

7 | *Freiburg, Münster, Prüfkörper auf der Sternengalerie des Hauptturms*

sind (ABB. 7), einer Langzeitbeobachtung. Das Hinterfüllen von Schalen und Rissen erfolgt mit einer Injektionsmasse auf Grundlage von Microdur, einem Mikrozement (ABB. 8–9). Versuche in der eigenen Restaurierungswerkstatt und bei den Kolleginnen und Kollegen aus der Münsterbauhütte Bern haben gezeigt, dass die Mikrozement-Injektionsmasse in der Lage ist, feinste Risse zu verfüllen, und dennoch keine Sperrschicht für den kapillaren Feuchtetransport hinterlässt. Sind Vernadelungen notwendig, so werden diese mit Titangewindestäben und Silikatkleber ausgeführt. Es hat sich durch Langzeitbeobachtungen mittels Probekörper gezeigt, dass dies für unsere Anforderungen die beste Methode ist. Titan erzeugt keine Wechselwirkungen mit anderen Metallen, und Silikatkleber zeigt sich für diesen Zweck als ausreichend stabil. Antragungen und Reprofilierungen mit Steinersatzmörteln kommen nur in Ausnahmefällen vor. Sind dennoch größere Hohlräume und Fehlstellen aufzumörteln, so wird meist mit Kernaufbaumörtel aufmodelliert und anschließend mit Kittungsmasse abgedeckt.

Fehlstellenergänzung anhand von Vierungen

Ist eine Steinergänzung in Form einer Vierung notwendig, wird dies so substanzschonend wie möglich ausgeführt. Dies kann bedeuten, dass die Fehlstelle in Gips abgegossen und die so entstandene Form mittels Punktiergerät auf den Stein übertragen wird. Die Punktiervierung kann dann nach erfolgtem Einbau an den Bestand angepasst werden. Bei solchen Punktiervierungen können auch sehr organische Formen entstehen, die unter Umständen bei geometrischen

8 | *Freiburg, Münster, Chor, Fiale vom Kapellenpfeileraufsatz, Joch 14 Süd, Vorzustand*

9 | *Fiale vom Kapellenpfeileraufsatz, Joch 14 Süd, Endzustand*

Bauteilen als störend empfunden werden. Dennoch ist es bei einem bauzeitlichen Original besser, dieses möglichst zu erhalten und nicht aus Gründen der Ästhetik die Anschlussfugen zu begradigen. Die Vierungen werden üblicherweise mit pastösem Steinsilikatkleber eingeklebt. Seit etwa zwei Jahren kommt nach einer längeren Beprobungsphase aber auch wieder das im Mittelalter übliche historische Heißklebeverfahren mit Naturharzen zum Einsatz. Zunächst an gut zugänglichen Bauteilen, wie zum Beispiel an einer der Maßwerkbrüstungen am südlichen Chorkapellenkranz.

Fugen

Bis 2007 wurde am Freiburger Münster mit herkömmlichen Fugenmörteln aus dem Handel gearbeitet. Beim Restaurierungsprojekt des Turmhelms entstand die Herausforderung, ein eigenes Mörtelsystem zu entwickeln. Der zu dieser Zeit wiederentdeckte Romanzement als Bindemittel wurde in einem EU-Projekt mit Teilnehmern aus Österreich, Deutschland, Polen, Tschechien, der Slowakei und England erforscht und auf heutige Anwendungsfelder hin untersucht. Mit den besonderen Herausforderungen für ein Mörtelsystem am Hauptturm des Freiburger Münsters schien das Bindemittel Romanzement die geeignete Basis für eine Mörtelentwicklung zu sein. So wurde mit Fachexperten und Firmen aus dem ROCEM-Projekt ein Verguss-, Versetz- und Fugenmörtel entwickelt. Anfänglich mit großen Schwierigkeiten durch die Eigenschaft des Bindemittels als sogenannter Löffelbinder wurden sukzessive die Rezepturen und Verarbeitungsrichtlinien angepasst, bis alle Beteiligten zufrieden waren. Die Partnerfirma, deren Mörtel wir mitentwickelt hatten, wurde mangels Nachfolger leider nicht weitergeführt, sodass wir darauf angewiesen sind, die Mörtel in Zukunft selbst herzustellen. Dies ermöglicht es uns allerdings auch, die Rezepturen weiterzuentwickeln. Für besonders beanspruchte Fugen wird das historische Vergießen mit Blei angewendet. Alte Bleifugen werden in der Regel nachverstemmt.

Projekt »Nachbildende Neuschöpfung«
2024 wird in der Münsterbauhütte ein Projekt abgeschlossen, das eine Möglichkeit des Umgangs mit nicht konservierbarem Steinmaterial aufzeigt. Es handelt

10 | *Freiburg, Münster, Chor, Strebepfeileraufsatz aus dem Jahr 1851, Ausschnitt aus einer Fotografie, um 1890*

sich um einen der Strebepfeileraufsätze des 19. Jahrhunderts am Münsterchor (ABB. 10). Für diese Bauteile wurde Plattensandstein eingesetzt, der tonig gebunden ist.[12] Bereits früh zeigten sich an diesem Steinmaterial Schäden. Ein halbes Jahrhundert nach der Errichtung wurde in den Geschäftsberichten des Münsterbauvereins vermerkt, dass sich der Stein nicht besonders bewährt habe.[13] Zu Beginn des 20. Jahrhunderts zeigen Fotos bereits erste Fehlstellen an den erst kurz zuvor aufgesetzten Strebepfeileraufsätzen. In den 1930er-Jahren wurden größere Teile bereits vorsorglich abgenommen, da die Aufsätze ohnehin als »künstlerisch verfehlt« eingestuft wurden.[14] In den folgenden Jahrzehnten wurden immer wieder instabile Werkstücke entfernt. Bis heute haben die Bauteile des 19. Jahrhunderts daher deutlich an Substanz verloren. Mit diesem Teilabbau

12 Dünnschliffuntersuchung Fischbacher Plattensandstein 2014: relativ instabiler Kornverband, Brauneisen, tonige Matrix, einzelne Abschnitte calcitgebunden, offene Poren, Tonminerale und Eisenoxide/-hydroxide (16 Volumenprozent). Diese Eigenschaften führen zu einer geringen Witterungsbeständigkeit.
13 Freiburger Münsterbauverein, Geschäftsbericht 1912, S. 5–6.
14 Freiburger Münsterbauverein, Geschäftsbericht 1931, S. 5–6.

war zugleich auch die Entscheidung für einen kontrollierten Verfall verbunden.

2011 war einer der Strebepfeileraufsätze in einem bedenklichen Zustand (ABB. 11). Drei Fialen mussten abgebaut werden, eine Notsicherung war unumgänglich. Im Gespräch mit den Vertreterinnen und Vertretern der Landesdenkmalpflege besprach man den Umgang mit den stark fragmentierten Strebepfeileraufsätzen und vereinbarte, den fraglichen Pfeiler als Muster für das weitere Vorgehen zu nutzen. 2012 wurde der Pfeileraufsatz schließlich am Münster abgetragen und im Hof der Münsterbauhütte wieder aufgebaut. 2015 wurde dann eine Expertenkommission einberufen, zu der auch Barbara Schock-Werner aus Köln anreiste. Zur Diskussion standen ein Belassen der Strebepfeiler ohne Aufsätze nach Abbau der statisch nicht tragfähigen Aufbauten oder deren Neuschöpfung.

11 | *Der Strebepfeileraufsatz von 1851 im Jahr 2011*

Wichtig war die Erkenntnis, dass die Strebepfeileraufsätze bereits im Mittelalter geplant und lediglich im 16. Jahrhundert nicht mehr umgesetzt wurden. Die Ausführung eines Großteils der Aufsätze im 19. Jahrhundert steht zudem in einem direkten Zusammenhang mit der Ernennung des Freiburger Münsters zur Bischofskirche und ist somit relevant für die Geschichte des Münsters. Daher wurde beschlossen, den zur Diskussion stehenden Pfeiler von 1851 zu ersetzen und in der Bauhütte neu zu fertigen. Als Ziel wurde definiert, sein Erscheinungsbild aus dem 19. Jahrhundert wiederzustellen und fortzuschreiben. Die Legitimation für die Neuschöpfung war durch die vorhandenen Fotos gegeben. Allerdings mussten ein angemessener Umgang mit verlorenen Details und das Ausmaß der Fortschreibung gefunden und abgestimmt werden. Für das weitere Vorgehen erstellte man einen Katalog, in welchem Entwürfe des 19. Jahrhunderts, Originalreste, Fotos und Bestandsaufnahmen gesammelt wurden.

Eine exakte Kopie in Großform und Stil konnte nicht funktionieren. Zum einen waren zahlreiche Schmuckelemente, wie Krabben und Kreuzblumen, verloren und anhand der Fotos nicht exakt zu rekonstruieren. Zum anderen wurde beschlossen, konstruktive Merkmale, die den Steinverfall begünstigten, etwa den ungünstigen Steinschnitt, nicht zu kopieren. Auf eine zeitgemäße und pas-

12 | *Entwürfe für Details des neuen Strebepfeileraufsatzes, 2019*

13 | *Teilaufbau des unteren Bereichs des Strebepfeileraufsatzes im Hof der Münsterbauhütte, 2023*

sende Oberflächenbearbeitung legte man großen Wert. Auch wurde darauf geachtet, Steinmaterial zu wählen, das eine höhere Haltbarkeit verspricht. Nach der Fertigung von Musterstücken mit einem sehr hohen Schwierigkeitsgrad, wie Durchbrüchen und reduzierten Steinstegen, entschied man sich für den Neckartäler Hartsandstein, der für statisch stark beanspruchte Stücke bereits bei der Turmhelmsanierung zum Einsatz gekommen war. Dabei wurde genau geprüft, ob Teile der Originalsubstanz wiederverwendet werden konnten, was bei diesem Pfeiler nicht der Fall war. Die Höhe von 10,8 Metern und das Erscheinungsbild des Originalpfeilers bildeten die Vorgaben für den neuen Pfeiler. Details, wie Krabben und Kapitelle, die bereits seit Jahrzehnten verloren und auf Fotos teilweise nur schwer zu erkennen sind, entwarfen die Steinmetze der Münsterbauhütte neu. Dabei wurde darauf geachtet, die Vielfalt der Gestaltung zu erhalten, noch vorhandene Formen genau zu kopieren, Licht- und Schattenwirkung zu beachten, eine feine, zeitgemäße Oberflächenbearbeitung umzusetzen und die Themen des alten Strebepfeileraufsatzes, Efeu und Disteln, neu zu interpretieren und zu variieren. In Zweiergruppen begann man 2018, jeweils zwei Krabben für eine bestimmte Zone des Aufsatzes zu entwickeln (Abb. 12). Insgesamt sieben Steinmetze und Steinmetzinnen waren an der Formfindung beteiligt. Gleichzeitig wurde 2018 auch mit der Fertigung der ersten Bauteile begonnen.

15 Im Januar 2025 wird eine umfassende Dokumentation der Arbeiten an dem neuen Strebepfeileraufsatz erscheinen; abrufbar online auf der Homepage des Münsterbauvereins www.muensterbauverein-freiburg.de.

14 | *Teilaufbau des oberen Bereichs des Strebepfeileraufsatzes in der Steinmetzwerkstatt, 2024*

15 | *Der erste Stein des neuen Aufsatzes wird am 23. Juli 2024 am Freiburger Münster versetzt.*

2024 waren die insgesamt 92 Werkstücke des Pfeileraufsatzes fertiggestellt (ABB. 13-14). 17 Steinmetze und Steinmetzinnen wirkten an ihrer Fertigung mit und brachten ihre Zeichen auf den Werkstücken an. Bei der Fertigung einer Bedachung für die Basis eines Fialaufsatzes geriet eine große Tonlinse nicht zum Ärgernis, sondern zur Chance. Den Einschluss arbeitete man heraus und nutzte den Hohlraum, um eine Zeitkapsel zu versenken. In einem Wettbewerb wurden drei Schulklassen der Stufen 5 bis 9 ausgewählt, die ihre Botschaft für die Zukunft in den Strebepfeileraufsatz legen durften. Im Juli 2024 konnte mit dem Versatz der ersten Stücke begonnen werden. Es wird ein spannender Moment sein, wenn das neue Bauteil, das dem alten nachgebildet wurde, seinen Platz am Chor einnimmt (ABB. 15).[15]

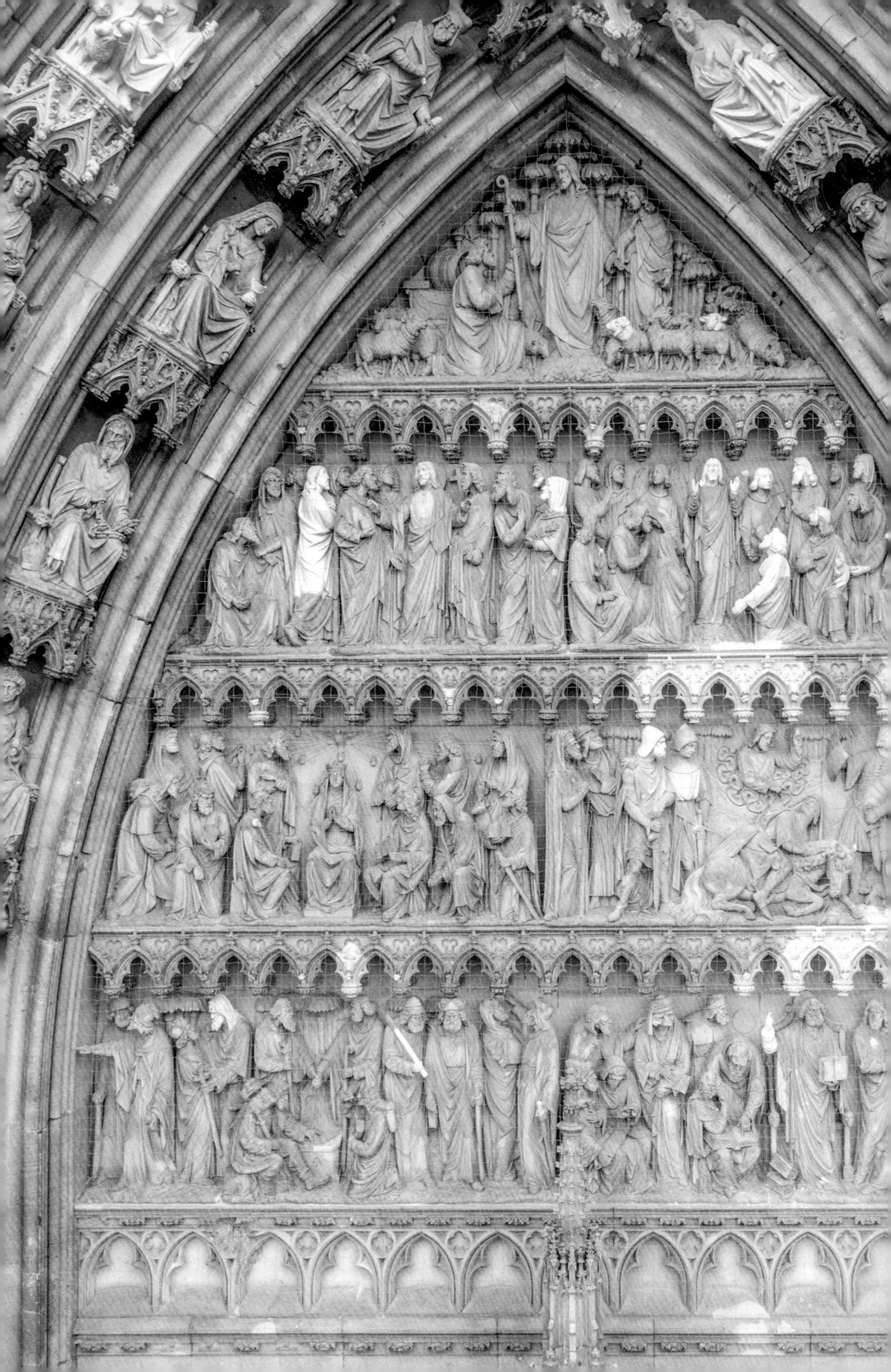

Die Rekonstruktion neugotischer Skulpturen und Zierelemente
Tests zu modernen und traditionellen Ergänzungsmethoden am Michaelsportal

Uta Tröger & Tanja Pinkale

Nach zehn Jahren intensiver Arbeit konnten im Herbst 2023 das erste Teilprojekt der umfassenden Restaurierung des Michaelsportals abgeschlossen und das Tympanon und die Archivolten ausgerüstet werden.[1] Bereits im November 2022 war die Kölner Dombauhütte für diese Arbeiten mit dem Sonderpreis des Peter Parler-Preises ausgezeichnet worden.[2] Die Ausführungen zur Entwicklung und Umsetzung der handwerklich-traditionellen Vorgehensweise bei der Er-

[1] Peter Füssenich: 64. Dombaubericht. Von Oktober 2022 bis September 2023, in: KDbl. 88, 2023, S. 8–71, hier: S. 19.
[2] Füssenich [1], S. 18. – M[atthias] D[eml]: Kölner Dombauhütte erhält Peter Parler-Preis, in: KDbl. 88, 2023, S. 278–280.

gänzung teilzerstörter Skulpturen und Zierelemente ergänzen die früheren Publikationen zur Ikonografie, Geschichte und Restaurierung des Portals[3] sowie zu dessen Gesteinsbestand[4].

Das Michaelsportal wurde 1844 bis 1849 durch die Dombauhütte errichtet und zwischen 1878 und 1881 von der Werkstatt des Dombildhauers Peter Fuchs mit über 150 Figuren, Reliefplatten, Friesen und den noch fehlenden Baldachinen der Gewändefiguren ausgestattet.[5] Alle Werkstücke sind äußerst detailliert gearbeitet und bestehen aus französischen Kalksteinen.[6] Herstellungszeitlichen Ursprungs scheint zudem der imprägnierende Schutzanstrich mit Leinöl auf den Baldachinen der äußeren Archivolte zu sein, der heute Blasenbildung und braun-orange Verfärbung im Kalkstein bedingt.

Neben bauzeitlichen Merkmalen trägt das Michaelsportal auch Spuren späterer Überarbeitungen. Auf eine frühe Maßnahme am Portal weisen Rückstände eines Anstrichs hin, der wohl eine ästhetische Aufwertung zum Ziel hatte. Der Anstrich datiert in die Zeit vor den Kriegsschäden der 1940er-Jahre, vermutlich sogar noch in das 19. Jahrhundert[7]. Obwohl in den 1940er-Jahren die Zwischenräume zwischen den Archivoltenfiguren und den Bogennischen im unteren Bereich zur Stabilisierung mit einem Zementmörtel vergossen wurden, hat das Michaelsportal während des Zweiten Weltkrieges zahlreiche Schäden erlitten. Neben Ausbrüchen, die als gewöhnliche Kriegsschäden anzusprechen sind, finden sich auch Abplatzungen an Köpfen und Händen, die auf vorsätzlichen Beschuss hindeuten. Munitionsreste im Portal sowie die Rückgabe eines abgeschossenen Kopfes aus der Bekehrungsszene des Paulus[8] durch die Erben eines US-amerikanischen Soldaten untermauern diese These. Nach dem Krieg erfolgten am Portal Instandsetzungsarbeiten: zwischen 1965 und 1972 an den Gewändefiguren[9],

3 Matthias Deml: Michaelportal Patenbrief (Patenschaften. Portale am Hohen Dom zu Köln), Köln 2015. – Albert Distelrath, Matthias Deml, Tanja Pinkale: Die Restaurierung des Michaelportals am Kölner Dom, in: Natursteinsanierung 2020. Neue Natursteinrestaurierungsergebnisse, messtechnische Erfassungen und Sanierungsbeispiele, Tagung am 13./14. März 2020 in Karlsruhe und Köln, hg. von Gabriele Patitz, Karin Schinken, Stuttgart 2020, S. 15–23.
4 Esther von Plehwe-Leisen, Hans Leisen: Französische Kalksteine für das Michaelsportal des Kölner Domes, in: KDbl. 88, 2023, S. 243–257.
5 Matthias Deml, Albert Distelrath: Die Restaurierung des Michaelsportals am Kölner Dom, in: Die Archäologie des mittelalterlichen Portals/ The Archaeology of the Medieval Portal, hg. von Stephan Albrecht, Ute Engel, Anna Knoblauch (Forschungen des Instituts für Archäologische Wissenschaften, Denkmalwissenschaften und Kunstgeschichte), Petersberg [in Vorbereitung].
6 Plehwe-Leisen, Leisen [4].
7 Rainer Drewello, Ursula G. Drewello: Analyseergebnis AN 2724 vom 27. Juni 2014, DBA, Köln, Aktenbestand nach 1945, Nr. 1691, S. 1.
8 Peter Füssenich: 58. Dombaubericht. Von Oktober 2016 bis September 2017, in: KDbl. 82, 2017, S. 10–73, hier: S. 23. – M[atthias] D[eml]: Unverhoffte Rückkehr eines Köpfchens vom Michaelportal, in: KDbl. 82, 2017, S. 289–290.
9 Willy Weyres: Die Wiederherstellungsarbeiten am Dom in den Jahren 1963–1966, in: KDbl. 26/27, 1967, S. 93–110, hier: S. 98. – Arnold Wolff: 15. Dombaubericht. Von Herbst 1971 bis Ende September 1973, in: KDbl. 36/37, 1973, S. 35–64, hier: S. 42–43.

1981/82 an Wimperg und Portalbogen[10]; 2003 bis 2008 wurde die Gewändefigur des heiligen Franziskus durch eine Kopie ersetzt[11]. 2013 wurde für das noch immer kriegsgezeichnete Portal (ABB. 1) eine Restaurierungskampagne von zwei Jahren angedacht.[12] Zu diesem Zeitpunkt sah das Konzept eine Laserreinigung der Portalskulptur und Zierarchitektur, die Konservierung des Gesteinsbestandes und rekonstruierende Ergänzungen im Figurenprogramm vor. Auch die handwerkliche Neuanfertigung gänzlich verlorener Baldachine und zerstörter Archivoltenfiguren war geplant.[13] Zusammenfassend war die Zielsetzung ein vollumfänglicher Substanzerhalt – inklusive der Bruchverläufe von Kriegsschäden – bei reversibler Wiederherstellung der Skulptur und Kleinarchitektur, zur besseren Ablesbarkeit des Figurenprogramms. Es waren keine Steinvierungen vorgesehen, um Materialverlust durch Ausklinkungen und Verdübelungen zu verhindern. Stattdessen sollten Innovation und modernste Fertigungstechnik ein effizientes Vorgehen und somit die Durchführung der umfangreichen Baumaßnahme in sehr kurzer Zeit ermöglichen.[14]

Versuche mit Steinersatzmassen

1. Abgüsse auf Basis von 3-D-Scans und PU-Fräslingen

Anstelle der üblichen handwerklichen Vorgehensweise bei der Teilrekonstruktion von Skulpturen sollte ein eigens neu entwickeltes Verfahren angewendet werden: Hierzu waren zunächst passgenaue digitale 3-D-Modelle der fehlenden Partien zu entwickeln. Das Verfahren sah vor, sowohl die Bruchflächen der Portalskulpturen als auch die erhaltenen originalen Bozzetti des 19. Jahrhunderts, die von der Werkstatt Peter Fuchs im verkleinerten Maßstab 1:2 erstellt worden waren, einzuscannen und jeweils in Punktwolken zu erfassen. Anschließend sollten anhand der auf die Größe der Portalskulpturen skalierten Punktwolken der Bozzetti und der Bruchflächen passgenaue 3-D-Modelle der Fehlstellen erstellt werden. Es war angedacht, anhand der auf diese Weise gewonnenen digitalen Datensätze die notwendigen Ergänzungen mittels Fräs- oder Druckverfahren zu produzieren.[15]

---

10 Arnold Wolff: 22. Dombaubericht. Von September 1979 bis September 1981, KDbl. 46, 1981, S. 63–122, hier: S. 68–69. – Arnold Wolff: 23. Dombaubericht. Von September 1981 bis September 1982, in: KDbl. 47, 1982, S. 83–116, hier: S. 84–85.
11 Barbara Schock-Werner: 43. Dombaubericht. Von Oktober 2001 bis September 2002, in: KDbl. 67, 2002, S. 9–70, hier: S. 9. – Barbara Schock-Werner: 46. Dombaubericht. Von Oktober 2004 bis September 2005, in: KDbl. 70, 2005, S. 9–60, hier: S. 18–19. – Barbara Schock-Werner: 50. Dombaubericht. Von Oktober 2008 bis September 2009, in: KDbl. 74, 2009, S. 8–65, hier: S. 14.
12 Michael Hauck: 54. Dombaubericht. Von Oktober 2012 bis September 2013, in: KDbl. 78, 2013, S. 8–119, hier: S. 17.
13 Hauck [12], S. 20–21, 82–83.
14 Deml [3], S. 17.
15 Hauck [12], S. 44.

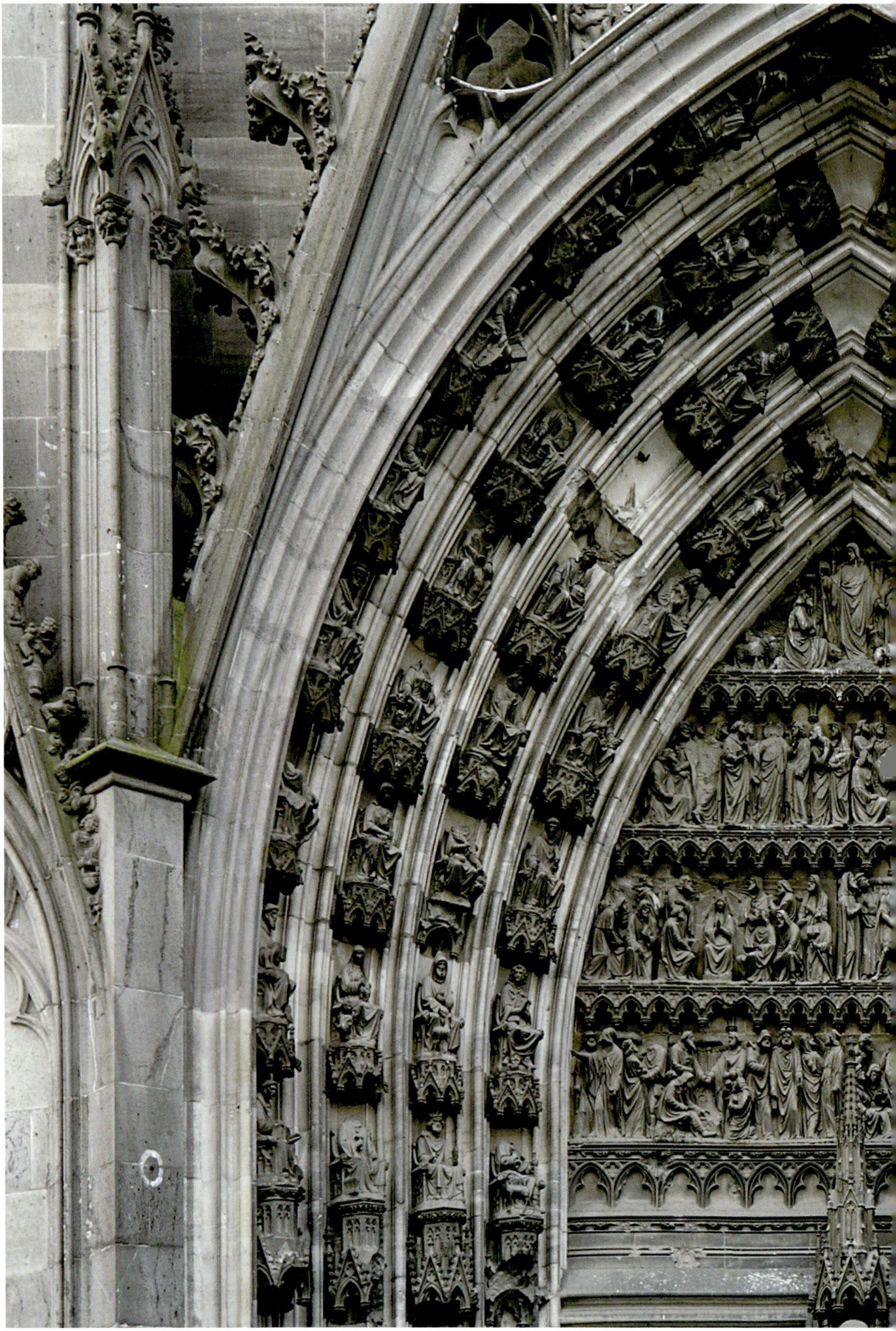

1 | *Köln, Dom, Michaelsportal, Tympanonfeld und Archivolten vor der Restaurierung*

2 | *Scandaten der Kopfpartie der Skulptur des Werner von Oberwesel. Links: 3-D-Modell der beschädigten Originalfigur, mittig: 3-D-Modell des hochskalierten und mit Bruchfläche des Originals verrechneten Kopfes, gescannt am Gipsmodell, rechts: Zusammenführung beider 3-D-Modelle*

Als Testfigur für das Verfahren wurde die Skulptur des Werner von Oberwesel ausgewählt.[16] Vorversuche an der Figur suggerierten zwar, dass man die 3-D-Modelle von Bruchkante und Bozzetto passgenau überlagern kann (Abb. 2), zeigten aber auch die Notwendigkeit, die Bruchflächen für die Erfassung mit Handscannern aufwendig mit Tonmanschetten zu präparieren. Anhand des auf die geschilderte Weise erstellten 3-D-Modells wurden der fehlende Kopf (Abb. 3) und die ausgebrochenen Füße der Skulptur als Abgussvorlagen in PU-Schaum gefräst. Im Testverfahren erwies sich diese Methode jedoch als nicht effizient, da die Anschlussflächen der gefrästen Stücke nicht wie vorgesehen exakt zu den Bruchflächen der originalen Figur passten. Zudem erwies sich, wie vorhersehbar war, dass ein Entwurfsmodell, das im verkleinerten Maßstab in Ton modelliert und in Gips abgegossen wurde, nicht dieselbe Detailgenauigkeit aufweist, wie die vom Bildhauer interpretierte Umsetzung in Stein. Um die Ergänzung an den Torso der Originalfigur anzupassen, war ein aufwendiges Überarbeiten der PU-Fräslinge in der Bildhauerwerkstatt der Dombauhütte nötig (Abb. 3, oben links und mittig). Aufgrund der unterschiedlichen Materialeigenschaften von PU-Schaum und Naturstein ließen sich dabei die Bildhauerwerkzeuge nicht in

16 Die Entscheidung, die Figur des Werner von Oberwesel für die Testreihe auszuwählen (vgl. Füssenich [1], S. 20), basierte unter anderem auf dem Schadensbild der Figur. Aufgrund dessen wäre die Skulptur nach dem bisherigen Vorgehen der Dombauhütte vollständig durch eine Kopie ersetzt worden. Ein weiterer Grund für die Auswahl war die Diskussion, ob die Figur aufgrund ihrer antijüdischen Konnotation überhaupt wieder im Portal eingesetzt werden sollte. Aus diesem Grund und da das Ergebnis der Testrestaurierung nicht gänzlich zu prognostizieren war, war die Figur auch vom Patenprogramm des Zentral-Dombau-Vereins ausgeschlossen. Somit wurden für die Tests weder Spendengelder aufgewandt, noch waren Vorstellungen eines Schirmherrn zu erfüllen.

3 | Arbeitsschritte bei der Herstellung von Passstücken auf Basis eines PU-Fräslings. Oben links: PU-Fräsling, oben mittig: bildhauerisch überarbeiteter PU-Fräsling, oben rechts: Mörtelabguss mit Blasen und fehlender Plastizität, an dem sich die überarbeiteten Partien hell abzeichnen, unten: Gegenüberstellung eines kantenscharf und detailreich gestalteten Kopfes aus Stein (heiliger Eliphius) und des Kopfes aus Gussmasse

der gewohnten Weise verwenden. Feinste Details konnten daher nicht so dargestellt werden, wie dies im Kalkstein möglich ist: Es wurde nicht die gleiche Ausdrucksstärke der Physiognomie wie bei den Originalskulpturen erreicht. Modelliermassen waren im Rahmen der Nachbearbeitung nur schwer auf den PU-Schaum aufzubringen, da sie sich nur in geringem Maße mit dem Untergrund verbanden. Der anschließende Guss der Ergänzung in Steinersatzmörtel brachte ebenfalls kein befriedigendes Ergebnis, da die Übergänge zwischen dem

PU-Schaum und den Modelliermassen als Nahtstellen sichtbar blieben und ein blasenfreies Gießen kaum möglich war (Abb. 3, oben rechts). Daher musste auch der Guss überarbeitet werden. Hierbei zeigte sich, dass die bearbeiteten Partien deutlich hervortraten, da sie sich durch das Aufrauen aufhellten. Durch das Durchdringen der Sinterschicht trat zudem die Körnung des Mörtels hervor, wodurch Konturen unscharf erschienen. Bereits durch die Farbigkeit und Struktur des Mörtels gingen somit Kantenschärfe und Plastizität der Passstücke verloren, ebenso die für den Ausdruck der Figuren so wichtigen Bearbeitungsspuren (Abb. 3, unten).

Aufgrund einer 2023 vom Metropolitankapitel der Hohen Domkirche gefällten Entscheidung wurde die Skulptur des Werner von Oberwesel nicht wieder am Portal angebracht. Dies hätte eine Erneuerung und Fortschreibung der mit ihm verbundenen antijüdischen Ritualmordlegende bedeutet, so die Begründung.[17]

2. Großformatige Antragungen
Eine zweite Option im Umgang mit den notwendigen Rekonstruktionen an großformatigen Ausbrüchen stellte das Antragen, das direkte Aufmodellieren mit Mörtelmassen auf den erhaltenen Torso der Originalskulptur, dar. Hierbei wurde im Inneren ein Haft- und Kernmörtel aufgebaut und um diesen herum formgebend Restauriermörtel angetragen.

Für einen Versuch wurde die Figur des heiligen Frumentius gewählt, von dessen Gesicht nur die Wangenpartie erhalten war (Abb. 4, links). Da sowohl Kopfbedeckung, Stirn und Augen, Nase, Kinn und Bart abgebrochen waren, hätte eine Rekonstruktion mit mehreren zum Teil sehr kleinteiligen Passstücken erfolgen müssen. Das Abgussverfahren erschien dafür unverhältnismäßig und auch die Sorge, die hellen Vierungen würden das Gesicht der gealterten Skulptur waagerecht zonieren, sprach für die Verwendung farblich und strukturell angepasster Mörtelmassen.

Dabei war es zwar grundsätzlich möglich, die Fehlstellen mit Mörtel zu modellieren, allerdings konnte das Material bei diesem Verfahren nicht nach Herstellerangaben verwendet werden: So war es nicht immer möglich, sich in diesem ohnehin zeitaufwendigen Arbeitsprozess zum Beispiel an die empfohlenen Trocknungs- und Abbindezeiten sowie die Schichtstärken[18] zu halten. Um sich in die komplexe Formgebung hineinzudenken und die Rekonstruktion, die eine Vermittlung zwischen Originalskulptur und Entwurfsmodell darstellt, ausführen

17 Vgl. www.koelner-dom.de/rundgang/der-dom-und-die-juden/michaelsportal [10. Oktober 2024].
18 Baumit: Verarbeitungsrichtlinien Minéros-System 2000, https://baumit.de/files/de/Technische_Dokumente/Krusemark_SKR/Mineros_2000.pdf [26. März 2024].
19 Baumit [18].

4 | *Rekonstruktionsarbeiten an der Figur des heiligen Frumentius. Links: ungereinigter Vorzustand, rechts: Nachzustand gereinigt und mit Antragungen ergänzt*

zu können, mussten die Antragmassen zudem während des Trocknungsprozesses noch bewegt werden. Auch dies steht im Widerspruch zu den Verarbeitungsrichtlinien, in denen der Mörtelauftrag mit wenigen Glättstrichen empfohlen und vom Arbeiten mit bereits angesteiftem Material abgeraten wird.[19] Festzuhalten ist, dass mittels Antragung von Restauriermörteln ein optisch besseres Ergebnis zu erzielen ist als mit einem Guss. An die Qualität einer Ausführung in Stein reichen die modellierten Mörtelergänzungen aufgrund fehlender Kantenschärfe und Tiefe allerdings nicht heran (Abb. 4, rechts).

3. Ergänzung von Architekturelementen durch angepasste Abgüsse
Nach dem ursprünglichen Konzept sollten kleinteilige Architekturelemente der Zierfriese und Baldachine durch Abgüsse ersetzt werden. Diesem Vorhaben lag der Gedanke zugrunde, wiederkehrende Bauteile anhand der noch intakten, weitgehend identischen Werkstücke am Portal zeit- und kostensparend zu reproduzieren und die Abgüsse vor Ort an die bestehenden Bruchverläufe anzupassen. Entsprechende Versuche mit verschiedenen Gussmassen in der Bildhauerwerkstatt führten jedoch zu keinem akzeptablen Ergebnis: Die extrem feingliedrigen und stark hinterschnittenen Stücke ließen sich kaum blasenfrei abformen und die Abgüsse nur schlecht überarbeiten. Optisch konnte es kein Abguss mit der handwerklichen Qualität der Originale aufnehmen.

Im Tympanon war geplant, einen größeren Teil des die Bildzonen gliedernden Frieses exemplarisch abzuformen, um von diesem wiederum die einzelnen Partien für die Fehlstellen abzugießen und einzusetzen. Dieses Vorgehen erwies sich

5 | *Mit Mörtel nivellierte Bruchflächen im Tympanonrelief der Himmelfahrt Christi*

jedoch als nicht möglich, da es eine exakte Maßgenauigkeit der Originalpartien voraussetzte, die bei handwerklich gearbeiteten Stücken grundsätzlich nicht gegeben ist. Da die einzelnen Stücke alle unterschiedliche Maße aufweisen, lassen sie sich nur durch Einzelanfertigungen ergänzen. Der Einbau von Abgüssen eines »Universalmodells« hätte zu Versprüngen in den Anschlussbereichen geführt.

4. Nivellierende Mörtelantragungen auf Bruchflächen
Aufgrund der unbefriedigenden Ergebnisse mit Abgüssen wurde schließlich die handwerkliche Umsetzung in Naturstein bevorzugt. So ließen sich Vierungen erstellen, die sich optisch perfekt in das Gesamtbild des Portals einfügen. Da aber ein Grundgedanke des ursprünglichen Restaurierungskonzepts darin bestand, so viel Originalsubstanz wie möglich zu erhalten, sollten die Bruchflächen nicht – wie sonst üblich – zurückgearbeitet, sondern in Gänze erhalten werden. Dazu wurden von den Steinrestauratorinnen und -restauratoren nivellierende Flächen mit Steinersatzmassen aufgetragen, die bis auf die Ebene der Hochpunkte der Bruchverläufe reichen (Abb. 5). Auf diesen sollten die Steinvierungen angebracht werden. Im Versuch zeigte sich, dass dieses Vorgehen nicht praktikabel war, da sich die großflächigen Antragungen teilweise durch die weitere Bearbeitung lösten oder sich gar nicht richtig mit den Bruchflächen verbunden hatten. Auch optisch stellte das Ergebnis nicht zufrieden, da die aufgebauten Mörtelschichten mehrere Zentimeter hoch waren und nicht zusammen mit den Vierungen gear-

6 | Umgang mit Fugenverlauf und Bruchfläche am Beispiel der Archivoltenfigur des Petrus von Mailand (links). Nachzustand an Reliefplatte Himmelfahrt Christi (rechts): Die Vierungen folgen dem Bruchverlauf.

beitet werden konnten. Da der Endpunkt einer Fläche – etwa einer Gewandfalte – daher beim Antragen noch nicht definiert war, passten die Übergänge zwischen Antragungen und Vierungen bildhauerisch nicht zusammen.

5. Schlussfolgerung aus den Versuchen mit Steinersatzmassen

Aufgrund der unbefriedigenden Ergebnisse der beschriebenen Testreihen und da sich zudem keine Methode zur Festigung des teilweise verwitterten Kalksteins als wirksam erwies, wurden im Rahmen der weiteren Restaurierungsarbeiten am Michaelsportal schadhafte Bereiche der Bruchstellen zurückgearbeitet. Bearbeitete Originaloberflächen wurden dabei so weit wie möglich erhalten. Um dem Verlauf der Bruchkanten zu folgen, wurden die Fugenflächen nicht gerade, sondern an der Bruchkante konvex eingetieft zurückgearbeitet (Abb. 6). Die entsprechenden, ballig gearbeiteten Fugenflächen der Vierungen wurden je nach Größe entweder vor Ort angepasst oder bereits im Herstellungsprozess mithilfe einer Punktiermaschine erstellt, was das Einsetzen großer Stücke erleichterte. Als Vorlage hierfür dienten Abformungen der zurückgearbeiteten Bruchflächen der Figuren und Reliefs, die vor Ort vom Gerüst aus abgenommen wurden. Die Figuren und Reliefplatten mussten daher nicht ausgebaut werden. Das bedeutete zwar einen erheblichen Zeitaufwand und eine erschwerte Arbeitssituation für die ausführenden Bildhauerinnen und Bildhauer, doch konnten mögliche Beschädigungen der Originale durch Ein- und Ausbau verhindert werden.

7 | *Baldachine über den Gewändefiguren G1–G4 nach der Restaurierung*

Ergänzung der großen Baldachine durch Vierungen
Baldachine gehören zu den komplexesten und zeitaufwendigsten Steinmetzarbeiten. Die kleineren Archivoltenbaldachine, die soweit beschädigt waren, dass sie der aufsitzenden Figur nicht mehr als Standfläche dienen konnten, sollten schon im ursprünglichen Konzept neu gehauen werden. Die größeren Baldachine der Gewändefiguren waren innerhalb der Restaurierungsmaßnahme zunächst zurückgestellt worden. Sie fungierten zwar noch als Standflächen der darüberstehenden Archivoltenfiguren, waren jedoch so stark beschädigt, dass die Kämpferlinie der Architektur empfindlich gestört wurde.

Als sich nach der zeitintensiven Laserreinigung abzeichnete, dass eine Neuanfertigung auch dieser Baldachine beabsichtigt wurde, setzten sich Steinmetzinnen und Steinmetze der Dombauhütte für deren Erhalt ein. Daraufhin wurde ein Restaurierungskonzept erarbeitet, das es in dieser Form noch bei keinem anderen Restaurierungsprojekt gegeben hat. Es sah vor, Ausbrüche innerhalb der feinprofilierten und detailreichen Werkstücke durch ineinander verschachtelte Vierungen zu ergänzen.[20] Angesichts der vielen Anschlussflächen stellte dies eine große Herausforderung sowohl für die technischen Zeichnungen als auch für die handwerkliche Umsetzung dar. Die Ergebnisse überzeugen durch ihre präzise Ausführung und komplettieren nun wieder die Kämpferlinie (Abb. 7). Die Ergänzungen, die »in höchster Qualität« ausgeführt worden seien, wurden etwa auch in der Begründung der Jury für die Verleihung des Peter Parler-Preises eigens hervorgehoben.

20 Albert Distelrath: Teilergänzungen an Baldachinen vom Michaelportal – ein Werkbericht, in: KDbl. 84, 2019, S. 58–65.

8 | *Zierwasserspeier in den Friesen des Tympanonfelds mit stilistisch nachempfundenen Steinvierungen*

Ergänzung der Zierwasserspeier im Fries

Nach dem ursprünglichen Konzept sollten nur das Figurenprogramm sowie die Architektur des Portals wieder ablesbar gemacht werden. Eine Wiederherstellung der Zierwasserspeier in den Architekturfriesen des Tympanons war wegen des zeitlichen Aufwands nicht vorgesehen. Der Verzicht auf deren Rekonstruktion bei ansonsten vollständiger Ergänzung des Tympanonfeldes hätte jedoch die Architekturlinien störend unterbrochen. Da sich bereits gezeigt hatte, dass auch sehr kleinteilige Vierungen in Kalkstein schneller und qualitativ hochwertiger als in Mörtel umzusetzen sind, wurde die Ergänzung der Zierwasserspeier des Tympanonfrieses als Natursteinvierungen nachträglich ins Konzept aufgenommen (Abb. 8).

Zierwasserspeier finden sich an den Archivolten-, Gewändebaldachinen und am Trumeaubaldachin sowie an den Tympanonfriesen. In den vier genannten Bereichen unterscheiden sie sich deutlich in ihrer Gestaltung. So weisen die äl-

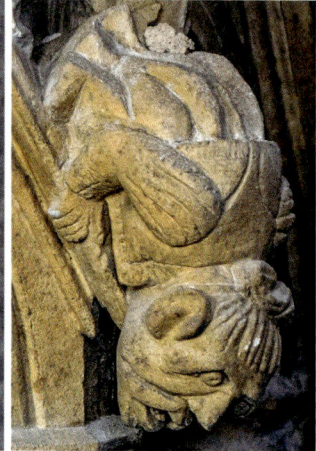

9 | *Zierwasserspeier von Baldachinen über den Archivoltenfiguren*

teren, von der Dombauhütte zwischen 1844 und 1849 geschaffenen Zierwasserspeier der Archivoltenbaldachine eine große Gestaltungsvielfalt mit menschlichen und tierähnlichen Darstellungen sowie Mischwesen auf (ABB. 9). Sie sind in der Körpergestaltung sehr kompakt. Bei den in den Jahren um 1880 von der Werkstatt Fuchs gefertigten Zierwasserspeier im Tympanonfries handelt es sich um die kleinsten Zierwasserspeier im Portal. Abgesehen von den Köpfen sind sie sehr ähnlich gestaltet, denn alle stellen geflügelte Tierwesen mit eng am Körper angelegten Vorderbeinen dar. Ihre Gliedmaßen sind im Unterschied zu denen der Archivoltenbaldachine äußerst feingliedrig; sie sind paarweise einander zugeneigt (ABB. 10). Die wohl ebenfalls von der Werkstatt Fuchs geschaffenen Zierwasserspeier der Gewändebaldachine zeigen ebenfalls Tierwesen und sind sehr einheitlich gestaltet. Am aufwendigsten ausgeführt sind sie am Baldachin des Trumeaupfeilers, hier mit der einzigen Darstellung eines natürlichen Tieres, eines Löwen (ABB. 11, LINKS). Alle Zierwasserspeier des Portals sind unterschiedlich. Um diese Vielfalt der Zierwasserspeier zu erhalten und in der Formensprache des jeweiligen Bereichs zu bleiben, orientieren sich die ergänzten Zierwasserspeier an den verschiedenen am Portal zu findenden Stilen, variieren aber die Formen.

Steinwechsel von Tercé- zu Caen-Kalkstein

Wie dargelegt, hat die Bearbeitbarkeit des Natursteins großen Einfluss auf das Ergebnis der zu fertigenden Vierungen und Neuteile. Dies liegt vor allem daran, dass sich das Bildhauerwerkzeug in unterschiedlichen Steinen unterschiedlich verhält und andere Bearbeitungsspuren hinterlässt. Gleiche Ergebnisse wie beim Original kann man daher nur im Originalgestein erzielen. Fortlaufende wissen-

10 | *Zierwasserspeier der Zierfriese im Tympanonfeld*

11 | *Zierwasserspeier am Trumeau-Baldachin*

12 | *Versetzen der Baldachine mittels Traverse*

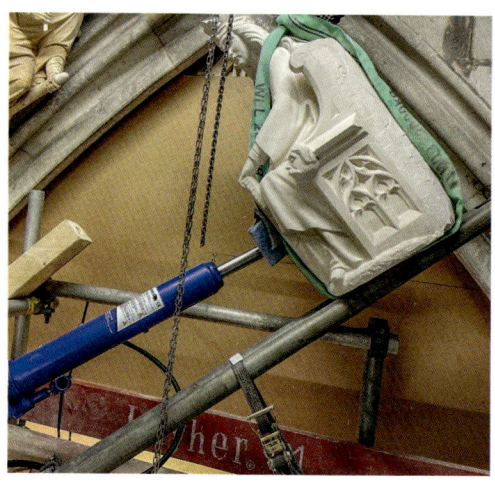

13 | *Versetzen der Archivoltenfiguren mit hydraulischem Stempel*

schaftliche Untersuchungen kamen der Materialauswahl am Michaelsportal zugute: Hatte zu Beginn der Arbeiten ein Gutachten nicht ausschließen können, dass es sich bei dem verbauten Stein um Kalkstein aus Tercé handelt[21], belegen Untersuchungen ab 2017 die überwiegende Nutzung von Kalkstein aus Caen[22]. Da dieser Steinbruch gerade wiedereröffnet wurde, konnte noch während der Restaurierungsmaßnahme auf das originale Gestein umgestellt werden, dessen beiger Farbton sich optisch besser dem Gesamtbild des gereinigten, aber gealterten Portalbestandes unterordnet.

Für die Arbeiten am Portal war der Wechsel zu Caen-Kalkstein von großer Bedeutung, da dieser wesentlich homogener und auch etwas weicher ist als der Tercé-Kalkstein und sich somit einfacher, schneller und detaillierter bearbeiten lässt. Neben den optischen und handwerklichen Kriterien ist die Umstellung auch denkmalpflegerisch von Bedeutung: Neuteile und Originalbestand weisen so die gleichen physikalischen Kennwerte auf.

Einbau der Archivoltenfiguren und Baldachine

Der Einbau der überhängenden, schräg sitzenden Baldachine und Archivoltenfiguren stellte eine besondere Herausforderung dar, denn diese Werkstücke mussten in ihrer Position in den Bogenlaibungen fixiert werden, bis Kleber und

21 Roman Koch: Untersuchung von zwei Kalksteinproben, Archivoltenfiguren A 03 und A 07 (Dombauhütte zu Köln) vom 3. Juli 2014, DBA, Köln, Aktenbestand nach 1945, Nr. 2022, S. 1.
22 Esther von Plehwe-Leisen: Kalksteine vom Michaelportal des Kölner Doms. Petrografische Untersuchung verschiedener Kalksteinproben vom 11. September 2017, DBA, Köln, Aktenbestand nach 1945, Nr. 2019, S. 17. – Plehwe-Leisen, Leisen [4].

Mörtel abgebunden waren. Allerdings boten vor allem die Baldachine durch ihren filigranen Schmuck kaum Flächen, die größere Drucklasten aufnehmen konnten. Da es keine detaillierten Aufzeichnungen oder Fotos zu den früheren Versetzarbeiten in den Portalen gibt und auch im Austausch mit anderen Bauhütten keine Erfahrungen einzuholen waren, mussten eigene Arbeitstechniken entwickelt werden: Die Baldachine waren besonders schwierig zu versetzen, denn es handelt sich um so filigran gearbeitete Werkstücke, dass auch ein Anheben mit Gurten und Schlenken nicht möglich war. Von der Metallwerkstatt wurde deshalb eigens nach den Vorstellungen der Versetzsteinmetzen eine Traverse angefertigt, mit der die Baldachine über eine Gerüststange in ihre Position geführt werden konnten (Abb. 12). Die Figuren wurden mit einem hydraulischen Stempel über Gerüststangen auf ihren Platz geschoben (Abb. 13), dort verankert und mit Mörtel vergossen.

Abschließend erfolgten die Verfugung sowie die Montage des Taubenschutzes. In Anlehnung an das Marienportal wurde das Tympanonfeld des Michaelsportals mit einem beigefarbenen Netz abgehangen. Der Taubenschutz der Archivoltenfiguren und Baldachine erfolgte mit dünnen Edelstahlseilen. Diese sind zwischen Edelstahlbügel gespannt, die die Geometrie der Baldachine aufgreifen und in deren Stoßfugen eingeklebt wurden.

Fazit

Die Restaurierungsarbeiten am Michaelsportal haben im ersten Teilabschnitt das Figurenprogramm in den Archivolten und die Ablesbarkeit der Reliefs im Tympanon wiederhergestellt. Dabei wurden Kriegsschäden geschlossen, ohne deren Ausmaß zu verschleiern. Dies ist im Wesentlichen durch Ergänzungen in Naturstein realisiert worden, der sich farblich vom historischen Bestand absetzt. Das Schließen witterungsbedingter Schadstellen ist mit farblich angepassten Mörteln erfolgt, die dadurch in den Hintergrund treten (Abb. S. 174). Es sind vor allem die hier vorgestellten Testreihen gewesen, die eine permanente Überarbeitung und Verbesserung des Restaurierungskonzeptes ermöglicht haben. Trotz oder gerade wegen der kontroversen Diskussion der Ergebnisse hat die Dombauhütte am Michaelsportal eine wegweisende Arbeit geleistet.

Es sind die berufliche Vielseitigkeit, die handwerkliche Perfektion und das Engagement aller Mitarbeiterinnen und Mitarbeiter der Dombauhütte gewesen, die die Realisierung des aufwendigen und herausfordernden Restaurierungsprojektes ermöglicht haben – ein Projekt, das sowohl handwerklich wie auch restauratorisch und denkmalpflegerisch neue Maßstäbe beim Erhalt der Bauplastik des Kölner Domes setzt.

Erste Hilfe für den Kölner Dom
Die »Monuments Men« und der Beginn des Wiederaufbaus im Jahr 1945

Jürgen Brautmeier

Britische Akten der Kriegszeit

Viel ist geschrieben worden über die Wunden, die der Dom sowie weitere Kirchen und historische Gebäude in Köln im Zweiten Weltkrieg erlitten haben.[1] Wenig Aufmerksamkeit hat dagegen die Arbeit der Ersthelfer gefunden, die auf US-amerikanischer und anschließend auf britischer Seite nach der Einnahme Kölns im März 1945 geleistet wurde. In den ersten Wochen und Monaten nach dem Kriegsende gab es nämlich in den Reihen der Besatzungsmächte Fachoffiziere, deren spezielle Aufgabe die Sicherung und Bewahrung der historischen Monumente im Land des vormaligen Kriegsgegners war. Ihr Einsatz für den Erhalt dieser Bauwerke in den Trümmerlandschaften der Städte nicht nur an Rhein

---

[1] Neben den jährlichen Dombauberichten im Kölner Domblatt ab 1948 aus der Feder der jeweiligen Dombaumeister liefert einen kompakten Überblick mit weiterführenden Literaturhinweisen Arnold Wolff: Der Dom, in: Köln – seine Bauten 1928–1988, bearb. von Heribert Hall, Köln 1991, S. 479–493, hier: S. 481–486. – Zu den romanischen Kirchen: Ulrich Krings, Otmar Schwab: Köln: Die Romanischen Kirchen. Zerstörung und Wiederherstellung (Stadtspuren – Denkmäler in Köln 2), Köln 2007. – Zu den Auswirkungen der Zerstörungen auf die Denkmalpflege in Köln nach 1945 vgl. Hiltrud Kier: Denkmalpflege in Köln 1928 bis 1990, in: Köln – seine Bauten, ebd., S. 494–504.

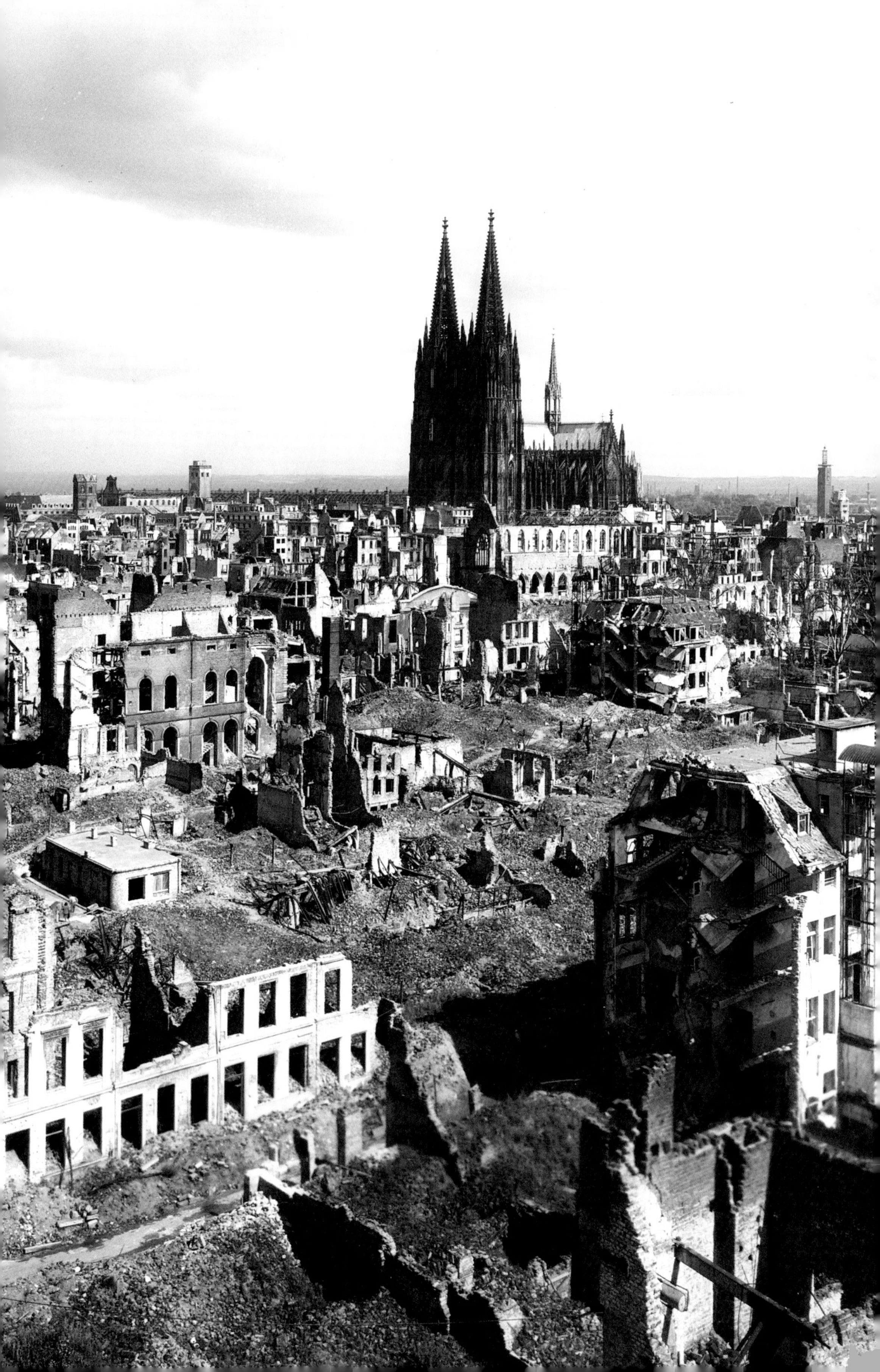

und Ruhr blieb für die notleidende Bevölkerung weitgehend unbemerkt und ist deshalb heute im öffentlichen Bewusstsein nahezu vergessen. Auch in Köln sind vor allem die Zerstörungen in Erinnerung geblieben, nicht aber die allerersten Rettungsmaßnahmen, mit denen der Wiederaufbau begann.

Der Dom ist ein anschauliches Beispiel dafür, was die US-Amerikaner unmittelbar nach ihrem Einmarsch und anschließend die Briten unternommen und geleistet haben, um sich zunächst ein Bild von den Schäden zu machen und dann die dringendsten Reparaturmaßnahmen zu veranlassen. Der kulturelle Aspekt des Wiederbeginns und -aufbaus in Köln kann den Tagesberichten der amerikanischen Militärregierung entnommen werden, die in der Forschung bereits vor längerer Zeit ausgewertet worden sind.[2] In den National Archives in London gibt es aber einen Aktenbestand, der in der Stadtgeschichtsschreibung bisher nicht beachtet wurde und der ein besseres Licht auf den baulichen Zustand des Domes und der wichtigsten historischen Bauwerke in Köln zu dieser Zeit sowie auf die Versuche zu deren Rettung und Erhaltung werfen kann. Es handelt sich um Kopien der Berichte desjenigen britischen Fachoffiziers, der nach dem Wechsel der Militärregierung von der US-amerikanischen zur britischen Besatzungsmacht im Juni 1945 für den Kunstschutz in der Nord-Rheinprovinz zuständig war und der nahtlos an die Vorarbeiten der US-Amerikaner in Köln anknüpfen konnte. Seine Berichte und diejenigen seiner Kollegen für die anderen Regionen des britischen Besatzungsgebietes wurden in London von einer schon 1944 für den Kunst- und Kulturgutschutz eingerichteten Expertenkommission gesammelt und fanden Eingang in eine Broschüre über die Verluste beziehungsweise die Rettung bedeutender Bauwerke in der britischen Zone. In dieser Broschüre wird im Übrigen explizit und dankbar auf die Vorleistungen der USA hingewiesen.[3]

Kunstschutz am Ende des Krieges
Die westlichen Alliierten, also US-Amerikaner und Briten, hatten sich auf die Übernahme der Regierungsgewalt mit all ihren unterschiedlichen Aufgabenbereichen intensiv vorbereitet.[4] Eine von Anfang an vorgesehene Aufgabenstellung in der Militärverwaltung und dann auch beim Wiederaufbau einer deutschen Verwaltung betraf dabei die »Monumente, bildenden Künste und Archive«, weshalb es sowohl auf US-amerikanischer wie auf britischer Seite spezielle Einheiten in der Administration und dann bei den vorrückenden Truppen mit dem Titel

---

[2] Reinhold Billstein, Eberhard Illner: You are now in Cologne, compliments: Köln 1945 in den Augen der Sieger. Hundert Tage unter amerikanischer Kontrolle, Köln 1995.
[3] British Committee on the Preservation and Restitution of Works of Art, Archives, and other Material in Enemy Hands (Hg.): Works of Art in Germany (British Zone of Occupation). Losses and Survivals in the War, London 1946, S. IV.
[4] Billstein, Illner [2], S. 90–102.

»Monuments, Fine Arts, and Archives« gab, abgekürzt MFA&A. Im militärischen Jargon waren die Angehörigen dieser Einheiten die »Monuments Men«. Einer von ihnen war Oberleutnant James B. Larwood, der für Köln der verantwortliche US-amerikanische MFA&A-Offizier war. Seine Tätigkeit verdient weitere Nachforschungen, denn trotz der Menge an Aufgaben und der Kürze der Zeit leistete er nicht nur intensive Arbeit bei der Bestandssicherung der noch vorhandenen Bausubstanz von Baudenkmälern, sondern auch bei der Aufspürung und Sicherung der Bestände von Archiven, Bibliotheken, Kunstsammlungen und Theatern in Köln.[5] Larwoods Nachfolger als Kunstschützer war auf britischer Seite Major Michael Ross. Auf ihn gehen die erwähnten Berichte zurück, die im Folgenden eingehender betrachtet werden.

Der Einsatz der US-amerikanischen wie britischen Kunstschützer ging zurück auf die im Krieg aus Kunst- und Kulturkreisen angeregten und von Präsident Franklin D. Roosevelt 1943 und von Premierminister Winston Churchill 1944 eingesetzten Expertenkommissionen, der Roberts- beziehungsweise der Macmillan-Kommission, die sich für den Schutz und den Erhalt der Kunstschätze und historischen Bauwerke auf den Kriegsschauplätzen in Europa und Asien stark machten.[6] Diese Kommissionen hatten Listen erstellt, die sogenannten SHAEF-Listen, welche besonders schützenswerte Objekte enthielten und die den vorrückenden Truppen an die Hand gegeben wurden. Im Hauptquartier der alliierten Streitkräfte in Europa unter General Dwight D. Eisenhower gab es denn auch einen Stab von Kunstschutzoffizieren, jeweils zur Hälfte US-Amerikaner und Briten, die dafür sorgen sollten, dass sich die Zerstörungen derartiger Objekte in Grenzen hielten. Diese Offiziere gehörten also nicht zur kämpfenden Truppe, sondern fungierten als Berater. Sie waren besonders qualifiziert, denn sie waren speziell für diese Aufgabe rekrutiert und geschult worden, wie eben auch der Journalist und PR-Berater James B. Larwood oder der Maler Michael C. Ross. Die meisten der Experten waren von ihrer ursprünglichen Ausbildung her Kunsthistoriker, Architekten, Bibliothekare, Archivare oder Kunstschaffende, die eigens angeworben oder aus den Reihen der Militärs für diese Aufgabe abgestellt wurden. Larwood hatte in den USA das Civil Affairs Training Program, eine Kombination aus militärischer Grund- und spezieller Fachausbildung an einer Universität absolviert, Ross in London eine Kurzausbildung in Archivkunde.[7]

---

5 Billstein, Illner [2], S. 153–160.
6 Jürgen Brautmeier: Vergessene Helden. Die »Monuments Men« im Rheinland und in Westfalen zwischen Frühjahr und Herbst 1945, in: Geschichte im Westen 37, 2022, S. 213–240, hier: S. 216–217.
7 Zu Larwood vgl. Billstein, Illner [2], S. 108, 155. – Vgl. auch Internet-Portal Monuments Men and Women Foundation (MMWF), https://www.monumentsmenandwomenfnd.org/larwood-capt-james-b [30. September 2024]. – Zu Ross vgl. Brautmeier [6], S. 228–229. – Vgl. auch MMWF, https://www.monumentsmenandwomenfnd.org/ross-maj-michael-c [30. September 2024].

S E C R E T

AG(SHAEF/G-5/751)   26 May 1944

SUBJECT: Preservation of Historical Monuments.

TO   : G.O.C. in Chief, 21 Army Group,
         Commanding General, 1st U.S. Army Group,
         Allied Naval Commander, Expeditionary Force,
         Air C-in-C, Allied Expeditionary Force.

   1. Shortly we will be fighting our way across the Continent of Europe in battles designed to preserve our civilization. Inevitably, in the path of our advance will be found historical monuments and cultural centers which symbolize to the world all that we are fighting to preserve.

   2. It is the responsibility of every commander to protect and respect these symbols whenever possible.

   3. In some circumstances the success of the military operation may be prejudiced in our reluctance to destroy these revered objects. Then, as at Cassino, where the enemy relied on our emotional attachments to shield his defence, the lives of our men are paramount. So, where military necessity dictates, commanders may order the required action even though it involves destruction of some honored site.

   4. But there are many circumstances in which damage and destruction are not necessary and cannot be justified. In such cases, through the exercise of restraint and discipline, commanders will preserve centers and objects of historical and cultural significance. Civil Affairs Staffs at higher echelons will advise commanders of the locations of historical monuments of this type, both in advance of the front lines and in occupied areas. This information, together with the necessary instructions, will be passed down through command channels to all echelons.

                                        (Signed)

                                        DWIGHT D EISENHOWER
                                        General, U.S. Army.

Copies to:

   The Under Secretary of State, The War Office,
   Commanding General, European Theater of
      Operations, U.S. Army (copies for FECZ)
   The Under Secretary of State, The Air Ministry,
   The Secretary, The Admiralty,
   Public Monuments and Fine Arts Section, G-5 Ops.

1 | *Befehl von General Dwight D. Eisenhower zum Schutz von historischen Monumenten im Zweiten Weltkrieg*

Ihre Vorkriegstätigkeiten und -kontakte machten sie zu einer untereinander besonders verbundenen Sondereinheit; ihre zum Teil beeindruckenden Nachkriegskarrieren in Großbritannien und den USA unterstreichen ihre fachlichen Qualitäten.[8]

Eisenhowers Befehl

Der Kopf der Kunstschützer im SHAEF-Hauptquartier war ein vormaliger Architekturhistoriker an der Universität Cambridge namens Geoffrey F. Webb. Nach dem Ende der Kampfhandlungen wurde er der Leiter der Kunstschutzabteilung im Hauptquartier der britischen Militärregierung mit Sitz in Ostwestfalen. Er war im Jahr 1944 maßgeblich für die Formulierung eines Befehls von General Eisenhower verantwortlich, der auch eine differenziertere Antwort zu der immer wieder aufgeworfenen Frage liefern kann, ob es Anweisungen gab, den Dom in Köln nicht zu bombardieren, also zum »Mythos der Verschonung«.[9] Eine explizite Anordnung zur Schonung des Domes konnte bisher nicht nachgewiesen werden, aber es gab einen Befehl vom 26. Mai 1944 (Abb. 1), der sich in den Unterlagen im Londoner Aktenbestand findet und der die Befehlshaber aller Streitkräfte daran erinnerte, wofür sie neben den militärischen Aufgaben verantwortlich seien:

1. In Kürze werden wir auf dem gesamten europäischen Kontinent in Schlachten kämpfen, die darauf abzielen, unsere Zivilisation zu erhalten. Auf dem Weg unseres Vormarsches werden unweigerlich historische Denkmäler und Kulturzentren zu finden sein, die für die Welt all das symbolisieren, wofür wir kämpfen. 2. Es liegt in der Verantwortung jedes Kommandanten, diese Symbole zu schützen, wann immer dies möglich ist.[10]

Wenn es auf dem deutschen Kriegsschauplatz ein Symbol gab, das für die Kultur und die Zivilisation stand, für deren Bewahrung man in den Krieg gezogen war, dann war dies sicherlich der Kölner Dom. Deshalb hat der »Mythos der Verschonung« durchaus einen wahren Kern. Und die mit den Truppen vorrückenden Kunstschützer waren genau dazu da, nämlich auf die Schutzwürdigkeit wichtiger Monumente hinzuweisen. Auch dies stand in dem Befehl vom 26. Mai 1944. Eisenhower hatte schon im Dezember 1943 bei der Befreiung Italiens

---

8 Jürgen Brautmeier: Neuss und die »Monuments Men«. Vergessene Helden in der Nord-Rheinprovinz 1945, in: Novaesium 2022 (Neusser Jahrbuch für Kunst, Kultur und Geschichte), S. 130–154, hier: S. 139–142.
9 Niklas Möring: Der Kölner Dom im Zweiten Weltkrieg (Meisterwerke des Kölner Domes 10), Köln 2011, S. 52–53, 94–95.
10 The National Archives London (TNA), T 209-24, Bl. 30 (Übersetzung der englischsprachigen Quellen durch den Autor).

2 | Flugblatt der Alliierten, abgeworfen nach dem 1000-Bomber-Angriff auf Köln in der Nacht vom 30. auf den 31. Mai 1942

3 | Köln, Dom, zerstörte Orgel im nördlichen Querschiff nach dem Peter-und-Paul-Angriff vom 29. Juni 1943

einen ähnlichen Befehl erlassen. Dort hatte im Übrigen auch der britische Oberbefehlshaber der alliierten Streitkräfte im Mittelmeerraum, General Henry M. Wilson, im Mai 1944 eine Handreichung für alle Offiziere und Soldaten herausgegeben, die den Soldaten verdeutlichen sollte, sich als Treuhänder der Kunstschätze zu verstehen.[11]

Das Bewusstsein für den Wert und den Erhalt wertvoller Kunstschätze und Gebäude war bei den westlichen Alliierten also nachweislich vorhanden. Gerade in Köln waren aber die massivsten Schäden bereits eingetreten. Erinnert sei nur an die beiden intensivsten Bombardierungen, den sogenannten 1000-Bomber-Angriff vom 31. Mai 1942 (ABB. 2) und den Angriff vom 29. Juni 1943, dem Peter-und-Paul-Tag (ABB. 3).[12] Diese Angriffe waren Ergebnis einer Direktive des britischen Luftfahrtministeriums vom 14. Februar 1942, das der Luftwaffe unter Luftmarschall Arthur Harris freie Hand bei der Flächenbombardierung von wichtigen deutschen Industrieregionen inklusive Infrastruktureinrichtungen und Wohngebieten gab. Laut Befehl sollte »das Hauptziel Ihrer Operationen jetzt auf die Moral der feindlichen Zivilbevölkerung und insbesondere der Industrie-

---

11 TNA [10], T 209-10, Bl. 110, 113–117.

12 Möring [9], S. 51–52, 69.

4 | *Köln, Ruine des Gürzenich, um 1948*

arbeiter gerichtet sein.«[13] Um die Kampfbereitschaft und den Widerstandswillen der Bevölkerung zu brechen, wurden damit unbestreitbar Kollateralschäden wie der Tod von Zivilisten und die Zerstörung von historischen Gebäuden bewusst in Kauf genommen. Ebenso unbestreitbar ist aber auch, dass die »Monuments Men« in der Endphase des Krieges beim Schutz von historischen Innenstädten oder gefährdeten Gebäuden oft zu spät kamen und nicht mehr viel ausrichten konnten. Oder, um es negativ zu formulieren: Der Kunstschutz wurde aktiv, nachdem der Schaden bereits in großem Maße angerichtet war.[14]

Kölns historische Gebäude

Umso wichtiger wurde dann aber die Arbeit der Kunstschützer nach der Einstellung der Kampfhandlungen. Das Wissen um die Schäden an den historischen Monumenten in Köln konnte beim Einmarsch der Alliierten natürlich nur sehr rudimentär sein. Aber sie hatten im Rahmen der Luftaufklärung im Jahr 1944 erste deutliche Hinweise auf das Ausmaß der Zerstörungen gewonnen. Die Luftaufnahmen von Köln stammten vom 22. April 1944. Zu diesem Zeitpunkt gab es aufgrund der vorherigen Bombenangriffe gravierende Schäden an allen wichtigen Kirchen, mit abgebrannten Türmen, zerstörten Dächern oder sogar komplett ausgebrannte Gebäude wie das Wallraf-Richartz-Museum, der Gürzenich (Abb. 4) oder auch das erzbischöfliche Diözesan-Museum. Dagegen war am Dom von außen erkennbar lediglich das nördliche Querschiff durch eine Luftmine beschädigt, aber anscheinend wieder neu eingedacht worden.[15] Die im September

13 Abdruck des Befehls bei Charles K. Webster, Noble Frankland: The Strategic Air Offensive against Germany 1939–1945, Bd. 4, London 1961, S. 143–148, hier: S. 144. Ganz oben auf der Liste stand das Rhein-Ruhr-Gebiet mit Essen, Duisburg, Düsseldorf und Köln. Vgl. ebd., S. 146.
14 Zu dieser Einschätzung kommt auch Nicola Lambourne: War Damage in Western Europe, Edinburgh 2001, S. 191.
15 TNA [10], T-209-14, Bl. 13.

5 | *Das kriegszerstörte Köln, im Hintergrund die Türme des Domes*

6 | *Köln, Groß St. Martin nach dem Ende des Krieges*

1944 erfolgte Auswertung der Luftaufnahmen durch den US-amerikanischen Kunstschutzoffizier Hauptmann Everett P. Lesley hielt eine Situation fest, die sich absehbar noch weiter verschlechtern sollte, dessen war sich Lesley bewusst. Er ging davon aus, dass an entsprechenden Gebäuden und Einrichtungen in den Städten, die bereits angegriffen worden waren beziehungsweise noch weitere Angriffe zu erwarten hatten, Schäden von *mindestens 50% und höchstwahrscheinlich 75%* zu verzeichnen sein würden.[16] Für manche Innenstädte und die Altstadt von Köln war dies bekanntlich zu optimistisch geschätzt (ABB. 5, ABB. S. 193). Lesleys Bewertung des Domes als *ansonsten in gutem Zustand* nimmt im Übrigen vorweg, was am Ende des Krieges mitverantwortlich für den »Mythos der Verschonung« war. Auch Michael Ross, der britische Kunstschützer, ging in seinen Erinnerungen über den Beginn seines Einsatzes im Rheinland noch von einem nahezu unversehrten Dom aus, denn »[...] nach Berichten sollte das einzige un-

---

16 TNA [10], T-209-14, Bl. 19. – Zu Lesley vgl. MMWF [7], https://www.monumentsmenandwomenfnd.org/lesley-capt-everett-parker-jr [30. September 2024].

7 | Köln, Ostseite von St. Aposteln mit schweren Kriegszerstörungen

verletzt gebliebene Gebäude von historischer Bedeutung die Kölner Kathedrale sein.«[17] Möglich, dass er die Luftbildauswertungen von Everett P. Lesley kannte: »Alliierte Propaganda und Luftaufnahmen in der britischen Presse hatten mich glauben lassen, daß sie fast unbeschädigt sei. Ein Wunder, daß sie noch stand, die einzige Kirche – in der ganzen City fast das einzige bedeutende Gebäude, das nicht eine vollständige Ruine war.«[18]

Bereits unmittelbar nach dem Einmarsch der US-Amerikaner in das rechtsrheinische Köln beauftragten diese den freien Architekten Karl Band mit einem Gutachten über den Zustand der zwölf wichtigsten Kirchen und des Domes sowie über unmittelbar erforderliche Sanierungs- und Reparaturmaßnahmen.[19] In der Literatur wird ein derartiges Gutachten erwähnt.[20] Der Nachlass von Karl Band befindet sich im Kölner Stadtarchiv, ist aber wegen des Archiveinsturzes

17 Michael Ross: Wie der Dom 1945 ein neues Dach erhielt, in: KDbl. 14/15, 1958, S. 196–199, hier: S. 197.
18 Ross [17], S. 197.
19 TNA [10], T 209-36, Bl. 115. – Zu Karl Band vgl. Birgit Kastner: Vom Mittelalter zur Moderne. Die Kirchenbauten von Karl Band in Köln und im Rheinland (Arbeitsheft der rheinischen Denkmalpflege 80), Worms 2013. – Vgl. auch Brautmeier [6], S. 236, Anm. 78.
20 Ulrich Krings: St. Kunibert – Kriegsschäden und Wiederaufbau, in: Colonia Romanica 7, 1992, S. 50–67, hier: S. 65.

noch nicht wieder zugänglich, weshalb sich gegenwärtig nicht überprüfen lässt, ob es sich bei einem undatierten siebenseitigen Vermerk in englischer Sprache in dem Londoner Aktenbestand der Macmillan-Kommission möglicherweise um eine Übersetzung des Gutachtens von Band handelt. Der englische Vermerk ist als Anhang einem der Berichte des britischen Kunstschützers Major Ross aus dem Juli 1945 beigefügt. Er behandelt die Schäden am Dom und an den romanischen Kirchen St. Andreas, St. Aposteln, St. Georg, St. Gereon, St. Kunibert, Groß St. Martin, St. Maria im Kapitol, St. Maria Lyskirchen, St. Pantaleon, St. Severin und St. Ursula sowie an der Barockkirche St. Mariä Himmelfahrt (Abb. 6–7). Nicht aufgeführt als einzige der zwölf innerstädtischen romanischen Kirchen ist hierbei, wie auch in den darauf aufbauenden weiteren Quellen, St. Cäcilien.[21]

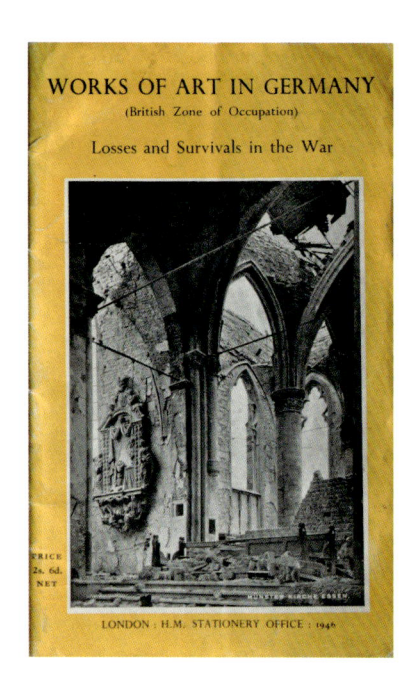

8 | *Titelblatt der Broschüre »Works of Art in Germany. Losses and Survivals in the War«, 1946*

Erste Schadensbilanz

Die Berichte von Ross decken die Monate Juli bis September 1945 ab und liefern Hinweise auf den Fortschritt der Bemühungen zur Rettung und zum Erhalt der historischen Monumente. Eine beigefügte Übersicht über den Reparaturbedarf der genannten Kirchen und von vier weiteren historischen Gebäuden wurde von Dombaumeister Willy Weyres auf Veranlassung der Briten kurz nach ihrer Übernahme der Besatzungshoheit im Rheinland zusammengestellt.[22] Diese Übersicht listet den Bedarf an Holz, Kupfer, Kalk, Tuffstein, Zement, Eisen und Glas für die zwölf Kirchen auf – allerdings ohne den Dom – sowie für das Rathaus, den Gürzenich, das erzbischöfliche Generalvikariat und das Zeughaus. Ebenfalls wird angegeben, wie viel Arbeitskräfte für drei Monate gebraucht würden, nämlich Maurer, Zimmerleute, Dachdecker, Zinkarbeiter, Steinschneider sowie ungelernte Arbeiter.[23]

Die Berichte von Major Ross fanden Eingang in die 66-seitige Broschüre »Works of Art in Germany. Losses and Survivals in the War«, die im Frühjahr 1946 in London durch die Macmillan-Kommission publiziert wurde (Abb. 8). Sie

21 TNA [10], T-209-36, Bl. 128–133.
22 Zu Weyres vgl. Arnold Wolff: Willy Weyres – Architekt, Forscher und Lehrer. Zum Tode des Kölner Dombaumeisters Prof. Dr. Willy Weyres (1942–1972), in: KDbl. 54, 1989, S. 202–206. – Barbara Schock-Werner: Willy Weyres und der Kölner Dom, in: KDbl. 69, 2004, S. 265–288.
23 TNA [10], T 209-36, Bl. 125.

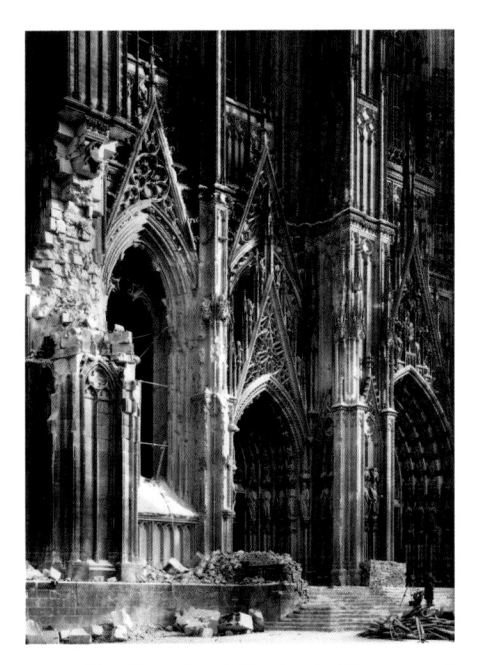

9–10 | *Westfassade mit Bombentreffer am nordwestlichen Strebepfeiler des Nordturmes und schwer getroffener Innenraum*

enthält eine komprimierte Übersicht über die Schäden und Erste-Hilfe-Maßnahmen an den historischen Bauwerken in der gesamten britischen Besatzungszone. Zu Köln gibt es auf knapp drei Seiten Text Informationen zum Zustand des Domes und der zwölf erwähnten Kirchen sowie zu ersten Reparaturmaßnahmen, wie auch kurze Hinweise auf das Eigelsteintor, das Stadtarchiv, das Wallraf-Richartz-, das Schnütgen- und das Diözesanmuseum sowie das Rathaus und den Gürzenich. Illustriert wird der Kölner Teil der Broschüre mit drei Bildern von Beschädigungen des Domes, nämlich des Inneren, des Daches und der Westfront.[24] Darüber, warum für die Zerstörungen in Köln Bilder des Domes genommen wurden, darf spekuliert werden (Abb. 9–10).

Schon die US-Amerikaner hatten wenige Tage nach der Einnahme der Stadt die Schäden am Dom und den wichtigsten Kirchen einzuschätzen versucht: »Außer dem Dom sind nahezu alle berühmten Kirchen so stark zerstört, daß sie kaum wiederhergestellt werden können. 16 von ihnen sind 80–100-prozentig zerstört. [...] Man schätzt die Zerstörungen am Dom auf etwa 10 v. H.«[25] Dem Bericht von Mayor Ross von Juli 1945 ist ein siebenseitiger Report beigegeben, der erstmals die genaueren Ausmaße der Zerstörung dokumentiert.

24 British Committee [3], S. 15.–21.
25 Abdruck einer Übersetzung des amerikanischen Tagesberichts vom 9./10. März 1945, in: Kölnische Rundschau, 6. März 1955, Nr. 54a.

Im Folgenden werden allein die Schäden am Dom zitiert:

Sakristei: Die Dachhaut ist zerstört; die Eisenkonstruktion des Daches ist leicht beschädigt. Das Interieur zeigt Schäden am Gewölbe und am Maßwerk des Fensters.

Das äußere Dach des Chores ist leicht beschädigt. Das Gewölbe des Chores ist intakt. Das Maßwerk der Fenster im Obergeschoss ist leicht beschädigt. Im Norden befindet sich die »Triforien-Galerie«, sowohl innen als auch außen, sie ist fast vollständig zerstört; einer der Strebepfeiler ist verschoben. Das Maßwerk und das Gewölbe der Kapellen rund um die Apsis sind beschädigt; Ein Bogen des Gewölbes rechts vom Chor ist eingestürzt.

Das Äußere des Chors ist durch Splitter etwas beschädigt. Die Überdachung des nördlichen Querschiffs wurde weggeblasen. Die Konstruktion des Daches wurde schwer beschädigt und das Gewölbe der 4 Bögen ist eingestürzt; Die Rippen sind jedoch erhalten geblieben. Die Orgel ist vollständig zerstört. Das Gewölbe eines Bogens des südlichen Querschiffs ist stark beschädigt, ein Fenstermaßwerk ist vollständig herausgeblasen. Im Westschiff sind zwei Bögen des Gewölbes eingestürzt. 3 Gewölbe des Kirchenschiffs sind fast vollständig eingestürzt; drei weitere, darunter das Gewölbe zwischen den Türmen, sind schwer beschädigt. Im südlichen Seitenschiff ist ein Bogen des Gewölbes zerstört und die Wand hat ein großes Loch. Im nördlichen Seitenschiff ist das Maßwerk eines Fensters vollständig herausgeblasen, das der anderen Fenster ist teilweise zerstört. Die Scheiben der Couronnements sind zerstört. Die Außenseite des Kirchenschiffs und des Querschiffs (Mauerwerk, Fialen, Figuren und Vordächer) hat vor allem auf der Nordseite stark unter Splittern gelitten.

Die Westfront ist stark beschädigt, der Wimperg am Mittelportal ist weggerissen. Das Maßwerk des Hauptfensters und der Triforium-Galerie ist zerstört. Etwa 8 Meter des Strebepfeilers links vom Nordturm fehlen. Die Westfenster im Erdgeschoss wurden herausgeblasen. Alle Bronzetore sind beschädigt.

Erste-Hilfe-Reparaturen: Reparatur der Dächer, Beseitigung von Trümmern und Einsammeln von Teilen von Ornamentsteinarbeiten.[26]

Mit diesem ersten Gutachten konnte man nun besser einschätzen, wie groß die Schäden am Dom und an den wichtigsten historischen Bauwerken wirklich waren und welche Maßnahmen zu ihrer zumindest provisorischen Behebung erforderlich waren. Dabei hatte beim Dom vor allem das Dach oberste Priorität, denn es musste so bald wie möglich neu gedeckt werden, wenn nicht weitere Schäden im Inneren entstehen sollten. Die Geschichte der »Notbedachung« des Domes ist denn auch eine besondere. Von Michael Ross mithilfe kanadischer Militärpolizisten im Sommer in einem Zinkwalzwerk der Firma Groove & Welter in Neuss aufgespürte Vorräte an Zinkblech wurden requiriert, um die weitgehend nicht mehr

---

26 TNA [10], T 209-36, Bl. 128 (Hervorhebungen jeweils im Original).

11 | *Die Trümmer der Hohenzollernbrücke im Rhein, 1945*

vorhandenen Bleibleche der Kathedrale in Köln zu ersetzen. Diese Notmaßnahme hatte lange Zeit Bestand und beschäftigte noch auf Jahre und Jahrzehnte hinaus die nachfolgenden Dombaumeister, bis die letzten Zinkbleche Anfang der 2000er-Jahre wieder durch die besser geeigneten Bleiverkleidungen ersetzt waren.[27]

Der Architekt und zunächst noch kommissarische Dombaumeister Willy Weyres erhielt, wie bereits erwähnt, schon kurz nach der Einsetzung der britischen Verwaltung den Auftrag, eine Aufstellung über die notwendigen Baumaterialien und die erforderlichen Arbeitskräfte anzufertigen, die sich aus den Beschreibungen von Karl Band ergaben.[28] Seine daraufhin angefertigte Liste für die Reparaturen an den wichtigsten historischen Gebäuden in Köln enthält ausgerechnet über den Dom keine Zahlenangaben. Laut Weyres fingen erste Arbeiten am Dom bereits im April 1945 an, die wegen des Material- und Arbeitskräftemangels aber nur mühsam vorankamen.[29] Im August 1945 zeigte sich dann eine neue Gefahr für den Dom: Die Sprengungen der Reste der Hohenzollernbrücke im Flussbett des Rheins gefährdeten die Statik des Gebäudes (ABB. 11). Die Schilderung dieser Situation und seiner Inspektion vor Ort im September 1945 auf

27 Brautmeier [8], S. 141–146.
28 TNA [10], T-209-36, Bl. 115.
29 Willy Weyres: Die Schäden an unserem Dom, in: KDbl. 1, 1948, S. 61–65, hier: S. 64. – Vgl. auch Wolff [1], S. 486.

einem der Türme nimmt in den Erinnerungen von Ross einen prominenten Platz ein und ist wiederholt nacherzählt worden.[30] Hier wurde ihm die Notwendigkeit der Reparatur des Daches noch einmal sehr deutlich. Allerdings zeigten sich bei dieser Gelegenheit auch die Grenzen des Machbaren für die Kunstschützer: Die Beseitigung der Brückentrümmer hatte Vorrang vor den Gefährdungen für den Dom. Die Sprengungen gingen weiter, wenn auch wohl mit kleineren Ladungen.[31] Insgesamt weist dieser Vorfall sowohl auf die Aktivitäten und Möglichkeiten, aber auch auf die Grenzen der Kunstschutzoffiziere in den Reihen der Militärregierung hin.

Berichte von Michael Ross

Kopien der Berichte von Major Michael Ross aus den Monaten Juli, August und September 1945 über die Aktivitäten der MFA&A in der gesamten Nord-Rheinprovinz, die in Düsseldorf ihren Sitz hatte, gelangten über den Schreibtisch von Oberst Geoffrey Webb im britischen Zonenhauptquartier an das Sekretariat der Macmillan-Kommission in London. Sie liefern neben anderen Sachverhalten wie dem Aufspüren von Kunstwerken oder der Behandlung von Archiven kurze und knappe Darstellungen über den Zustand der historisch wertvollen Bauwerke. Sie erwähnen auch bereits eingeleitete Erste-Hilfe-Maßnahmen. Der erste Bericht zur Kölner Situation deckt die Zeit vom 1. bis zum 17. Juli 1945 ab:

Eine Begutachtung der zwölf Hauptkirchen von Köln, einschließlich des Domes, wurde von einem privaten Architekten, Herrn Band, durchgeführt. Diese Arbeit wurde von den Amerikanern initiiert. Eine detaillierte Liste der Erste-Hilfe-Materialien und der Anzahl der benötigten Fach- und Hilfsarbeiter zu dem Gutachten von Herrn Band ist angefordert (siehe Anhang »A«). Dr. Weyres hat diese Arbeiten nun offiziell übernommen und wird eine Sitzung des Arbeitsausschusses einberufen, wozu auch ein Bauingenieur gehört, um ein detailliertes Arbeitsprogramm zu besprechen und eine fotografische Bestandsaufnahme zu historischen und archäologischen Zwecken zu veranlassen.[32]

Der Bericht über die zweite Julihälfte enthält nur eine knappe Aussage zur Situation in Köln:

Eine Schätzung des Materials und der Arbeiten, die für die Instandsetzung der zwölf Hauptkirchen Kölns und vier wichtiger Bauwerke erforderlich sind, ist diesem Bericht als Anhang »B« beigefügt. Im Moment stehen keine Materialien und keine Arbeitskräfte zur Verfügung, außer 10.000 Quadratmetern Zink für das Dach der Kathedrale.[33]

30 Brautmeier [6], S. 229, Anm. 54. – Zu den Auswirkungen der Sprengungen vgl. Willy Weyres: Kriegsschäden und Wiederherstellungsarbeiten am Kölner Dom, in: Der Kölner Dom. Festschrift zur Siebenhundertjahrfeier 1248–1948, Köln 1948, S. 341–354, hier: S. 349.
31 Ross [17], S. 196–198.
32 TNA [10], T-209-36, Bl. 115.
33 TNA [10], T-209-36, Bl. 120.

Nicht nur Major Ross, sondern natürlich auch die Kunstschützer der anderen Regionen in der britischen Besatzungszone fertigten derartige Berichte an. In einem der Berichte des für die Provinz Westfalen zuständigen Kunstschutzoffiziers Cecil Gould[34] über die zweite Julihälfte findet sich zum Thema Fortschritte beim Einrichten zentraler Sammelstellen für verlagerte oder geraubte Kunstwerke auch ein interessanter Hinweis auf den Altar der Stadtpatrone, das sogenannte Dombild von Stefan Lochner:

Als Ergebnis meiner Verbindung mit Major Michael C. Ross (M.F.A. & A-Offizier für die Provinz Nordrhein) wurde vereinbart, dass die großen rheinischen Lager in Westfalen in Berleburg, Wittgenstein, Adolfsburg, Niesen und Alme erst verlegt werden müssen, wenn ihnen im Rheinland eine dauerhafte oder semi-permanente Unterkunft zur Verfügung steht. Graf Metternich[35] meinte auch, dass der große Lochner-Dreikönigsaltar aus Köln, der sich derzeit im westfälischen Marienmünster befindet, aus klimatischen Gründen so schnell wie möglich nach Köln zurückgebracht werden sollte. Dafür sei Platz im Kölner Dombunker. (Ein weiterer Grund für einen solchen Schritt wäre die gute Wirkung, die er auf die Moral der Bevölkerung in Köln haben würde.).[36]

Der dritte Bericht von Major Ross über die Zeit zwischen dem 1. und dem 15. August 1945 geht auf die praktische Umsetzung der Pläne für die Reparaturarbeiten am Dom ein:

Ich besuchte Köln am 2. August mit Wing Commander Cooper,[37] um an einem Treffen mit Dr. Weyres und Dr. Reckers, dem Domkapitular, teilzunehmen, um die Fortschritte bei der Restaurierung und »Mittel und Wege« zu besprechen. Es wurde bisher sehr wenig erreicht, denn obwohl freiwillige Helfer zur Verfügung stehen, ist die Frage ihrer Ernährung das große Problem. Wenn eine Art Kantine organisiert werden könnte, würde es nicht an Hilfe mangeln. Ich werde mit Dr. Adenauer darüber sprechen.

Wing Commander Cooper und ich besuchten dann den Erzbischof, der keinen Dreck am Stecken hat.[38] *Es wurden die gleichen Fragen aufgeworfen wie bei dem Treffen mit Weyres und Reckers. Der Erzbischof, glaube ich, war erfreut zu sehen, dass*

---

34 Zu Gould vgl. MMWF [7], https://www.monumentsmenandwomenfnd.org/gould-capt-cecil [30. September 2024].
35 Zu Provinzialkonservator Wolff Metternich vgl. zuletzt Esther Rahel Heyer: Franziskus Graf Wolff Metternich (1893–1978). Biografie als Kontextforschung, in: Kulturgutschutz in Europa und im Rheinland. Franziskus Graf Wolff Metternich und der Kulturgutschutz im Zweiten Weltkrieg, hg. von Hans-Werner Langenbrandtner, Esther Rahel Heyer, Florence de Peyronnet-Dryden (Brüche und Kontinuitäten 5), Wien, Köln u. a. 2021, S. 79–113.
36 TNA [10], T-209-36, Bl. 111. – Zur Odyssee des Altars im und nach dem Krieg vgl. Franz Wolff Metternich: Das Schicksal des Dombildes in den letzten Monaten des Krieges, in: KDbl. 2/3, 1949, S. 105–108. – Möring [9], S. 70, 81–83.
37 Douglas Cooper war der stellvertretende Leiter der MFA&A-Abteilung der britischen Militärregierung im ostwestfälischen Lübbecke, später in Bünde, vgl. MMWF [7], https://www.monumentsmenandwomenfnd.org/cooper-sqn-ldr-douglas [30. September 2024].
38 Im englischen Original findet sich die idiomatische Wendung »on whom there are no flies«.

12 | *Köln, Dom, Neueindeckung des Daches mit Zinkblechen im April 1946*

die Briten selbst an der Restaurierung von Kirchen und Kathedralen interessiert sind. Er versprach, von allen Kanzeln seines Bischofssitzes einen Aufruf für ehrenamtliche Mitarbeiter zu machen.[39]

Beide diskutierten Anliegen wurden in der Folgezeit verwirklicht. Erzbischof Josef Frings erließ im September einen Hirtenbrief, in dem er zu einer Kollekte für den Dom aufrief und um Freiwillige zur Arbeit am Dom warb. Und auch die Verpflegungsfrage wurde gelöst, nämlich durch die Versorgung der Arbeiter aus der Küche eines Nonnenklosters in der Nähe von Köln und dessen Gemüsegarten.[40] Wie Ross es später beschrieb: »[...] einfache vegetarische Kost, aber trotzdem nahrhaft.«[41]

Der Bericht über die zweite Augusthälfte enthält keine Angaben zum Dom. Im Bericht über die Zeit vom 1. bis zum 15. September berichtet Ross über die Sprengungen im Rhein und die damit verbundenen Gefahren für den Dom:

Die Struktur des Kölner Doms wird durch die Sprengung der Brücken immer noch beschädigt, und fast das gesamte Gewölbe des Kirchenschiffs ist eingestürzt, und Haken und Fenstermaßwerk werden ständig verschoben. Es ist jedoch zu hoffen, dass kein unwiederbringlicher Schaden entsteht. Es ist bereits genug Material für Erste-Hilfe-Reparaturen vorhanden, und 2 Zimmerleute, 10 Maurer und 2 Dachdecker, ganz zu schweigen von ein paar kleinen Jungs und den regulären Domarbeitern, stehen uns zur Verfügung.[42]

Der Bericht von Ross über die zweite Septemberhälfte enthält dann nur einen lapidaren Satz über die Einstellung aller Arbeiten an den historischen Monumenten, mit einer Ausnahme: *Abgesehen vom Kölner Dom sind die Reparaturen an Monumenten aufgrund von Materialmangel in der Regel zum Erliegen gekommen.*[43]

Die frühzeitige Beschaffung der Zinkbleche für den Dom war in vielerlei Hinsicht ein Segen. Ohne die von vornherein für das Domdach vorgesehenen und reservierten Mengen wären durchaus andere Verwendungen dieser Bleche denkbar gewesen. Die nachträgliche Absegnung der Beschaffungsaktion durch den Vorgesetzten von Michael Ross, Brigadier John Barraclough, trug sicherlich ebenfalls dazu bei, dass die Arbeiten weitergehen konnten (Abb. 12).[44]

39 TNA [10], T-209-36, Bl. 121.
40 Möring [9], S. 96–97.
41 Ross [17], S. 198.

42 TNA [10], T-209-36, Bl. 91.
43 TNA [10], T-209-36, Bl. 93.
44 Ross [17], S. 199.

JÜRGEN BRAUTMEIER

»Losses and Survivals«

Die an die Macmillan-Kommission nach London übermittelten Berichte der britischen Kunstschützer fanden Anfang 1946 Eingang in die Broschüre über die Verluste und den Erhalt der Kunst- und Kulturgüter in Deutschland. Vergleichbare Veröffentlichungen gab es auch zu Italien, Griechenland und anderen Ländern. Die Einträge über den Dom in der Deutschland-Broschüre der Macmillan-Kommission liefern eine präzise Zusammenfassung der wesentlichen bis zum Herbst 1945 zusammengetragenen Erkenntnisse:

Die Kathedrale behält ihren pittoresken Wert und ein flüchtiger Blick könnte darauf hindeuten, dass ihr nicht viel passiert ist. Es ist immer noch möglich, Teile davon in begrenztem Umfang für den Gottesdienst zu nutzen, aber ihre Leiden sind vielfältig und kompliziert, und es wird lange dauern, bis sie wieder vollständig in Ordnung gebracht werden kann. Die Hauptschadenspunkte sind: An der Westfront wurde ein Teil des Steins über der Mitteltür abgerissen, und etwa acht Meter eines der Strebepfeiler zum Nordturm wurden abgerissen; drei der Gewölbe des Kirchenschiffs sind eingestürzt und drei weitere sind schwer beschädigt. Das äußere Dach des nördlichen Querschiffs ist verschwunden und die Charpente [Dachstuhl/Tragwerk] wurde schwer beschädigt, das Gewölbe der vier Joche ist eingestürzt, obwohl die Rippen erhalten geblieben sind. In anderen Teilen der Kirche ist hier und da ein einzelnes Gewölbe eingestürzt, viel Fenstermaßwerk wurde zerstört und die Triforiums-Empore an der Nordseite des Chores ist fast vollständig verschwunden. Auch das Äußere weist zahlreiche Narben auf.

Die Ausstattung und die beweglichen Kunstwerke des Domes sind gut davongekommen. Im Inneren des Gebäudes befindet sich ein spezieller Luftschutzraum, in dem das Glas, der Schrein der Heiligen Drei Könige und wichtige Gegenstände aus der Schatzkammer sowie andere bewegliche Kunstwerke untergebracht sind. Lochners großes »Dombild« wurde sicher in die kleine Kirche von Marienmünster in Westfalen gebracht und ist nun zurückgegeben worden. Auch Lochners »Muttergottes mit dem Veilchen« wurde sicher in den Dom zurückgebracht – es ist Eigentum des Priesterseminars. Weitere Kunstwerke wurden nach Siegen gebracht und befinden sich jetzt im Collecting Center in Marburg; das Domarchiv wurde nach Honnef evakuiert und die Manuskripte usw. aus der erzbischöflichen Bibliothek sind in der Abtei Steinfeld in Sicherheit.[45]

In der Tat war die liturgische Nutzung des Gotteshauses unter diesen Umständen nicht möglich, was das berühmte Bild vom 11. März 1945 mit einer Gruppe US-amerikanischer Soldaten und dem damaligen Feldkaplan und späteren Erzbischof von New Orleans Philip M. Hannan bei der Feier eines Gottesdienstes in den Trümmern des Domes anschaulich unterstreicht (ABB. 13).[46] Das Bild sagt, wie nur wenige andere, etwas aus über die Werte und Überzeugungen, mit denen die westlichen Alliierten in den Krieg gezogen waren, nämlich um die »Zivilisation zu erhalten«, wie es Eisenhowers Befehl vom 26. Mai 1944 formuliert hatte. Für die Kunstschätze aus dem Inneren des Domes war bekanntlich während des Krieges durch besondere Schutzmaßnahmen und durch die Auslagerung an vermeintlich sichere Orte tatsächlich relativ gut gesorgt, sodass hier keine gravierenden Schäden beziehungsweise Verluste zu verzeichnen waren.

Aufarbeitung und Erinnerung

Dombaumeister Willy Weyres veröffentlichte 1948 im Kölner Domblatt einen ausführlichen Bericht über die Kriegsschäden am Dom. Dieser Bericht gibt einen detaillierten Überblick von zuständiger deutscher Seite über die Schäden und die erforderlichen Reparaturmaßnahmen, wie sie sich im Jahr des 700-jährigen Domjubiläums darstellten.[47] Ihm sollten jährliche Berichte der Dombauhütte folgen, denen man die Schwierigkeiten, aber auch die Fortschritte bei der Arbeit auf dieser ewigen Baustelle entnehmen kann. Sie lassen erkennen, wie wichtig die Einschätzungen und Aktivitäten der Alliierten zur Sicherung der Bausubstanz gewesen waren. Die Feier des Domjubiläums bot dann eine erste Gelegenheit, die Fortschritte beim Wiederaufbau zu würdigen und dabei auch die Dankbarkeit für die von alliierter Seite geleistete Hilfe zum Ausdruck zu bringen. Der britische Kunstschützer Michael Ross nahm auf Einladung von Josef Kardinal Frings und der Stadt an den Feierlichkeiten teil; der Erzbischof von Westminster zelebrierte in der Festwoche eine Messe für britische Offiziere und Soldaten.[48]

Die Briten hatten eng und vertrauensvoll mit Willy Weyres und mit dem Provinzialkonservator der Nord-Rheinprovinz, Franz Graf Wolff Metternich zusammengearbeitet, was beiden sehr bewusst war. Sie äußerten denn auch ihre Dankbarkeit und Anerkennung für die Vorleistungen, die von alliierter Seite für ihre

---

45 British Committee [3], S. 18. In Siegen befand sich in der Kriegszeit ein in einem stillgelegten Bergwerk eingerichtetes großes Depot mit ausgelagerten und geraubten Kunstschätzen, das am Ende des Krieges von den US-amerikanischen »Monuments Men« entdeckt wurde. In Marburg errichteten die US-Amerikaner danach eine ihrer zentralen Sammelstellen für die von ihnen aufgefundenen Kunstschätze. – Vgl. Marco Rasch: Das Staatsarchiv Marburg als Central Collecting Point, Marburg 2021, S. 22–27. – Nach Honnef hatte Erzbischof Frings seinen Sitz wegen der Zerstörung des erzbischöflichen Palais in der Gereonstraße und des Generalvikariats am Peter-und-Paul-Tag 1943 zeitweise und ab Herbst 1944 dauerhaft verlegt. Vgl. Horst Matzerath: Köln in der Zeit des Nationalsozialismus 1933–1945 (Geschichte der Stadt Köln, Bd. 12), Köln 2009, S. 520. Das erzbischöfliche Archiv konnte Ross Mitte Juli noch nicht lokalisieren, hatte aber von Stadtdechant Robert Grosche Informationen erbeten. Vgl. TNA [10], T-209-36, Bl. 116. – In das Kloster Steinfeld in der Eifel waren zum Beispiel auch Bestände des Staatsarchivs aus Düsseldorf gebracht worden. Vgl. TNA [10], T-209-36, Bl. 89, 90, 92.

46 Robert Boecker: »Überlebender in Köln – die Kathedrale«. Das unmittelbare Kriegsende in Köln im Spiegel amerikanischer und britischer Zeitungen, in: KDbl. 67, 2002, S. 285–304, hier: S. 298. – Hannans Lebenserinnerungen sind nachzulesen in: Philip Hannan, Nancy Collins, Peter Finney: The Archbishop wore Combat Boots. Memoir of an Extraordinary Life, Huntington 2010.

47 Weyres [29], S. 61–65.

48 Ross [17], S. 199. – Hans Stöcker: Kölner Domjubiläum 1948. Das »Kölner Ereignis« des 20. Jahrhunderts, in: KDbl. 2/3, 1949, S. 7–24, hier: S. 21.

13 | *Der Feldgeistliche Philip M. Hannan feiert mit US-amerikanischen Soldaten den ersten Gottesdienst in der Marienkapelle des Kölner Domes im März 1945.*

14 | *Feldkaplan Philip M. Hannan*

eigenen Tätigkeiten im Denkmalschutz geleistet worden waren, erst von den US-Amerikanern und dann von den Briten.[49] Die Erinnerung an die alliierten Ersthelfer ist in Köln denn auch nicht ganz verblasst. Der Bericht von Michael Ross über seinen Einsatz für ein neues Domdach in Köln, den er 1957 in England veröffentlichte, wurde 1958 leicht gekürzt im Kölner Domblatt nachgedruckt und hat danach wiederholt Eingang in Darstellungen über die Geschichte Kölns beziehungsweise des Domes gefunden.[50] Feldkaplan Philip M. Hannan (ABB. 14), der am 11. März 1945 in der Marienkapelle des Domes einen Gottesdienst mit US-amerikanischen Soldaten gefeiert hatte und von Erzbischof Josef Frings für einige Wochen zum Kustos des Domes ernannt worden war, erhielt 1985 als Erzbischof von New Orleans auf Vorschlag des Domkapitels von Joseph Kardinal Höffner wegen seiner Verdienste um den Dom die Würde eines Ehrendomherrn, was mit einer Messe und Predigt im Dom feierlich zelebriert wurde.[51]

Heute sind die wichtigsten Kirchen in Köln, anders als von den US-Amerikanern unmittelbar nach ihrem Einmarsch angezweifelt, weitestgehend wiederhergestellt. Dennoch sind deutliche Spuren des Krieges geblieben. Selbst der Dom, der scheinbar gut davongekommen war, wird bis heute repariert und ausgebessert. Dies kann man noch als Nachwirkungen der Kriegsschäden bezeichnen, die nie gänzlich zu beseitigen sein werden.[52] Trotz alledem verdienen es die Helfer der ersten Stunde, also die US-amerikanischen und britischen Kunstschutzoffiziere, dass sie nicht vergessen werden. Ohne ihre Erste-Hilfe-Maßnahmen wären manche Beschädigungen womöglich noch schlimmer geworden und manche Bauwerke unrettbar verloren gewesen, auch und gerade in Köln.[53] Auch in der

49 Franz Graf Wolff Metternich: Einleitung, in: Heinz Peters (Bearb.): Die Baudenkmäler in Nord-Rheinland. Kriegsschäden und Wiederaufbau (Jahrbuch der Rheinischen Denkmalpflege in Nord-Rheinland, Bd. 19), Kevelaer 1951, S. XIV–XV. – Weyres [29], S. 64.
50 Zu den Versionen und Nacherzählungen vgl. Brautmeier [8], S. 229, Anm. 54. – Zur englischsprachigen Version des Aufsatzes vgl. Michael Ross: A Roof for Cologne Cathedral, in: The Listener 58, 1957, S. 1066–1068.
51 Vgl. den Nachruf von Robert Boecker auf Hannan, in: Kirchenzeitung Köln 42–43, 21. Oktober 2011.
52 Barbara Schock-Werner: Kriegsschäden bis in die Fundamente, in: Kölner Stadtanzeiger, 19. Juni 2019.
53 Einen insgesamt eher skeptischen Blick auf die Tätigkeit der alliierten Kunstschützer in Westeuropa wirft Lambourne [14], S. 168–203.

breiteren Öffentlichkeit sollte man sich daran erinnern, dass es zum einen auf westlicher Seite schon während des alliierten Bombenkrieges ein ausgeprägtes Bewusstsein für die damit verbundene Gefährdung der kulturellen Schätze im Land des Kriegsgegners gab – was das Ausmaß der Zerstörungen nicht relativieren soll – und dass zum anderen am Ende des Krieges eines der wichtigen Ziele der alliierten Planungen für den Wiederaufbau in Deutschland die Rettung und Bewahrung der historischen Bau- und Kunstwerke war. Dass der Dom in Köln heute zum kulturellen Welterbe gehört, verdankt sich auch dieser Tatsache.

Kleine Beiträge

Ein Bildnisrelief August Reichenspergers, modelliert von Albert Wolff im Jahre 1862

Michael Puls

Als man jüngst ein unbekanntes Relief mit dem Profilporträt August Reichenspergers entdeckte, lenkte dieser Umstand den Blick sowohl auf die Person als insbesondere auch auf den Fundus der im Übrigen als Gattung von Historikern gerne vernachlässigten Bildnisse des Juristen, Politikers, Parlamentariers, Bauforschers und Kölner Domfreundes der ersten Stunde. Beiden Aspekten sei in gebotener Kürze nachgegangen.

Der Dargestellte

Am 22. März 1808 in Koblenz geboren, wirkte Dr. August Reichensperger im Anschluss an ein in Berlin, Bonn und Heidelberg absolviertes Jurastudium und erste Stationen im Staatsdienst zu Münster und Koblenz von 1841 bis 1844 und, nach einigen Trierer Berufsjahren, seit 1848 als Kammerpräsident beziehungsweise Appellationsgerichtsrat in Köln am Rhein.[1] Hier zählte er zu den Initiatoren des Zentral-Dombau-Vereins, dessen Secretär er zwischen 1841 und 1844 beziehungsweise zwischen 1866 und 1871 war. Darüber hinaus begründete er in diesem Kontext das famose Kölner Domblatt und fungierte für lange Zeit als dessen Schriftleiter.

Bedingungslos dem Domfortbau wie der Gotik verpflichtet, engagierte sich August Reichensperger in der Pflege und Erforschung mittelalterlicher Sakraldenkmäler respektive christlicher Kunst im Allgemeinen. Seit er 1848 in die Frankfurter Nationalversammlung entsandt worden war, gehörte das politische Engagement, das mit den »Kölner Wirren« um die Verhaftung des Erzbischofs Clemens August Freiherr Droste zu Vischering (1773–1845) erwacht war, und die parlamentarische Arbeit zu seinen zentralen Aktivitäten. So wurde er 1850 Mitglied des Erfurter Unionsparlaments und des Preußischen Abgeordnetenhauses (1850–1861, 1862/63), in dem er zu den einflussreichsten Köpfen der katholischen Fraktion (»Fraction Reichensperger«) gehörte, mit denen er und sein Bruder Peter (1810–1892) Ende 1870 die Deutsche Zentrumspartei ins Leben riefen. Nachdem August Reichensperger 1863 kurzfristig der Politik den Rücken gekehrt hatte, übernahm er als nach wie vor führende Gestalt des politischen Katholizismus 1870 erneut ein Abgeordnetenmandat, das ihn 1871 in den deutschen Reichstag trug.

Erst 1885 zog sich der mittlerweile 77-jährige Reichensperger endgültig von der politischen Bühne zurück, nachdem er bereits zehn Jahre früher unter dem Eindruck des Kulturkampfes aus dem Staatsdienst ausgeschieden war. Vielfach ausgezeichnet als Ehrenbürger der Städte Oppenheim, Koblenz und Köln, als Ehrendoktor der Universitäten zu Münster und Löwen oder als Ehrenmitglied der Wiener Kunstakademie und des Royal Institute of British Architects, starb Reichensperger am 16. Juli 1895 in Köln.

1 | *Heinrich Lauenstein, August Reichensperger, 1890, Öl auf Leinwand. Koblenz, Mittelrhein-Museum, MRM M 2003_7*

2 | *Edward von Steinle, August Reichensperger, 1844, Bleistift auf Papier, 27 x 22 cm. Köln, DBA*

Unstreitig eine Persönlichkeit des öffentlichen Lebens, entzog er sich dennoch zeitlebens auf konsequente, in Selfie-Tagen völlig unverständliche Weise dem menschlichen Bedürfnis, ein Bild auch von sich selbst zu machen respektive machen zu lassen. Das von seinem Biografen als »Bescheidenheit« eher unzulänglich interpretierte Gebaren führte dazu, sich sogar dem »lebhaften Wunsch seiner Familie« nach einem Gemälde zu verweigern, was er mit dem banausisch-ironischen Argument legitimierte, sein Konterfei stünde »zur Genüge im ›Kladderadatsch‹«.[2] Wenn selbst Angehörigen nur übrig blieb, den Paterfamilias hinters Licht zu führen,[3] um eines Porträts von allenfalls tüchtiger malerischer Qualität[4] habhaft zu werden (Abb. 1), musste es im Ganzen und über alle Medien hinweg zwangsläufig an Porträts seiner Person mangeln.

Aus der Perspektive der inexistenten Reichensperger'schen Ikonografie darf man ihn demnach wie manch andere Berühmtheit getrost als notorisch »imagophob«[5] beschreiben, bleiben seine Konterfeis mit Ausnahme der 1844 entstandenen geistvollen Zeichnung aus der Hand des Freundes Edward von Steinle (1810–1886; Abb. 2)[6] seltsam anspruchslose Dokumente, deren Hauptverdienst in der ungeschönten Treue bei Wiedergabe des Antlitzes lag und die daher die Zuverlässigkeit der willfährigen Lichtbildnerei kaum zu überbieten vermochten. Unter dieser Prämisse stellt das annoncierte Relief eine durchaus erhebliche Bereicherung der Porträtvielfalt dar.

Das Porträt

Obwohl durch keinen Titulus oder ein Attribut identifiziert und nur durch die Jahreszahl 1862 datiert, legt die prägnante Physiognomie des Porträtmedaillons[7] (Abb. 3–4) allerdings augenfällig klar, um wen es sich bei dem ins strenge Profil nach links gesetzten Dargestellten handelt. Das Werk scheint dennoch weder der einschlägigen kunsthistorischen Literatur noch den ohnedies ikonografisch gleichgültigen Biografien August Reichenspergers geläufig zu sein, trotzdem er zum Zeitpunkt der Modellierung längst hohes Ansehen genoss und sich nicht nur als Politiker, sondern auch als »Apostel der Gothik«[8] einen Namen zu machen verstanden hatte.[9]

3 | *Albert Wolff (zugeschrieben), August Reichensperger,* 1862, Gips. Köln, DBA

An der Identität ist nicht zu zweifeln, da das Medaillon größtmögliche Übereinstimmungen mit August Reichenspergers Physiognomie aufweist, wie sie vor allem zwei um 1874/75 im Berliner Studio von Leopold Haase & Co. aufgenommene Fotografien beschreiben. Dabei entspricht der Tondo in der Blickrichtung sowie in der Haar- und Barttracht dem wenig jüngeren Lichtbild (Abb. 5),[10] unterscheidet sich allerdings sowohl in Details der zeitgenössischen Kleidung und der relativen Straffheit der fein modulierten Gesichtszüge als auch und vor allem in der Perspektive der beim Relief rigoros in Seitenansicht gedrehten Gesamt-

4 | *Albert Wolff (zugeschrieben), August Reichensperger, 1862, Gips, Monogramm*

5 | *Leopold Haase & Comp., Berlin, August Reichensperger, um 1875, Fotografie. Köln, Kölnisches Stadtmuseum, HM 1910/312*

darstellung deutlich von den etwas mehr als eine Dekade später entstandenen Aufnahmen mit einer stark gealterten Physiognomie. Insofern verdeutlicht die Gegenüberstellung die vermutlich aus den obligaten Modellsitzungen resultierende Eigenständigkeit der Bildnisplastik, die keineswegs von Fotos oder Grafiken abgeleitet worden sein kann.

Weil bis heute nicht nur die Existenz dieses Porträtexemplars unbekannt geblieben, sondern auch keine anderweitige Ausfertigung aus Gips, Bronze oder Marmor erhalten ist, spricht alles für den Unikatcharakter des vorliegenden Medaillons. Ihn unterstreicht im Sinne eines Prototyps die nachträgliche, vielleicht postum, aber sicher außerhalb des eigentlichen Bildhauerateliers vorgenommene Rahmung mit der entsprechenden technischen Einrichtung des Reliefs.

Der Bildhauer

Als Urheber des mit dem ligierten Monogramm *AW.*[11] und dem Datum 1862 versehenen Reichensperger-Reliefs kommen prima vista mehrere Bildhauer in Frage, von denen freilich einige – Theodor Wilhelm Achtermann (1799–1884),[12] Wilhelm Albermann (1835–1913),[13] August Wittig (1823–1893)[14] und August Wredow (1804–1891)[15] – aufgrund biografischer, geografischer oder stilistischer Umstände sogleich außer Acht gelassen werden können.

6 | Albert Wolff, Porträtmedaillon von Christian Daniel Rauch für sein Ehrengrabmal, Bronze, 1859. Berlin, Dorotheenstädtischer Friedhof

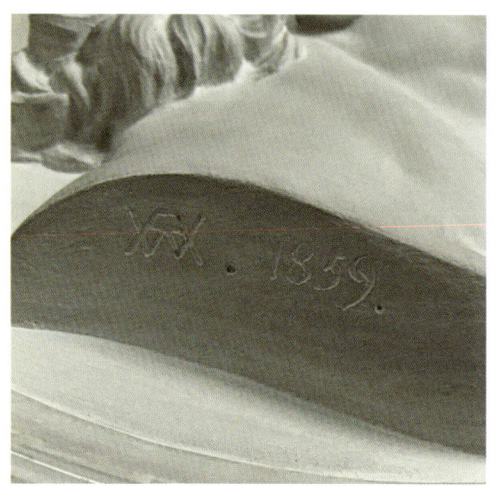

7 | Albert Wolff, Epitaph für Christian Daniel Rauch, Porträtmedaillon, Monogramm, Biskuit, 1859. Bad Arolsen, Evangelische Kirche

Von den beiden Künstlern, denen das repräsentative Bildwerk zuvörderst zuzutrauen ist – dem Kölner Anton Werres (1830–1900) und dem Berliner Albert Wolff (1814–1892) –, war der Jüngere zum Entstehungszeitpunkt 1862 bei erst moderat aufkeimendem Naturalismus noch klassizistisch geprägt und beließ Hals- beziehungsweise Brustabschnitte seiner Reliefs für gewöhnlich nackt.[16] Dies scheint Albert Wolff, ein Freund von Werres' Lehrer Gustav Blaeser (1813–1874), im Falle der wenigen Bildnistondi, die von seiner Hand überliefert sind, vor allem bei solchen mit sepulkraler Bestimmung ähnlich gehalten zu haben. Jedoch zeigt etwa sein frühes, 1837 modelliertes Medaillon August Wredows als Darstellung eines ad vivum modellierten Zeitgenossen einen bekleideten Brustabschnitt.[17] Nicht zuletzt sind viele seiner Büsten in dieser Art bürgerlich drapiert und in den Fleischpartien entschieden realistisch durchgearbeitet.[18]

Nächstverwandt mit dem vorliegenden Medaillon wirkt namentlich das Monogramm eines Bildnisreliefs, das Wolff 1859, nur drei Jahre vor dem Reichensperger-Profil, modelliert hat: Sein Porträt Christian Daniel Rauchs (1777–1857) für dessen Berliner Grabdenkmal (Bronze, ABB. 6) beziehungsweise dessen Epitaph in der Kirche von Bad Arolsen (Biskuit)[19] basiert auf Ernst Rietschels (1804–1861) berühmter Büste des Berliner Meisters vom Januar 1857,[20] zeigt typologisch adäquat den nackten Halsabschnitt, aber eine ganz ähnliche Ligatur aus den Lettern A und W (ABB. 7). Diese sind freilich breiter angelegt und weisen auch keine Serifen auf; infolgedessen wirkt das oben waagerecht geschlossene A kraftvoller als das W.

Dokumentarisch greifbar wird die präsumtive Bekanntschaft des Bildhauers mit Reichensperger, der seit 1851 Mitglied des Preußischen Abgeordnetenhauses war, erst für das Jahr nach Entstehung des vorliegenden Porträts: Am 10. März 1863 suchte der Parlamentarier Albert Wolff in dessen Berliner Atelier an der Münzstraße 10 auf, um das nach einem Wettbewerb in Ausführung begriffene Modell zu dem im Lustgarten errichteten Reiterstandbild König Friedrich Wilhelms III. von Preußen auf seine hypertrophe Weise[21] in kritischen Augenschein zu nehmen.[22] Daher ist davon auszugehen, dass zwischen Abgeordnetem und Künstler eine persönliche Beziehung bestanden haben muss, die der womöglich im Jahr zuvor stattgefundenen Porträtsitzung geschuldet war.

Abgesehen von solchen episodisch belegten Begegnungen pflog der in hohem Maße kunstengagierte Reichensperger, wenngleich den moderneren Kunststilen gegenüber reserviert, ohnehin regen persönlichen Umgang mit Künstlern, darunter mit Autoritäten wie dem Maler Peter von Cornelius (1783–1867)[23] oder dem Bildhauer Johann Friedrich Drake (1805–1882).[24] Sie dürften im Falle, dass der Wunsch nach einem eigenen Konterfei vom Dargestellten selbst kam, leichthin in der Lage gewesen sein, August Reichensperger den adäquaten Berliner Bildhauer zu empfehlen. In Anbetracht seiner Abneigung gegen eigene Porträts darf andererseits an einer direkten persönlichen Order gezweifelt und die Frage gestellt werden, ob es sich nicht vielmehr um eine Auftragsarbeit anonymer Verehrer Reichenspergers aus seiner Wählerschaft, aus der katholischen Parlamentsfraktion oder von anderen seiner engeren Parteigänger und ihm verbundenen Organisationen handelte? Insoweit mag das Bildnisrelief sogar ein früher und gewiss bescheidenerer Vorbote zu einem um die Mitte der 1890er-Jahre in Anregung gebrachten, indes nie verwirklichten »Ehrenmal« gewesen sein, »welches dem großen Manne in dem stolzesten Bauwerke auf deutscher Erde gebührt« hätte.[25]

Ganz im Duktus der Berliner Schule Rauch'scher Prägung aufgehend, weiß das fein detailnaturalistisch gehaltene Reichensperger-Porträt den Verfechter der Neugotik bruchlos mit dem modernen spätklassizistischen Stil profaner Bildhauerkunst übereinzubringen, das heißt mit dem pauschal diskreditierten »Schund comme à l'ordinaire«[26], sodass der innere Widerspruch von Selbstverständnis und Selbstdarstellung jene Ambivalenzen des Historismus insinuiert, die auch das Engagement August Reichenspergers und die Geschichte der Kölner Domvollendung durchwoben haben.

1 Zur Biografie Reichenspergers vgl. Ludwig von Pastor: August Reichensperger 1808–1895. Sein Leben und sein Wirken auf dem Gebiet der Politik, der Kunst und der Wissenschaft, 2 Bde., Freiburg im Breisgau 1899. – Michael J. Lewis: The Politics of the German Gothic Revival. August Reichensperger, New York 1993. – August Reichensperger (1808–1895) und die Kunst des 19. Jahrhunderts (Veröffentlichungen der Stadtbibliothek Koblenz 17), Ausstellungskatalog, Koblenz 1985. – August Reichensperger (1808–1895) und die Kunst des 19. Jahrhunderts. Dokumentation, hg. von der Stadtbibliothek Koblenz, Koblenz 1985. – August Reichensperger. Koblenz – Köln – Europa (Mittelrhein-Museum Koblenz, Kleine Reihe 7), Ausstellungskatalog Koblenz, Köln 2005. – Amis gothiques. Der Briefwechsel von August Reichensperger und Jean-Baptiste Bethune 1858–1891, hg. von Wolfgang Cortjaens, Brüssel 2011. – Kunstauktionshaus Schloss Ahlden GmbH, Ahlden, Auktion 154, September 2012, Nachlass Reichensperger, S. 134–140, Kat.-Nr. 2445 ff.
2 Pastor [1], Bd. 2, S. 395.
3 »Man wußte aber Rath. Als er im Frühjahr 1890 bei einer befreundeten Familie weilte, ward Professor H. Lauenstein zu Tisch geladen. Der Künstler beobachtete Reichensperger auf das genaueste; hiernach und nach einer Photographie fertigte er ein Oelbild, ohne daß Reichensperger die geringste Ahnung davon hatte« (Pastor [1], Bd. 2, S. 395). Das Gemälde des Düsseldorfer Malers Heinrich Lauenstein (1835–1910) befindet sich heute im Mittelrhein-Museum zu Koblenz (Reichensperger 2005 [1], S. 4 mit Abb.).
4 Reichensperger soll am Ende »nicht wenig erfreut« über das Gemälde gewesen sein, das Pastor [1], Bd. 2, S. 395–396, angesichts seines Lieblingssujets freilich überspannt beurteilt hat: »In der That ist dasselbe überaus gelungen: es gibt den berühmten Parlamentarier in geradezu frappanter Aehnlichkeit und sehr charakteristischer Auffassung wieder. *In seinem zweiundachtzigsten Lebensjahre*, besagt die Inschrift. Man sieht dies aber dem frisch und lebendig ausschauenden Kopf mit den ausdrucksvollen, geistreichen und energischen Zügen und den freundlichen Augen nicht an: man möchte ihn für einen Sechziger halten. Die Aehnlichkeit ist aber nicht nur eine äußerliche, auch das geistige Wesen, der ganze Mann, wie er leibte und lebte, wird dem Beschauer vor Augen geführt.«
5 Joseph Jurt: Gustave Flaubert, in: Praktizierte Intermedialität. Deutsch-französische Porträts von Schiller bis Goscinny/Uderzo, hg. von Fernand Hörner, Harald Neumeyer, Bernd Stiegler, Bielefeld 2010, S. 37–52, hier: S. 38.
6 Reichensperger 2005 [1], S. 6 mit Abb.
7 Gips, geschlämmt, Durchmesser 36 cm, Höhe circa 4,5 cm. Am Halsabschnitt monogrammiert und datiert *AW. 1862* (AW ligiert). Montiert in verglastem Rahmen, 50 × 50 × 8 cm. Zu einem späteren Zeitpunkt wurde zwecks Rahmung mittig eine ungeglättete Gipsverstärkung aufgelegt, in die kreuzweise vier Metallschlaufen zur Befestigung eingefügt sind.
8 Hermann Riegel: Das Museum zu Köln, in: Ders.: Deutsche Kunststudien, Hannover 1868, S. 171–181, hier: S. 175.
9 Einen ebenso flüchtigen wie unvollständigen Einblick in die neben der Politik maßgeblichen kulturellen Qualifikationen und Referenzen des Juristen und Parlamentariers Reichensperger liefert die umfängliche Verfasserangabe seiner in Paderborn erschienenen Schrift »Eine kurze Rede und eine lange Vorrede über Kunst« aus dem Jahre 1863: »Mitglied der Kommission zur Erhaltung der Kunstdenkmäler in Preußen, des Comité historique des Arts et Monuments de France, des Institut des Provinces, Ehrenmitglied der Ecclesiological Society zu London, des Comité flamand zu Dünkirchen, Mitglied des Gelehrten-Ausschusses des germanischen Museums u. s. w.«.
10 Vgl. Reichensperger 2005 [1], S. 27 mit Abb. – Cortjaens [1], S. 3, Abb. 3.
11 Der Familienname des Künstlers muss mit dem Buchstaben *W* beginnen, da der Punkt auffallend eng an dessen Aufstrich gerückt ist.
12 Von der Hand des gleich Reichensperger fest im katholischen Glauben und Milieu verankerten Theodor Wilhelm Achtermann (1799–1884), der aus Münster gebürtig, aber in Rom tätig war, sind nur wenige Bildnisse überliefert (Innocenz Maria Strunk: Wilhelm Achtermann, ein westfälisches Künstlerleben, Vechta 1931, Taf. 5, 13. – Erika Wicher: Wilhelm Achtermann 1799–1884. Ein nazarenischer Bildhauer Westfalens [Up Sassenbiärg 23], Münster 1993, Abb. 19–20, 58), die zu der souveränen naturalistischen Auffassung des vorliegenden Tondo nicht passen. Vor allem jedoch monogrammierte Achtermann mit einer durch den Querbalken des *T* bekrönten Ligatur aus *W* und *A* (Strunk 1931, Cover), wie nicht zuletzt an Zeichnungen sichtbar wird (Géza Jászai: Hinweise zu den Handzeichnungen des Bildhauers Wilhelm Achtermann, in: Westfalen. Hefte für Geschichte, Kunst und Volkskunde 71, 1993, Abb. S. 237–241).
13 Vor seiner Niederlassung 1864 in Köln war Wilhelm Albermann (1835–1913) aus Werden an der Ruhr Zögling der Berliner Akademie respektive

von August Fischer (1805–1866) und Hugo Hagen (1818–1871), befand sich jedoch seit Anfang April 1862 für ein Jahr auf Auslandsreise (vgl. Werner Schmidt: Der Bildhauer Wilhelm Albermann (1835–1913). Leben und Werk [Publikationen des Kölnischen Stadtmuseums 3], Köln 2001, S. 16–17). Bildnisse seiner Hand entstanden ohnedies erst nach den 1880er-Jahren und überwiegend, wenn nicht exklusiv, für sepulkrale Bestimmungsorte (ebd., S. 166–190).

14 August Wittig (1823–1893), der 1862 zwar an die Kunstakademie nach Düsseldorf berufen wurde, aber bis 1864 in Rom ausharrte (Michael Puls: Der steinige Weg zur ersten Bildhauerklasse zwischen Wiederbegründung der Akademie und August Wittigs Berufung, in: Die Kunstakademie Düsseldorf 1773–2023. Kunstgeschichte einer Institution, hg. von Johannes Myssok, Berlin 2023, S. 109–119, hier: S. 116–117), rückte bei seiner Signatur die beiden Initialen seines Namens regelmäßig so eng aneinander, dass das A mit dem *Wittig* verschmolz und einen Verbund auf gleicher Linie bildete. Siehe etwa die Gruppe von Hagar und Ismael (1850–1852, Gips, Skulpturensammlung der Staatlichen Kunstsammlungen Dresden; vgl. Die Düsseldorfer Malerschule und ihre internationale Ausstrahlung 1819–1918, Bd. 1: Ausstellungskatalog Düsseldorf, Petersberg 2011, S. 40, Kat.-Nr. 19, Abb.) oder ein weitaus intimeres Medaillon mit dem Konterfei des Malers Albert Flamm (1854, Gips, Privatbesitz Berlin; unpubliziert).

15 Der bereits seit 1841 in Rom erfolgreiche August Wredow (1804–1891) weist weder biografisch mögliche Schnittstellen mit August Reichensperger noch im Werk stilistische Parallelen mit dem vorliegenden Reliefporträt auf.

16 Zu Anton Werres, der sich 1862/63 allerdings in Rom aufgehalten haben soll (Allgemeines Lexikon der bildenden Künstler von der Antike bis zur Gegenwart, hg. von Ulrich Thieme, Felix Becker, Bd. 35, Leipzig 1942, S. 422), vgl. die Bildwerke bei Peter Bloch: Skulpturen des 19. Jahrhunderts im Rheinland, Düsseldorf 1975, S. 43–44, oder bei Josef Abt, Wolfgang Vomm: Der Kölner Friedhof Melaten. Begegnung mit Vergangenem und Vergessenem aus rheinischer Geschichte und Kunst, Köln 1980, Abb. 43–44, 130.

17 Siehe Jutta von Simson: Der Bildhauer Albert Wolff 1814–1892 (Berliner Bildhauer des 19. Jahrhunderts), Berlin 1982, S. 200, Kat.-Nr. 5, Abb. 20. – Bernhard Maaz: Nationalgalerie Berlin. Das XIX. Jahrhundert. Bestandskatalog der Skulpturen, Bd. 2, Berlin, Leipzig 2006, S. 889, Kat.-Nr. 1410, Abb.

18 Vgl. etwa die Büsten der Zarin Alexandra, um 1860 (Simson [17], S. 215, Kat.-Nr. 44, Abb. 111. – Maaz [17], S. 892–893, Kat.-Nr. 1417–1418, Abb.), der Caroline Puls, 1881 (Simson [17], S. 230, Kat.-Nr. 81, Abb. 122. – Maaz [17], S. 894, Kat.-Nr. 1420, Abb.), der Kaiserin Augusta, 1886 (Simson [17], S. 225, Kat.-Nr. 67, Abb. 113) oder einer anonymem Greisin (Simson [17], S. 232–233, Kat.-Nr. 92, Abb. 114).

19 Simson [17], S. 215, Kat.-Nr. 41, Abb. 115.

20 Monika von Wilmowsky: Ernst Rietschel als Bildhauer. Mit einem Katalog der Bildwerke, Bd. 2: Werkverzeichnis, Köln 2017, S. 686–696, WVZ 177, Abb.

21 Die Quintessenz des Besuches der Berliner Akademieausstellung im Jahre 1862 subsumierte er absurd apodiktisch: »Schund comme à l'ordinaire« (Pastor [1], Bd. 2, S. 548).

22 Pastor [1], Bd. 2, S. 558: »Im Atelier des Bildhauers Wolff das Modell zu dem Monument für Friedrich Wilhelm III. gesehen [vgl. Simson [17], S. 247–248, Kat.-Nr. 50]. Der Reiter einfach, prosaisch. Das Piedestal nüchtern ohne Basreliefs, aber mit stark bewegten, freien Figuren. Durcheinander von Linien, so daß ein zopfiger Anstrich herauskommt. Die Lücken überdies (zwischen den Eck- und Mittelfiguren) mit allerhand bric-à-brac ausgefüllt ohne allen Zusammenhang mit dem Monument. Ueberhaupt Mangel an Ruhe und Einheit ohne Actualität, abgedroschene Allegorien.« Als sachkundiger Preisrichter nahm Reichensperger schon Anfang August 1862 an der Jurierung der für das in Köln geplante Provinzialdenkmal eingereichten Entwurfsmodelle teil (vgl. Michael Puls: Zur Genese des Reiterdenkmals für Friedrich Wilhelm III. in Köln von 1855 bis 1878. Ein Thema in plastischen Variationen zwischen Rauch und Begas, in: Köln: Das Reiterdenkmal für König Friedrich Wilhelm III. von Preußen auf dem Heumarkt [Stadtspuren – Denkmäler in Köln 31], hg. von Ralf Beines, Walter Geis, Ulrich Krings, Köln 2004, S. 74–159, hier: S. 94) und war insoweit mit dem Metier und seinen Repräsentanten bestens vertraut.

23 Pastor [1], Bd. 2, S. 547, 556.

24 Pastor [1], Bd. 2, S. 541 (26. April 1861): »Abends bei Bildhauer Drake. Photographien seiner Werke gesehen. Er weiß die Antike trefflich zu realisieren, ihr das Kalte, Fremdartige zu nehmen, dem Gedanken einen möglichst einfachen, plastischen Ausdruck zu geben, die modernen Costüme zu idealisieren. Für Amerika wäre er der Repräsentant des dort möglichen Idealismus – sein Wesen freundlich und ohne Anmaßung und Affectation.«

25 Pastor [1], Bd. 2, S. 446.

26 Siehe Anm. [21].

Monte Merlo: Berg, Steinbruch, Siedlung - Steinabbau in den Euganeischen Hügeln

Michael Jürkel

Trachyt vom Monte Merlo kommt in der Dombauhütte seit 2006 zum Einsatz. Er wird bei der Restaurierung der zwischen 1248 und circa 1520 errichteten Bereiche des Domes als Ersatz für den dort verbauten Trachyt vom Drachenfels verwendet. Der Wahl des Steines war 2003 bis 2006 ein Forschungsprojekt der Deutschen Bundesstiftung Umwelt (DBU) in Kooperation mit den Dombauhütten in Xanten und Köln vorausgegangen.[1] Ziel war neben der Entwicklung von Konservierungsmethoden für die im Mittelalter verwendeten Trachyte aus dem Siebengebirge die Suche nach geeignetem Ersatzmaterial für den Steinaustausch.

Geologische Karten zeigen zwar zahlreiche Trachytvorkommen in Europa, doch gibt es in den meisten Lagerstätten keinen Steinabbau mehr, oder der Stein passt in seinen petrografischen Eigenschaften nicht zum Drachenfels-Trachyt. Der projektbeteiligte Geologieprofessor Roman Koch von der Friedrich-Alexander-Universität Erlangen empfahl aufgrund seiner Auswertung der umfangreichen Steinproben und Untersuchungen der Universität Padua zu Steinen der Euganeischen Hügel (Colli Euganei) eine weiterführende Beschäftigung mit Montemerlo-Trachyt. Dieser schien ihm vielversprechend für den Bedarf der Dome in Köln und in Xanten zu sein. Zudem fanden sich in den Archiven des geologischen Instituts der Universität Padua Untersuchungen von Floriano Calvino aus dem Jahr 1969[2] sowie aktuellere Untersuchungen, die Aufschluss über die physikalischen und chemischen Eigenschaften des Steines vom Monte Merlo lieferten. Nicht diese sollen Gegenstand des Aufsatzes sein, sondern die Geschichte des Berges, des Steinabbaus und derer, die davon leben.

Beschreibung des Monte Merlo und des gleichnamigen Ortes

»Monte Merlo – er ist der Protagonist. Nennen Sie ihn einen Berg, oder wenn Sie wollen, einen Hügel« (Abb. 1), so beginnt Alberto Espen seine Zusammenfassung der Geschichte des Berges, auf die sich dieser Text in weiten Teilen stützt.[3] Der Monte Merlo gehört zu den Euganeischen Hügeln, einer Aneinanderreihung rhyolitischer und latitischer Eruptionskörper, die aus magmatischen Aktivitäten im Oligozän vor 33 Millionen Jahren entstanden sind. Nähert man sich dem Berg von Padua aus, fällt auf, dass er sich wie eine Insel aus der Schwemmlandebene des Flusses Bacchiglione und dem nördlichen Rand der Euganeischen Hügel erhebt. Beim Monte Merlo handelt es sich um den oberirdischen Teil eines subvulkanischen Körpers, der von Schwemmlandablagerungen des Bacchiglione begraben wurde. Seine Längenausdehnung beträgt nur circa 800 Meter bei einer Breite von maximal 400 und einer Höhe von 108 Metern.

Der Berg besteht weitgehend aus alkalischem Trachyt.[4] Im tiefsten Teil des Steinbruchs hat er eine hellgraue Farbe, in den oberen Schichten, wie in den meisten anderen Abbaustellen der Euganeischen Hügel, eine eher gelb-

1 | *Als Ausläufer der Euganeischen Hügel erhebt sich der Monte Merlo (im Vordergrund) aus der Schwemmlandebene des Bacchiglione.*

liche Farbe. Die Gesteinsmasse im Inneren des Berges zeichnet sich durch säulenartige Klüftungen aus, die von wenigen Dezimetern bis zu mehreren Metern Breite anwachsen – beste Voraussetzungen, um Blöcke mit großen Abmessungen abbauen zu können. Der hellgraue Trachyt ist das wesentlich homogenere Material und auch am leichtesten zu bearbeiten. Seine geringe Wasseraufnahme und seine Eigenschaften bezüglich Dichte, Porosität, Beständigkeit gegen Salze und Abrieb zeichnen ihn als einen sehr guten Werkstein aus, weshalb er von jeher einen deutlich höheren Handelswert hatte als der gelbliche. Von anderen Trachyten der Region unterscheidet er sich durch eine geringere Farbigkeit. Aufgrund seiner Qualität wurde das am Monte Merlo gewonnene Material in sehr großen Mengen für Gehwege und Brücken in Venedig verwendet. In der Region Padua wird der Stein als »Macegna« oder »Macegne« bezeichnet, eine Übertragung des lateinischen »Macignus« (= Felsen) in den venezianischen Dialekt.[5]

Die wissenschaftliche Erforschung der Steinvorkommen am Monte Merlo beginnt im 18. Jahrhundert.[6] Eine der frühesten Beschreibungen geht auf den britischen Gelehrten John Strange (1732–1799) zurück, der den Stein als »Granit oder Granitello« bezeichnet, der »schwierig, aber durchaus mit gutem Eisen bearbeitet werden kann«; ferner beschreibt er die verschiedenen Härtegrade des Steines und dass er in der Region als »Macegne« bezeichnet werde.[7] Das heute gebräuchliche Wort »Trachyt« für das Gestein prägten wahrscheinlich die französischen Enzyklopädisten, in Ableitung vom griechischen »τραχύς« (trachys) für »rau«.[8] Als konkrete Bezeichnung für den Stein der Euganeischen Hügel führte den Begriff erstmals der Naturforscher und Direktor der philosophisch-mathematischen Fakultät der Universität Padua Nicolo da Rio (1765–1845) in seinen Schriften ein.[9] Erst um 1830 fand das Wort allgemeine Aufnahme in den akademischen Sprachgebrauch. In der Region findet daneben aber auch noch immer der lokale Begriff »Macegna« Verwendung.

An den Hängen des Berges liegt das nach ihm benannte Dörfchen Montemerlo. Im Jahr 1846 wird es als ein armseliges Dorf aus verstreuten Bauernhäusern und Hütten der Steinmetzen beschrieben, welche den vorzüglichen Trachyt bearbeiteten.[10] Einige wenige bedeutende Bauten befinden sich unmittelbar am Bergkamm, so die Pfarrkirche, das Pfarrhaus, ein großes Bauernhaus, die Taverne mit einem Laden sowie der sogenannte Palazzo dalla Francesca, die Residenz der Verwalter des alten, Buso genannten Steinbruchs, und die Villa Serenella. Über einen Hohlweg gelangt man in den Kessel des Steinbruchs. Nach wenigen Metern steht links eine kleine Figur des heiligen Antonius von Padua, Schutzpatron der nahen Stadt Padua, aber auch der Bergleute. Sie ersetzt die Figur eines anderen Heiligen, die zuvor dort aufgestellt war.

Geschichte des Steinabbaus am Monte Merlo

Vor Ort gefundene Artefakte lassen vermuten, dass der Beginn des Steinabbaus am Monte Merlo spätestens um die Zeitenwende anzusetzen ist. Dies beweisen etwa der Fund eines Mühlsteins in der Nähe von Triest, 1933 aufgefundene Steinröhren für die Aquädukte von Padua und Este sowie fünf Objekte aus römischer Zeit, die Ende der 1990er-Jahre nach einem Erdrutsch freigelegt worden sind.[11] Eine Vorstellung von der Reichweite der Steinlieferungen aus Montemerlo geben die Angaben des Geologen und Geoarchäologen Arturo Zara.[12] Er konnte nachweisen, dass Montemerlo-Trachyt als Straßenbelag in der Antike weit verbreitet war – so auf der antiken Via Emilia bei Bologna sowie in großen Mengen in Rimini, Ravenna, Classe, Ferrara und Modena. Urbino und Pesaro sind nach heutigem Wissensstand die am weitesten von der Abbaustätte entfernten Fundorte.

2 | *Teolo, Benediktinerabtei Praglia, doppelgeschossiger Kreuzgang, um 1460*

Zwischen dem 15. und 18. Jahrhundert lebten in der Region um den Monte Merlo knapp 750 Menschen. Obwohl die Gegend vom Steinabbau geprägt war und in vielen Familien gewiss die Kunst der Steinbearbeitung über Generationen weitergegeben wurde, ist die Quellenlage zu Steinbrechern und Steinmetzen für das Mittelalter und die Frühe Neuzeit äußerst spärlich. Namen von Arbeitern fehlen fast völlig. Dies liegt daran, dass in den Kirchenbüchern Berufsangaben nicht vermerkt wurden. Nach Alberto Espen bildet eine seltene Ausnahme der für das 15. Jahrhundert bezeugte Steinmetzmeister Antonio mit dem Beinamen Cervarese, benannt nach einem Dorf unweit von Montemerlo.[13]

Aus dem Jahr 1460 stammt ein Vertrag zwischen der in unmittelbarer Nähe von Montemerlo gelegenen Abtei Praglia und den Steinmetzbrüdern Pietro und Andrea über das Brechen von Stein am Monte Merlo und die Anfertigung von 34 Säulen, die sich bis heute im doppelgeschossigen Kreuzgang erhalten haben (ABB. 2).[14] Die Jahreszahl 1461 auf der vierten Säule des östlichen Kreuzgangflügels legt eine zügige Ausführung nahe. Etwa siebzig Jahre später wurde das Steinwerk für die großen Fenster der Basilika S. Giustina in Padua aus Montemerlo-Trachyt ausgeführt. Dieser findet sich in Padua auch an den Stadtmauern und an der 1528 errichteten Porta S. Giovanni. Dass er auch für militärische Zwecke genutzt wurde, beweisen einige Artilleriekugeln aus dem 15. bis 16. Jahrhundert in den paduanischen Musei Civici.

Das zwischen 1488 und 1490 entstandene Gemälde »Madonna delle Cave« (Madonna der Steinbrüche) von Andrea Mantegna gibt aufschlussreiche Einblicke in die Arbeiten von Steinbrechern und Steinmetzen der Region während des späten 15. Jahrhunderts (ABB. S. 226). Die Gottesmutter sitzt vor einem hohen Felssporn. An dessen Fuß befindet sich rechts ein Steinbruch, in dem Steinmetzen bei der Arbeit an verschiedenen Werkstücken, darunter eine Säule, zu sehen sind. Eine exakte Lokalisierung der Szenerie lässt sich nicht nachweisen, doch dürften Mantegna Steinbrüche im weiteren Umfeld Montemerlos bekannt gewesen sein, da er aus Piazzola sul Brenta in der Nähe von Padua stammte. Espen vermutet, dass sich ein konkretes Vorbild des dargestellten Steinbruchs zwischen Vicenza und Verona befunden haben könnte.[15]

Zu den Steinmetzen im etwa zehn Kilometer entfernten Padua ist die Quellenüberlieferung besser.[16] 1287 wird erstmals eine Korporation paduanischer Steinmetzen erwähnt,[17] die um 1420, nach der Eroberung der Stadt durch die Serenissima, von der venezianischen Regierung bestätigt wurde. Ein erster Entwurf für Regeln, welche die lokalen Steinmetzen schützen sollte, stammt aus dem Jahr 1494. Wie vergleichbare Bruderschaften stellte die Steinmetzbruderschaft eine soziale Gemeinschaft dar, deren Mitglieder füreinander, aber auch für Witwen und Waisen sorgten. Man organisierte Krankenbesuche, und es war verpflichtend, am Begräbnis verstorbener Mitglieder teilzunehmen und den Vier Gekrönten, den Patronen der Steinmetzen, eine Messe lesen zu lassen. In der Kirche S. Luca wurde ihnen 1613 ein eigener Altar gestiftet. Die Aufnahme erfolgte gegen eine entsprechende Zahlung an die Steinmetzbruderschaft. Mitglieder durften ausschließlich in ihrer Werkstatt hergestellte Produkte verkaufen. Jedem Meister wurde lediglich ein Lehrling zugestanden, der eine etwa sechs Monate während Lehrzeit zu absolvieren hatte. Ab 1711 hatte jeder Lehrling am Ende seiner Lehrzeit eine Gesellenprüfung abzulegen.

Mehr als über die Arbeiter im Steinbruch am Monte Merlo ist über deren Besitzverhältnisse bekannt. Bis in das 16. Jahrhundert gehörten die Steinbrüche zum Besitz der Familie Calza aus Padua.[18] Im 17. Jahrhundert übernahm die Adelsfamilie Forzadura deren Besitztümer inklusive eines oberhalb des Steinbruchs gelegenen Herrenhauses. Im 17. und 18. Jahrhundert gehörte sie neben wenigen anderen Familien zu den größten Landeigentümern im Umfeld von Montemerlo.[19] Als napoleonische Landvermesser in den 1810er-Jahren die ersten Grundbücher erstellten, umfasste ihr Besitz neben dem Steinbruch 160 Felder, große Waldgebiete, Brunnen, Ställe, Lagerhäuser und weitere Güter. 1797 wird ein gewisser Vincenzo Gazzetta aus Padua als Verwalter des Steinbruchs genannt,[20] der auch für die öffentliche Verwaltung und den Gasthof verantwortlich war. Er wird in den Urkunden abwechselnd als Gastwirt oder als Steinmetz bezeichnet.

Zu Beginn des 19. Jahrhunderts stellt sich die Quellenlage besser dar.[21] Mehrere Abbaustätten werden erwähnt, die von den Eigentümern an einzelne Steinbrucharbeiter vermietet wurden, welche die gebrochenen Steine auf eigene Rechnung verkauften. Mitte des 19. Jahrhunderts findet sich der Hinweis auf einen alten Steinbruch, der eventuell mit dem heute Buso bezeichneten Steinbruch (Abb. 3) zu identifizieren ist, in dem unter anderem auch der Stein für den Kölner Dom gebrochen wird. Auch dieser Bruch gehörte der Familie Forzadura; später gelangte er aufgrund einer Besitzteilung in den gemeinsamen Besitz des Grafen Vigodarzere und des Paduaners Giuseppe Cecchini Pacchierotti. Zwischenzeitlich befand er sich im Besitz der Adelsfamilie Papafave Antonini dei Carrarersi.

3 | *Blick in den Buso genannten Steinbruch am Monte Merlo*

Erste Statistiken über die in Montemerlo ausgeübten Berufe und die in den Steinbrüchen abgebauten Steinmengen stammen aus der Zeit nach der Einigung Italiens.[22] So beschäftigte nach einer Studie aus dem Jahr 1879 der Steinabbau am Monte Merlo sechzig Arbeiter, von denen die 16 jüngsten zwischen 14 und 18 Jahren alt waren. Es wurde über das ganze Jahr gearbeitet; die Arbeitszeit dauerte von Sonnenaufgang bis Sonnenuntergang – zehn Stunden im Sommer, achteinhalb im Winter. Kleine Felshöhlen dienten den Arbeitern als Unterschlupf in den Pausen oder bei ungeeignetem Wetter. Der Analphabetismus unter den Arbeitern war sehr ausgeprägt; nur zwölf von ihnen konnten lesen und schreiben. In den darauf folgenden Jahren stieg im Gebiet der Euganeischen Hügel die Anzahl der Arbeiter in den Steinbrüchen auf ein Vielfaches an. Die größte Menge an Steinen wurde um die Orte Battaglia, Montegrotto und Monselice gebrochen. Sie fanden Verwendung für den Bau von Gehwegen, Bordsteinen und Straßengräben.

Am 23. Juni 1920 wurde der Steinbruch am Monte Merlo schließlich an die Familie Cini verkauft und gelangte somit in den Besitz einer Familie, die bereits in den beiden benachbarten Orten Battaglia und Montegrotto Steinbrüche und Fabriken betrieb.[23] Seit dieser Zeit wurde der Montemerlo-Trachyt im großen

Stile abgebaut. Förderlich hierfür war die Lage des Steinbruchs, seine Verkehrsanbindung über einen kleinen Flusshafen am Bacchiglione und später auch über das Schienennetz. Aufgrund ihrer hohen Rutschsicherheit, Wasserbeständigkeit und Konstanz gegen Salze erfreuen sich die Trachyte der Euganeischen Hügel und insbesondere der aus Montemerlo bis heute großer Beliebtheit für Pflastersteine und Kanaleinfassungen bis nach Venedig. Der Stein wurde aber auch an einigen Bauwerken des frühen 20. Jahrhunderts verbaut, wie an dem ehemaligen Gebäude des Istituto Nazionale della Previdenza Sociale, der italienischen Sozialversicherung, in Padua. 1925 wird auch die heute noch vorhandene monumentale Treppe zur neoklassizistischen Villa Papafava di Carrarersi in der Nähe von Montemerlo errichtet. Ihr Bau wird dem Steinmetzen Bortolo zugeschrieben. Er ist damit der erste Steinmetz von Montemerlo, der in Zusammenhang mit dem Bau eines monumentalen Werks aus Stein der Region erwähnt wird. Aufgrund seiner besonderen Säurebeständigkeit fand Montemerlo-Trachyt ab etwa 1936 Anwendung in der Industrie. Aus ihm wurden große Becken beziehungsweise Wannen gefertigt, welche in der chemischen Industrie zum Einsatz kamen – ebenso Rohrleitungen in der Säureproduktion.

1936 beschäftigte der Steinbruch 92 Steinmetze, 21 Bergleute, 18 Steinlader, drei Erdarbeiter und drei Aufseher, insgesamt 137 Personen.[24] Weiterhin gab es im Umfeld der Steinbrüche Ansiedlungen von Fuhrunternehmen, Schmieden, Gastwirten und anderen Berufsgruppen, die indirekt vom Steinabbau profitierten. Um 1938 war die Gemeinschaft der Steinmetzen laut der Beschreibung von Alberto Espen, eine »kleine kompakte Gruppe«, die innerhalb der Dorfgemeinschaft einen eigenen Mikrokosmos bildete.[25] Als Schutzheiliger der örtlichen Steinmetzen und Steinbrucharbeiter wurde ab 1940 der heilige Giordano Forzatè verehrt, ein Benediktinermönch, der 1158 in Padua geboren wurde und 1248 in Venedig starb.[26] Zu seinen Lebzeiten soll er gelegentlich in einem Haus auf dem Monte Merlo gewohnt haben.[27] Bereits 1938 war sein Gedenktag, der 13. August, durch den örtlichen Pfarrer als lokaler Festtag eingeführt worden.

Der Zweite Weltkrieg blieb nicht ohne Folgen für den Steinabbau am Monte Merlo:[28] Arbeiter wurden zum Militärdienst eingezogen, Sprengstoff galt als kriegswichtig und stand dem Steinbruch nicht mehr zur Verfügung, bald konnten Rechnungen nicht mehr beglichen werden. Am 20. April 1945 wurden bei einem Bombenangriff, der einer Stellung der Deutschen Wehrmacht oberhalb des Steinbruchs galt, mehrere Arbeiter getötet. Über ein Dutzend der beschäftigten Steinmetzen und Steinbrecher kehrten nicht aus dem Krieg zurück.

Nach Kriegsende zeigte sich Antonio dalla Francesca, Schwager des bisherigen Besitzers, bereit, das in seiner Existenz bedrohte Unternehmen eigenständig weiterzuführen.[29] In den folgenden Jahrzehnten erfolgte eine Modernisierung

4 | Santiago Calatrava, *Ponte della Costituzione*, Venedig, 2024

des Unternehmens. Abbau und Verarbeitung des Steines, die bis dahin weitgehend manuell erfolgten, wurden unter anderem durch die Einführung von Steinsägen erleichtert. Zugleich entstand ein festes Werkstattgebäude; die Zufahrt zum Steinbruch wurde durch eine gezielte Sprengung neu angelegt, der Maschinenpark erweitert. Teilweise wurden hierzu auch Fahrzeuge aus Militärbeständen angeschafft. Dalla Francesca war über die Arbeit hinaus auf das Wohl seiner Mitarbeiter bedacht, denen er etwa Holz aus seinen Wäldern zu einem Vorzugspreis abgab. In die Jahre 1952/53 fällt auch der Nachbau eines antiken Amphitheaters aus Montemerlo-Trachyt, das heute eine besondere Sehenswürdigkeit des kleinen Ortes ist. Ein prominentes Bauwerk, an dem der Stein jüngst verbaut wurde, ist die 2008 eröffnete Ponte della Costituzione des spanischen Architekten Santiago Calatrava in Venedig (Abb. 4).

Seit einigen Jahren wird der Trachyt in Montemerlo mit Seilsägetechnik abgebaut. Zuvor wurden gewöhnlich Sprengungen durchgeführt, um die natürlichen Klüfte zu lockern. Nach der Sprengung löste man die Steine mithilfe von speziellen Druckluftkissen. Die neue Methode hat sich als effizienter erwiesen, da sich die dadurch gewonnenen Blöcke und Steinformate in Größe und in Qua-

5 | *Für die Kölner Dombauhütte reservierte Trachytblöcke im Steinbruch am Monte Merlo*

lität deutlich von den früheren Steinen unterscheiden (ABB. 5). So konnten seit 2022 etwa dreißig Blöcke Trachyt in bisher nie da gewesenen Abmessungen für die Restaurierungsarbeiten der Kölner Dombauhütte erworben werden.

Eine Bedrohung für die Existenz des für die Dome in Köln und Xanten so wichtigen Steinbruchs stellen die in den vergangenen Jahrzehnten immer wieder verschärften Naturschutzgesetze dar. Zu Beginn der 1970er-Jahre trat das sogenannte Romanato-Fracanzani-Gesetz (Nr. 1097/71)[30] in Kraft, das in Italien zum ersten Mal Umweltinteressen gegenüber privaten Interessen als vorrangig betrachtete. Das Gesetz führte zu Einschränkungen beim Steinabbau. Vor allem in den beiden letzten Jahrzehnten ist es spürbar schwieriger geworden, Genehmigungen für den Abbau von Trachyt am Monte Merlo zu erhalten. Auf Wunsch des Steinbruchbetreibers haben die Dombauhütten Köln und Xanten sich immer wieder in Schreiben an die regionalen Behörden gewandt, um die Notwendigkeit und Dringlichkeit des Steinabbaus für den Erhalt der beiden Kulturerbestätten deutlich zu machen. Persönliche Besuche, Gespräche mit örtlichen Vertretern, wie der deutschen Honorarkonsulin für die Region Norditalien, sowie umfangreiche Korrespondenzen führten immerhin dazu, dass der Steinbruch Buso am

Monte Merlo, der mittlerweile unter dem Namen »Cave Montemerlo srl« geführt wird, weiterhin betrieben werden konnte. Jüngst wurden die Naturschutzbestimmungen weiter verschärft. So darf nach aktueller Gesetzeslage der Trachyt nur noch im Tunnelsystem abgebaut werden, was aufgrund der starken Zerklüftung des Steines aber nicht möglich ist.[31] Bestrebungen der regionalen Behörden und neuerdings auch von Seiten der UNESCO, den Steinabbau in den zum Weltnaturerbe ernannten Colli Euganei weiter einzuschränken,[32] stehen den Richtlinien der UNESCO zum Erhalt der Weltkulturerbestätte Kölner Dom, der auf den Montemerlo-Trachyt angewiesen ist, in einem gewissen Widerspruch.

1 Modellhafte Entwicklung von Konservierungskonzepten für den stark umweltgeschädigten Trachyt an den Domen zu Köln und Xanten. Abschlussbericht, DBU-Projekt, Aktenzeichen 20105, Köln, Xanten 2006.

2 Floriano Calvino: Studi sulle proprietà tecniche della trachite da taglio di Montemerlo (Memorie degli Istituti di Geologia e Mineralogia dell'Università di Padova 27), Padua 1969. – Zu Floriano Remo Calvino (1927–1988), einem Bruder des italienischen Schriftstellers Italo Calvino (1923–1985), vgl. https://it.wikipedia.org/wiki/Floriano_Calvino [14. Oktober 2024].

3 Alberto Espen: Le cave di Montemerlo. Il colle e la pietra. Una storia millenaria euganea, o. O. o. J., unveröffentlichtes Manuskript, Firmenarchiv Cave Montemerlo srl, S. 4. – Dank an Ing. Michelangelo dalla Francesca, Cave Montemerlo srl, für die Überlassung der Chronik. – Übersetzung des Autors mithilfe von deepl.com.

4 Arturo Zara: La trachite Euganea. Archeologia e storia di una risorsa lapidea del Veneto antico, 2 Bde. (Antenor quaderni 44), Rom 2018, Bd. 1, S. 59.

5 Dank an Michelangelo dalla Francesca, für die freundliche Übersetzung des Wortes aus dem venezianischen Dialekt.

6 Vgl. Espen [3], S. 27–33.

7 Giovanni [i. e. John] Strange: Catalogo ragionato di varie Produzioni Naturali del Regno lapideo, raccolte in un Viaggio per i Colli Euganei nel Mese di Luglio 1771, in: Dei vulcani o monti ignivomi più noti, e distintamente del Vesuvio. Osservazioni fisiche e notizie istoriche […], 2 Bde., Livorno 1779, Bd. 2, S. 59–98, hier: Kat.-Nr. 24a–24b, S. 81–82.

8 Vgl. https://de.wikipedia.org/wiki/Trachyt [14. Oktober 2024].

9 Zu Nicolo da Rio vgl. Espen [3], S. 33 mit Anm. 63.

10 Gugliemo Stefani, zitiert nach: Espen [3], S. 44.

11 Espen [3], S. 8.

12 Zara [4], S. 59–71.

13 Espen [3], S. 16.

14 Vgl. hierzu Espen [3], S. 14.

15 Espen [3], S. 18.

16 Vgl. zum Folgenden Espen [3], S. 16–18.

17 Melchiorre Roberti: Le corporazioni padovane d'arti e mestieri. Studio storico-giurdico con documenti e statuti inediti, Venedig 1902, S. 18, 106, 122, 136, 287.

18 Espen [3], S 18–20.

19 Espen [3], S. 20–26.

20 Espen [3], S. 34–40.

21 Zum Folgenden vgl. Espen [3], S. 40–53.

22 Zum Folgenden vgl. Espen [3], S. 46–49.

23 Zum Folgenden vgl. Espen [3], S. 53–72.

24 Espen [3], S. 89.

25 Espen [3], S. 69.

26 Espen [3], S. 69. – Zum Heiligen vgl. https://it.wikipedia.org/wiki/Giordano_Forzat%C3%A8 [14. Oktober 2024].

27 Freundliche Auskunft Familie dalla Francesca (2023).

28 Zum Folgenden vgl. Espen [3], S. 71–72.

29 Zum Folgenden vgl. ausführlich Espen [3], S. 81–98.

30 Vgl. https://www.normattiva.it/uri-res/N2Ls?urn:nir:stato:legge:1971-11-29;1097 [28. Oktober 2024].

31 Freundliche Auskunft Familie dalla Francesca. – Vgl. https://www.luigigandi.com/tv/solo-fra-un-anno-i-dati-della-sicurezza-sul-nuovo-modo-di-scavare-la-trachite-in-galleria-dentro-il-monte-altore-dei-colli-euganei-cava-la-speranza/ [28. Oktober 2024].

32 Nicola Cesaro: La sfida Unesco, in: Il Mattino vom 1. Juli 2024, S. 25.

Berichte

Zentral-Dombau-Verein
Sitzung des Verwaltungsausschusses am 16. Mai 2024 238 · Sitzung des Gesamtvorstandes am 22. August 2024 242 · Rücktritt von Michael Kreuzberg als Präsident des ZDV 245 · Barbara Schock-Werner neue Präsidentin des ZDV 245 · Domserie von Hans-Jürgen Kuhl 246

Erzbischof und Domkapitel
Prof. Ohly residierender Domkapitular 248 · Besondere Geburtstage 248 · In Sorge um Prälat Sauerborn 249 · Besondere Aufgaben 249 · Diamantenes Priesterjubiläum von Prälat Knopp 249 · Unsere Verstorbenen 250

Dombauhütte und Dombauverwaltung
Neue Mitarbeiterinnen und Mitarbeiter 254 · Austritte 254 · Verstorben 254 · Ehemaliger Grabungsleiter Georg Hauser verstorben 254 · Generationenwechsel in der Kölner Dombauhütte 255 · Der langjährige Domarchäologe Ulrich Back in Rente 256 · Jubiläumsjahr 200 Jahre Wiederbegründung Kölner Dombauhütte 258 · Studienfahrt der Kölner Dombauhütte 260 · Tag der offenen Tür 261

Dom und Ausstattung
Internationaler Kunstwettbewerb 262 · Tastmodell 263

Domschatzkammer
Ausgegraben – Archäologische Schätze aus dem Kölner Dom 265 · Elisabeth Treskow 1898–1992 – Goldschmiedin in Köln 268

Kölner Domverlag
Archäologie im Kölner Dom 270 · Elisabeth Treskow 1898–1992 – Goldschmiedin in Köln 272 · Offizieller Kölner Domkalender 272 · Zweite Auflage der Publikation »Der Kölner Dom und ›die Juden‹« 273

Kleine Nachrichten
Entrauchungsübung im Kölner Dom 273 · Schließung des Domes wegen Anschlagsgefahr 274 · Abschied von der Historischen Mitte 276 · Krypto-Briefmarke zum Kölner Dom 276 · Italienischer Staatspräsident Sergio Mattarella besucht den Kölner Dom 277 · Neues Design für das Kölner Domblatt 279

Zentral-Dombau-Verein

Sitzung des Verwaltungsausschusses am 16. Mai 2024
Anwesend waren:
1. Michael Kreuzberg – *Präsident*
2. Dr. Rüdiger Fuchs – *Secretär*
3. Heinz Berenbrok
4. Udo Beyers
5. Martin Hoppenrath
6. Dipl.-Ing. Kaspar Kraemer
7. Franz Sauer
8. Dipl.-Ing. Peter Füssenich – *Dombaumeister*
9. Michael H. G. Hoffmann – *Ehrenpräsident*
10. Katja H. Bergerhoff – *Protokollführerin*

Tagesordnungspunkte:
1. Begrüßung
2. Verabschiedung des Protokolls
3. Rückblick auf das Vereinsjahr 2023 und Ausblick auf 2024
4. Vereinsrechnung 2023
5. Anstehende Wahlen in der Hauptversammlung
6. Beitrag zum Dombau 2023 und 2024

1. Begrüßung
Präsident Michael Kreuzberg begrüßte die Ausschussmitglieder, insbesondere den Ehrenpräsidenten Michael H. G. Hoffmann. Den 2023 verstorbenen Mitgliedern des Gesamtvorstands Wilhelm Clemens und Franz-Xaver Ohnesorg wurde mit einer Schweigeminute gedacht. Der Präsident stellte fest, dass die Einladung fristgerecht erfolgt ist und alle Ausschussmitglieder anwesend waren.

2. Verabschiedung des Protokolls
Das Protokoll über die Sitzung des Verwaltungsausschusses vom 23. Mai 2023 wurde einstimmig angenommen.

3. Rückblick auf das Vereinsjahr 2023 und Ausblick auf 2024
In seinem Rückblick führte der Präsident aus, dass das Jahr 2023 mit einem medialen Paukenschlag startete, der große Aufmerksamkeit auf sich zog – dem Verkauf von NFTs (Non-Fungible Token) des Domes, zertifizierter digitaler Kunstwerke (KDbl. 88, 2023, S. 264). Durch im NFT-Paket enthaltene Jahresmitgliedschaften

Mitgliederbewegung vom 1. Januar bis 31. Dezember 2023

Stand am 1. Januar 2023	17.481 Mitglieder
Zugang 2023	876
Abgang 2023	-783
a) durch Tod	-196
b) sonstige Gründe	-587
Veränderung gesamt	93
Stand am 31. Dezember 2023	17.574 Mitglieder

konnten 102 neue Mitglieder gewonnen werden; drei Mitgliedschaften wurden nach Ablauf des Jahres verlängert. Angesichts der medialen Aufmerksamkeit konnte der Verkauf aber als sehr gute Werbung für den Zentral-Dombau-Verein (ZDV) bewertet werden. Dr. Rüdiger Fuchs erläuterte ergänzend, dass der zweite NFT-Drop verhaltener angenommen worden sei als der erste. Hier wurden großformatige NFTs zu höheren Preisen angeboten.

Der Oktober 2023 stand unter dem besonderen Motto »Enthüllung des Michaelsportals«. Nach elf Jahren Arbeit konnte die umfangreichste Portalbaustelle Europas enthüllt werden. Bis auf die Restaurierung der Großfiguren war es nun »endlich« fertig. Eingeladen waren die Paten des Portals sowie Paten anderer Patenschaftsprojekte. Vor dem enthüllten Portal stehend gab es Gruß- und Dankesworte an die Paten von dem Präsidenten Michael Kreuzberg, Dompropst Guido Assmann und Dombaumeister Peter Füssenich. Dr. Albert Distelrath erläuterte die Arbeiten anschließend in der angenehmen Atmosphäre des Excelsior Hotel Ernst; dort klang die Veranstaltung mit einem kleinen Imbiss aus. Der Patentag wurde durch eine Doppelseite im Kölner Stadtanzeiger, im Express und in der Kölnischen Rundschau medial begleitet. Aufgrund der Berichte über diese Aktion entstanden in den Folgetagen neue Patenschaften, und 250 neue Mitgliedschaften konnten abgeschlossen werden. Der Tag wurde weitgehend von der Sparkasse KölnBonn, der Kreissparkasse Köln und der RheinEnergie AG gesponsert. Während des Jahres 2023 konnten zudem zahlreiche weitere Patenschaften vermittelt und Nachlässe abgewickelt werden.

Im laufenden Jahr 2024 wurden der ZDV-Flyer und die sogenannte Kurzinfo ins Englische übersetzt. Der Flyer konnte bei der Europameisterschaft im Juni großzügig verteilt sowie bei den Domdachführungen ausgelegt werden. Am 2. Juni 2024 war der ZDV gemeinsam mit der Dombauhütte auf dem Weltkulturerbetag in Brühl mit einem Stand präsent.

4. Vereinsrechnung 2023

Dr. Rüdiger Fuchs erläuterte anschaulich die Vereinsrechnung 2023. Nachfolgend einige Anmerkungen: Die Einstellungen in die Rücklagen waren maßgeblich auf eine Erbschaft zurückzuführen, die 2023 € 1,8 Millionen betrug (siehe Position Sonderspenden, Vermächtnisse). € 1 Million des angesprochenen Erbes wurde in die Vermögensverwaltung investiert. Die Einnahmen waren insgesamt recht stabil zum Vorjahr; die Einnahmen aus der Vermögensverwaltung wurden durch temporär unterschiedliche An- und Verkäufe beeinflusst. Der Beitrag zum Dom auf Seiten der Ausgaben enthielt die vereinbarte Selbstverpflichtung in Höhe von € 3,85 Millionen und die Auszahlung zweckgebundener Zuwendungen.

Vereinsrechnung vom 1. Januar bis 31. Dezember 2023
182. Vereinsjahr

Einnahmen	€	Ausgaben	€
1. Beiträge, Spenden, Vermächtnisse	3.330.793,54	1. Beitrag zum Dom	3.920.000,00
2. Erträge aus Rücklagen	690.837,77	2. Verwaltungskosten inkl. Kölner Domblatt	523.522,20
3. Mieteinnahmen	7.708,36	3. Sonstige Ausgaben	2.998,16
4. Lotterie-Erträge	1.962.360,00		
5. Einstellung in die Rücklagen	-1.545.179,31		
	4.446.520,36		4.446.520,36

Der seinerzeit genehmigte Zusatzbetrag in Höhe von € 250.000 wurde nicht abgerufen. Bei den Verwaltungskosten fiel die Position Werbung auf. Die erhöhten Kosten waren auf die Aktion »Enthüllung des Michaelsportals« zurückzuführen (siehe Rückblick auf das Vereinsjahr). Die Kosten konnten durch Sonderspenden weitestgehend abgefangen werden. Der Secretär verlas das Testat der Wirtschaftsprüfer. Dr. Fuchs schloss den Tagungsordnungspunkt, indem er großen Dank an die Wirtschaftsprüfer Matthias Klein und Hans-Josef Demmer für ihre ehrenamtliche Arbeit sowie an das Büroteam für die gute Vorbereitung aussprach.

5. Anstehende Wahlen in der Hauptversammlung
Aus gesundheitlichen und privaten Gründen gab Michael Kreuzberg seinen Rücktritt als Präsident bekannt. Der Verwaltungsausschuss dankte Michael Kreuzberg für sein Engagement während der vergangenen Präsidentschaft. Im Weiteren wurde über die turnusmäßig ausscheidenden Mandate gesprochen. Zudem reflektierte man über freie Plätze von verstorbenen Ausschussmitgliedern und freie Mandate von Mitgliedern, die ihr Amt niedergelegt hatten.

6. Beitrag zum Dombau 2023 und 2024
Peter Füssenich erläuterte anhand einer PowerPoint-Präsentation die letztjährigen Arbeiten der Dombauhütte. Da der Präsident währenddessen vorzeitig die Sitzung verlassen musste, wird sie durch den Secretär weitergeführt. Der Dombaumeister beantragte für 2024 die folgende Unterstützung:

Freiwillige Selbstverpflichtung in Höhe von	€ 3.850.000
gestiegene Personalkosten	€ 250.000
	€ 4.100.000

Abruf nach Bedarf:

Brandmeldeanlage der Dombauhütte	€ 50.000
Sanierung der Werkstätten	€ 100.000
Austausch des Bauaufzuges Nordseite	€ 400.000
	€ 550.000

Der Zuschuss in Höhe von € 4,1 Millionen sowie die gegebenenfalls notwendigen Zuschüsse im Bedarfsfall wurden einstimmig vom Verwaltungsausschuss bewilligt. Der Dombaumeister dankte für die fortwährende Unterstützung durch den ZDV. Der Secretär dankte für den konstruktiven Austausch und schloss die Sitzung um 19.10 Uhr.

Sitzung des Gesamtvorstandes am 22. August 2024
Die Tagesordnung umfasste folgende Punkte:
1. Grußwort der Oberbürgermeisterin Henriette Reker
2. Begrüßung durch Dr. Rüdiger Fuchs
3. Ausblick auf die Hauptversammlung
4. Vorstellung und Verabschiedung einer angepassten Geschäftsordnung
5. Rückblick auf 2022 und 2023 sowie aktuelle Informationen
6. Genehmigung des Protokolls der Gesamtvorstandssitzung
7. Vereinsrechnungen 2022 und 2023
8. Genehmigung der Vereinsrechnungen 2022 und 2023
9. Wirtschaftsjahre der Dombauhütte 2022 und 2023
10. Verschiedenes

1. Grußwort der Oberbürgermeisterin Henriette Reker
Die Oberbürgermeisterin Henriette Reker begrüßte die Anwesenden und brachte ihre Wertschätzung für das »bürgerschaftliche Engagement« dieses einzigartigen Vereins für die Erhaltung des »steingewordenen Wunders« Kölner Dom zum Ausdruck. Die Oberbürgermeisterin dankte Michael Kreuzberg für sein Engagement als Präsident und sprach ihre Anerkennung für den weisen Schritt aus, der Gesundheit Vorrang einzuräumen und aus diesem Grund das Amt niederzulegen.

2. Begrüßung durch Dr. Rüdiger Fuchs
Der Secretär Dr. Rüdiger Fuchs begrüßte die gastgebende Oberbürgermeisterin und dankte für die Einladung zur Tagung und zum anschließenden Imbiss im Historischen Rathaus. Anschließend begrüßte er den Dombaumeister Peter Füssenich und entschuldigte die weiteren geborenen Mitglieder, Dompropst Msgr. Guido Assmann und Erzbischof Rainer Maria Kardinal Woelki, die anderweitig verpflichtet waren und der Sitzung einen erfolgreichen Verlauf wünschten. Mit einem Präsent begrüßte und bedankte sich Dr. Fuchs bei dem vom Präsidentenamt zurückgetretenen Michael Kreuzberg für seine sechsjährige Amtszeit und wünschte ihm für die Zukunft eine gute Gesundheit. Der Secretär begrüßte ferner den Ehrenpräsidenten Michael H. G. Hoffmann und die Mitglieder des Gesamtvorstandes. Anschließend wurden der Tradition folgend die seit der letzten

Sitzung verstorbenen Vorstandsmitglieder mit einer Schweigeminute gewürdigt: Wilhelm Clemens († 22. Mai 2023, 98 Jahre), Franz-Xaver Ohnesorg († 15. November 2023, 75 Jahre), Winrich Granitzka († 28. Juni 2024, 79 Jahre), Reinold Louis († 18. August 2024, 84 Jahre).

Dr. Fuchs stellte fest, dass die Einladung rechtzeitig erfolgt und die Beschlussfähigkeit gewährt war. Es gab keine Änderungen zur Tagesordnung.

3. Ausblick auf die Hauptversammlung
Der Secretär wies darauf hin, dass die Hauptversammlung am 12. Oktober 2024 um 11.00 Uhr in der Kölner Philharmonie stattfinden wird und dankte dem Intendanten der Philharmonie Louwrens Langevoort für diese erneut gewährte Möglichkeit. Anschließend erläuterte er die Zusammensetzung der umfangreichen Vorschlagsliste für turnusmäßig ausscheidende und zur Wiederwahl bereite Mitglieder sowie als »Ersatz« für verstorbene und vorzeitig zurückgetretene Gesamtvorstandsmitglieder bereitstehende neue Kandidatinnen und Kandidaten. Nach ausführlicher Beratung wurden die Vorschläge einstimmig als Empfehlung für die Hauptversammlung verabschiedet.

Bei Neuwahlen für das Präsidentenamt hatte der Verwaltungsausschuss in den vergangenen Jahren stets eine Empfehlung für die Neubesetzung ausgesprochen. Diesem Usus folgend empfahl der Verwaltungsausschuss als neue Präsidentin Prof. Dr. Barbara Schock-Werner und bat um Aussprache zu diesem Vorschlag. Dem Vorschlag des Verwaltungsausschusses wurde einstimmig gefolgt, und der Gesamtvorstand beschloss, Schock-Werner zur Präsidentin des ZDV zu wählen – unter der aufschiebenden Bedingung, dass sie in der Hauptversammlung am 12. Oktober 2024 in den Gesamtvorstand gewählt wird.

4. Vorstellung und Verabschiedung einer angepassten Geschäftsordnung
Infolge der Covid-19-Pandemie, aufgrund der es immer wieder zu Verschiebungen von Versammlungen gekommen ist, wurden die Satzungen und Statute vieler Vereine, Verbände und Institutionen seitens der jeweiligen Aufsichtsbehörden hinsichtlich der Verschiebbarkeit von Versammlungen geprüft. Aus diesem Grund hat der ZDV die Bestimmungen zu den Amtszeiten von Präsident und Secretär entsprechend der traditionell gelebten Praxis des Vereins verschriftlicht.

5. Rückblick auf 2022 und 2023 sowie aktuelle Informationen
In seinem Rückblick rief der Secretär die Höhepunkte des Vereinslebens in den Jahren 2022 (KDbl. 88, 2023, S. 260–261) und 2023 (vgl. Bericht zur Sitzung des Verwaltungsausschusses in diesem Domblatt) in Erinnerung und gab einen Ausblick auf das laufende Vereinsjahr.

6. Genehmigung des Protokolls der Gesamtvorstandssitzung
Das Protokoll über die Sitzung des Gesamtvorstandes vom 1. September 2022 war mit der Einladung zur Gesamtvorstandssitzung zugesandt worden. Es wurde einstimmig genehmigt.

7. Vereinsrechnungen 2022 und 2023
Die Vereinsrechnungen der Jahre 2022 und 2023 waren inklusive der Testate mit der Einladung zur Gesamtvorstandssitzung zugesandt worden. Der Secretär Dr. Rüdiger Fuchs erläuterte die Zahlen anhand einer komprimierten PowerPoint-Präsentation und gab hierzu eine Reihe von Anmerkungen: Große Unterschiede bei der Position Mitgliedsbeiträge, Spenden, Erbschaften seien oft in Erbschaften begründet. So erfolgte 2023 zum Beispiel eine Erbschaft über € 1,6 Millionen. Bei den Erträgen aus Rücklagen und den Mieteinnahmen ergäben sich unter anderem Schwankungen durch äußere Einflüsse, wie zum Beispiel durch den andauernden Ukraine-Krieg und das Anlageverhalten des ZDV.

Die unterschiedlichen »Beiträge zum Dom« erfolgten gemäß den durch die Bauplanung bedingten Anforderungen durch den Dombaumeister. Rückfragen zu den Vereinsrechnungen wurden vom Secretär beantwortet.

8. Genehmigung der Vereinsrechnungen 2022 und 2023
Die Vereinsrechnungen wurden einstimmig für beide Jahre genehmigt und verabschiedet. Dr. Fuchs dankte dem Büroteam für ihre tagtägliche Arbeit; sein Dank an die ehrenamtlich tätigen Wirtschaftsprüfer Matthias Klein und Hans-Josef Demmer schloss sich an. Wolfgang Glöckner beantragte daraufhin aufeinanderfolgend die Entlastung des Präsidenten, des Secretärs und des Verwaltungsausschusses. Sie wurde jeweils bei Enthaltung der Betroffenen einstimmig verabschiedet.

Anschließend wurde die Sitzung für eine kurze Pause unterbrochen. Gemäß Einladung waren um 19.30 Uhr die »neuen« potenziellen Mitglieder des Gesamtvorstandes zum Get-together eingeladen worden. Der Secretär begrüßte die Persönlichkeiten. Sie konnten die folgenden Berichte von Peter Füssenich mitverfolgen.

9. Wirtschaftsjahre der Dombauhütte 2022 und 2023
Die Wirtschaftsjahre 2022 und 2023 wurden im Verwaltungsausschuss besprochen. Die Protokolle lagen dem Gesamtvorstand vor und wurden zur Kenntnis genommen. Der Dombaumeister erläuterte die Arbeiten der Dombauhütte mittels einer PowerPoint-Präsentation.

10. Verschiedenes

Es gab keine Anträge, Anfragen et cetera. Dr. Fuchs dankte dem Verwaltungsausschuss und dem Gesamtvorstand für die Unterstützung und die vertrauensvolle Zusammenarbeit. Er dankte der Oberbürgermeisterin Henriette Reker für die Einladung und Bewirtung. Ein besonderer Dank galt dem Dombaumeister und seinem Stellvertreter Dr. Albert Distelrath für die gute Zusammenarbeit.

Um 20.30 Uhr schloss Dr. Fuchs die Gesamtvorstandssitzung und lud im Namen der Oberbürgermeisterin zum gemeinsamen Imbiss ein.

Rücktritt von Michael Kreuzberg als Präsident des ZDV

Am 25. Mai 2024 hat Michael Kreuzberg das Amt des Präsidenten des ZDV aus gesundheitlichen Gründen mit sofortiger Wirkung niedergelegt. Der 66-jährige CDU-Politiker und frühere Landrat des Rhein-Erft-Kreises war am 10. Oktober 2018 als Nachfolger von Michael H. G. Hoffmann zum 14. Präsidenten des ZDV gewählt worden. Kreuzberg gehörte dem ZDV seit 2012 an. 2016 wählten ihn die Mitglieder auf der alle vier Jahre stattfindenden Hauptversammlung in den Vorstand des Vereins. Seine Präsidentschaft fiel in eine für den Verein schwierige Phase. Sie wurde zum einen durch die Covid-19-Pandemie geprägt, zum anderen wurde sie durch den Missbrauchsskandal der katholischen Kirche in Deutschland überschattet.

Bis zur Wahl seiner Nachfolgerin wurde der Verein von Dr. Rüdiger Fuchs geleitet, der das Amt des Secretärs seit 2004 ausübt. Als gewählter Secretär ist Fuchs laut des vom preußischen König Friedrich Wilhelm IV. genehmigten Statuts auch alleine handlungsbevollmächtigt. Während der Hauptversammlung des ZDV am 12. Oktober 2024 dankte der Secretär dem ehemaligen Präsidenten Michael Kreuzberg für sein Engagement. *md*

Barbara Schock-Werner neue Präsidentin des ZDV

Am 12. Oktober 2024 hat Prof. Dr. Barbara Schock-Werner die Nachfolge von Michael Kreuzberg angetreten. In der über 180-jährigen Geschichte des Vereins ist sie damit die erste Frau in der Doppelspitze des ZDV. Eine Besonderheit ist auch, dass mit ihr erstmals jemand ins Präsidentenamt gewählt wurde, der zuvor die Dombauhütte geleitet hat. Sie ist somit mit der Struktur und den Arbeitsabläufen der Bauhütte bestens vertraut.

Bereits am 22. August 2024 war Schock-Werner vom Gesamtvorstand unter der aufschiebenden Bedingung zur Präsidentin gewählt worden, dass sie in der Hauptversammlung in den Gesamtvorstand gewählt wird. Diese Bedingung wurde am 12. Oktober erfüllt, indem sie von den in der Kölner Philharmonie anwesenden Mitgliedern des ZDV mit überwältigender Mehrheit in den Vorstand gewählt wurde. Schock-Werner freut sich sehr über das ihr ausgesprochene Vertrauen: »Ich bin stolz darauf, dass die Mitglieder mich befähigt halten, den ZDV zu vertreten und verspreche, dass ich dies aktiv tun werde; denn die Stadt und der Dom brauchen den ZDV.« Auch der Secretär des ZDV, Dr. Rüdiger Fuchs, zeigte sich beschwingt über ihre Ernennung: »Im Namen aller ZDV-Mitglieder heißen wir unsere neue Präsidentin auf das Herzlichste willkommen. Wir freuen uns auf dynamische Aktivitäten, die den ZDV weiter in eine gute Zukunft führen werden.« Bereits in der ersten Woche nach der Wahl von Schock-Werner konnte der ZDV 325 neue Mitglieder verzeichnen.

1999 bis 2012 leitete Barbara Schock-Werner als Dombaumeisterin die Dombauhütte. Neben ihrem unermüdlichen Einsatz für den Erhalt der Weltkulturerbestätte fallen in ihre Amtszeit zahlreiche Projekte, die das Aussehen des Dominnenraumes bis heute prägen. Zu erwähnen wären die 2001 errichteten Windfänge an den Westportalen, das Südquerhausfenster von Gerhard Richter, die aktuelle Beleuchtung des Dominnenraumes und das Eingangsgebäude zur Turmbesteigung mit dem Domshop. Ein besonderes Anliegen ist ihr auch eine würdige Gestaltung des Domumfeldes. *md / pm*

Domserie von Hans-Jürgen Kuhl

Der »kölsche Warhol« Hans-Jürgen Kuhl unterstützt mit seiner Kunst den ZDV. Am 5. September 2024 hat Kuhl drei Motive seiner Domserie vorgestellt, die er in limitierter Auflage zugunsten des ZDV verkauft. Ein beträchtlicher Teil des Erlöses fließt dabei dem Verein als Spende zu. Mithilfe einer Drohne hat Kuhl den Dom aus allen Richtungen fotografiert. Aus den daraus entstandenen Aufnahmen hat er einige ausgewählt, um sie im farbenfrohen Stil der Pop-Art künstlerisch zu gestalten und im Siebdruckverfahren auf Papier zu bringen.

Hans-Jürgen Kuhl, der heute noch weltweit Nationalbanken bei der Herstellung fälschungssicherer Geldscheine berät, hat vor vielen Jahren seine Fertigkeiten auf diesem Gebiet in eigener Sache unter Beweis gestellt. Seine »Dollarnoten« waren das »Beste«, was es bis dahin auf diesem Markt gab. In den Verkehr gekommen sind Kuhls Blüten nie; dafür kam er vier Jahre ins Gefängnis. Inzwischen ist der Grafiker, Maler, Fotograf und Modeschöpfer Hans-Jürgen Kuhl, der als Sohn eines Kölner Fabrikbesitzers kriegsbedingt in Dattenfeld auf die Welt kam, 82 Jahre alt. Aufgewachsen ist er in Köln-Braunsfeld. Seine wechselvolle Lebensgeschichte wurde in einem Bestseller und in zahlreichen Fernsehbeiträgen dokumentiert. Auch seine Bekanntschaft mit dem weltbekannten Pop-Art-Künstler Andy Warhol wird darin thematisiert. Berühmt ist Andy Warhols Ansicht der beiden Domtürme, die auch Kuhl in einem sehr ähnlichen Motiv als Siebdruck auf den Markt gebracht hat. Mit Warhol hat sich Kuhl schließlich in einem Urheberstreit gütlich verständigt. Noch heute sind diese Druckgrafiken Kuhls sehr begehrt.

Drei Motive seiner Domserie in zwei unterschiedlichen Größen waren über den ZDV erhältlich. Die größeren im Format von 100 auf 100 cm wurden für € 750 veräußert, von denen € 400 zugunsten des Dombaus an den ZDV gingen. Die kleineren im Maßstab 50 auf 50 cm kosteten € 400. Davon kamen dem ZDV € 275 zugute. Alle Grafiken sind auf hochwertigem Büttenpapier gedruckt. Die Auflagenarbeit erfreute sich großer Beliebtheit, sodass bei Redaktionsschluss nur noch ein kleiner Restposten über den ZDV (E-Mail: zdv@zdv.de) erhältlich war. *rb / pm*

Erzbischof und Domkapitel

Prof. Ohly residierender Domkapitular
Prof. Dr. Christoph Ohly, Rektor der Kölner Hochschule für Katholische Theologie (KHKT) und Inhaber des dortigen Lehrstuhls für Kirchenrecht, Religionsrecht und Kirchliche Rechtsgeschichte, wurde am 15. Dezember 2023 von Rainer Maria Kardinal Woelki zum residierenden Domkapitular an der Kathedralkirche ernannt. Durch die Emeritierung von Prälat Josef Sauerborn (KDbl. 2023, 88, S. 272–273) war eines dieser zwölf Kanonikate frei geworden. Gemeinsam mit Kreisdechant Guido Zimmermann war der 1966 in Gelsenkirchen geborene und am 10. Oktober 1991 für das Erzbistum Köln in Rom zum Priester Geweihte, der von 2010 bis 2020 als Professor für Kirchenrecht an der Theologischen Fakultät in Trier lehrte, bereits am 7. März 2021 als nichtresidierender Domkapitular eingeführt worden (KDbl. 2021, 86, S. 268–269).

Anlässlich der jetzigen Ernennung sagte er: »Die Verbundenheit mit dem Dom und seinen Menschen wird sich durch die neue Aufgabe noch einmal vertiefen, worüber ich mich sehr freue. Immer wieder stelle ich fest, wie dieser Ort wirklich Raum der Begegnung mit Gott und seines Handelns mit uns Menschen ist. Daran mit erweiterten Aufgaben mitwirken zu dürfen, berührt mich sehr.« Dompropst Msgr. Guido Assmann, der die Einführung im sonntäglichen Kapitelsamt am 21. Januar 2024 leitete, brachte seine Freude darüber zum Ausdruck, dass das Kollegium der residierenden Domkapitulare mit Prof. Ohly wieder vollständig besetzt ist: »Seine Persönlichkeit und sein Sachverstand sind ein großer Gewinn für die Seelsorge am Dom und unsere Beratungen im Domkapitel.« *ga*

Besondere Geburtstage
Nur eine Woche später eröffnete Dompropst Msgr. Guido Assmann den Reigen der besonderen Geburtstage im Berichtszeitraum. Er tat dies mit der »Feier der großen Danksagung« im Hochamt am 28. Januar 2024, an dem als Konzelebranten und im Chor 17 Priester und unter den Gläubigen zahlreiche Angehörige und Freunde aus seinen verschiedenen Wirkungsstätten als Kaplan in Eitorf und Köln-Klettenberg, als Pfarrer in Dormagen und Neuss und als Dechant des Kreisdekanats Rhein-Kreis Neuss teilnahmen. Guido Assmann wurde am 28. Januar 1964 in Radevormwald geboren.

In Düsseldorf erblickte einer unserer heutigen Ehrendomherren das Licht der Welt: Erzbischof Dr. Heiner Koch, unser ehemaliger Domkapitular und Weihbischof, der nun seinen 70. Geburtstag am 13. Juni 2024 in der Hauptstadt Berlin feiern konnte, wo er 2015 die Nachfolge von Rainer Maria Kardinal Woelki angetreten hat (KDbl. 2015, 80, S. 255–256).

Ein halbes Jahrhundert alt wurde am 17. September 2024 der in Aachen geborene Jörg Stockem, der seit dem 8. November 2020 als Domvikar und Domzeremoniar seinen priesterlichen Dienst versieht (KDbl. 2021, 86, S. 266–267). Diesen und allen anderen Geburtstagskindern ein herzliches »Ad multos annos!« *ga*

In Sorge um Prälat Sauerborn

Die Sorge, die sich nicht wenige Menschen um den hochgeschätzten Prälaten Josef Sauerborn machen, der im vergangenen Jahr nach Erreichen der Altersgrenze als Domkapitular emeritiert wurde, bestätigte sich leider am 26. Juli 2024: Als er an diesem Freitag zur Feier der 9.00-Uhr-Messe im Dom nicht erschienen war, musste er wenig später vom Rettungsdienst in ein Krankenhaus transportiert und dort notfallmäßig behandelt werden. Er konnte leider bisher nicht in seine gewohnte Umgebung zurückkehren, sondern musste sich in verschiedenen Krankenhäusern stationär behandeln lassen. Sicher begleiten ihn nicht nur die Zuwendung seiner Geschwister und Freunde, sondern auch die Gebete und Gedanken vieler Menschen, die ihn kennen. *ga*

Besondere Aufgaben

Unser Erzbischof ernannte zum 1. September 2024 Domkapitular Msgr. Markus Bosbach unter Beibehaltung seines Amtes am Dom und der ehrenamtlichen Tätigkeit als Präsident des Allgemeinen Cäcilienverbands für Deutschland e. V. für drei Jahre zum Pfarrverweser der Pfarrei Heilige Dreifaltigkeit in Düsseldorf-Derendorf/Pempelfort.

Er verlängerte, ebenfalls mit Wirkung vom 1. September 2024, die Amtszeit von Domdechant Msgr. Robert Kleine als Stadtdechant von Köln für eine dritte Periode. Der Pressedienst vom 30. August 2024 zitierte Robert Kleine mit den Worten: »Ich freue mich sehr, dass Kardinal Woelki mir sein Vertrauen schenkt und mich erneut […] zum Stadtdechanten von Köln berufen hat. […] Ich freue mich darauf, diese erfolgreiche Arbeit fortzusetzen. […] Den vielen Herausforderungen, die sich uns in Kirche und Gesellschaft aktuell stellen, werden wir auch künftig engagiert und tatkräftig begegnen.« *ga*

Diamantenes Priesterjubiläum von Prälat Knopp

Gemeinsam mit einer Reihe ihm persönlich besonders verbundener Priester, im Kreis etlicher Mitglieder des Domkapitels, von denen Msgr. Dr. Thomas Weitz der Hauptzelebrant und Festprediger war, und einer großen Gottesdienstgemeinde feierte Ehrendomherr Prälat Paul Knopp im Hochamt am 20. Oktober 2024 sein Diamantenes Priesterjubiläum. Auch wenn er nur sitzend konzelebrieren konnte, tat er dies mit besonderer Dankbarkeit nach wochenlangem Aufenthalt in verschiedenen Krankenhäusern und einer anschließenden Reha-Maßnahme.

1938 in Düsseldorf geboren und am 10. Oktober 1964 als Alumne des Collegium Germanicum in Rom von Julius Kardinal Döpfner zum Priester geweiht, wurde er von Juni 1965 bis Januar 1968 als Kaplan an der damals circa 3.700 Seelen zählenden Pfarrei St. Rochus in Kerpen-Balkhausen eingesetzt. Dann kehrte er als »Kurat« (Seelsorger und Leiter) der deutschsprachigen Gemeinde in die Ewige Stadt zurück und übernahm den Religionsunterricht an der Deutschen Schule Rom. 1975 verlieh ihm der Papst den Titel »Kaplan Seiner Heiligkeit« (Monsignore), zehn Jahre später wurde er »Päpstlicher Ehrenprälat«.

Mit dem Heiligen Jahr 2000 beendete Paul Knopp seinen 32-jährigen Einsatz in Rom, aber nicht ohne nochmals die Schulbank zu drücken und an der Päpstlichen Universität Gregoriana das Lizentiat im Fach »Christliche Spiritualität« zu erwerben, um nach der Rückkehr in unser Erzbistum 2002 neben dem Amt des Pfarrers an der Basilika St. Kunibert gut gerüstet die Aufgaben eines Referenten für Liturgie, Spiritualität und Geistliche Gemeinschaften in der Hauptabteilung Seelsorge zu übernehmen. Seit 2005 war er einer der Pfarrvikare in den Pfarreien St. Agnes, St. Kunibert und St. Ursula. Nach seinem Eintritt in den Ruhestand 2013 wechselte er zum 1. Juni 2014 als Subsidiar an die Hohe Domkirche (KDbl. 2018, 83, S. 298), wo er auch Wohnung nahm. *ga*

Unsere Verstorbenen

Konnten wir in der letzten Ausgabe noch mit Freude von den Feiern zum 70. Jahrestag der Priesterweihe von Weihbischof Dr. Klaus Dick und Prälat Erich Läufer berichten (KDbl. 2023, 88, S. 293–294), so bleibt dem Chronisten nun leider nur die traurige Pflicht, beider Heimgang zu vermerken. Gemeinsam hatten sie mit 34 anderen Diakonen am 24. Februar 1953 im Dom die Priesterweihe von Josef Kardinal Frings empfangen, nun starben sie im Abstand von zwei Tagen: Erich Läufer am 23. Februar 2024 in seiner Heimatstadt Leverkusen, Klaus Dick am 25. Februar 2024 in Köln-Lindenthal im Kloster zur heiligen Elisabeth, dem Mutterhaus der Cellitinnen an der Gleueler Straße.

Köln war auch der Geburtsort von Klaus Dick, der am 27. Februar 1928 in Ehrenfeld als Sohn eines Lehrerehepaares zur Welt kam. Nach seiner Priesterweihe wurde er zunächst bis Anfang 1955 als Kaplan zur Aushilfe in Alfter-Gielsdorf und Oedekoven eingesetzt. Im nahen Bonn war er sodann bis März 1957 Repetent (= Assistent des Direktors) im Erzbischöflichen Theologenkonvikt Collegium Albertinum. Danach hatte er eine Ernennung als Studentenpfarrer in Bonn; damals promovierte er ebenso wie Hubert Luthe in München bei dem Kölner Priester Prof. Gottlieb Söhngen (1892–1971). Aus dieser Zeit stammt die

Freundschaft mit Joseph Ratzinger, die Klaus Dick bis zum Tod von Papst Benedikt XVI. mit diesem pflegte.

Anfang 1963 wurde Dr. Dick als Nachfolger von Prälat Dr. Hans Daniels (1906–1992) die Leitung des Collegium Albertinum übertragen, eine Aufgabe, die er nur sechs Jahre lang wahrnahm. Dann folgten die Pfarrstellen St. Michael in Bonn (1969–1972) und St. Antonius in Wuppertal-Barmen (1972–1975). Dort erreichte ihn am 17. März 1975 die Ernennung zum Titularbischof von Guzabeta (einem ehemaligen Bischofssitz in Numidien) und zum Weihbischof in Köln. Die Bischofsweihe spendete ihm am 19. Mai 1975 (KDbl. 1975, 40, S. 229) Joseph Kardinal Höffner. Seine Wohnung nahm er in unmittelbarer Nähe zum Erzbischöflichen Haus im Gebäude des Priesterseminars und war so später auch stets Joachim Kardinal Meisner sehr nahe.

Bis zu seiner Emeritierung im Jahr 2003 war Klaus Dick in besonderer Weise beauftragt für den Pastoralbezirk Ost. Ab 1975 war er zudem Bischofsvikar für die Seelsorge an den ausländischen Katholiken, ab 1981 Bischofsvikar für Ordensfragen, ab 1992 für Fragen der Glaubenslehre und Ökumene. Kardinal Höffner ernannte ihn am 2. Juli 1978 zum Domdechanten. Ab 1981 übernahm er zusätzlich die Aufgabe des Bundesseelsorgers für den Malteser-Hilfsdienst.

In den zahlreichen Nachrufen auf Weihbischof Dr. Dick kommt immer wieder die Bewunderung zur Sprache, dass ihm bis ins hohe Alter nicht nur eine große geistige Präsenz geschenkt wurde sowie ein waches Interesse und scharfes Urteil über die Lage von Kirche und Welt zu eigen waren, sondern dass viele, ganz unterschiedliche Menschen mit ihm das Gespräch suchten, bei ihm das Bußsakrament empfingen und seiner geistlichen Führung vertrauten.

Klaus Dick war ein Rheinländer, der gerne Geschichten erzählte und Anekdoten zum Besten gab; eine ganze Gesellschaft konnte er mühelos, geistvoll und auch witzig unterhalten. Bei der Feier der Heiligen Messe hingegen erlebte man ihn stets als einen sehr gesammelten Menschen. Seine Predigten hielt er immer ohne Manuskript, sie waren theologisch geprägt und in der Gedankenführung klar und stringent.

Bei seiner Bischofsernennung und Weihe hatte Klaus Dick seinen Dienst unter ein Wort des Apostels Paulus aus dem 2. Korintherbrief (5,20) gestellt: »Obsecramus pro Christo – Wir bitten euch an Christi statt: Lasst euch mit Gott versöhnen!« Diesem Wahlspruch fühlte er sich stets verpflichtet.

Am 2. März 2024, einem strahlenden Frühlingstag, wurde der Sarg mit seinem Leichnam am Rondell in der Domherrensiedlung abgeholt und, von vielen Menschen begleitet, in den Dom überführt, wo Rainer Maria Kardinal Woelki die Exequien hielt; dem Wunsch des Verstorbenen folgend, predigte er über das Bischofsamt. Die anschließende Beisetzung in der Gruft hinter dem Ostchor der Domkirche leitete Dompropst Guido Assmann.

Auch am Tod von Prälat Erich Läufer nahmen viele Menschen Anteil. Am 25. November 1927 in Aachen geboren, wurde er in der Nacht zum 23. Februar 2024, kurz vor dem 71. Jahrestag seiner Priesterweihe, von Gott heimgerufen. Zwei Wochen später fanden am 9. März die Exequien und das Begräbnis statt, weil Kardinal Woelki in Israel sein musste und nicht kurzfristig zurückkommen konnte, aber sehr großen Wert daraufflegte, dem langjährigen und treuen Gefährten persönlich das letzte Geleit zu geben. Nach der Feier der Heiligen Messe in der Pfarrkirche St. Joseph in Leverkusen-Manfort, in der der Erzbischof Erich Läufer als einen »Mann des Wortes« und als »Menschenfischer« würdigte, war die Beisetzung auf dem Friedhof an der Manforter Straße, also nicht sehr weit von jenem Haus, in dem Erich Läufer mit seinen Eltern und den ziemlich jung ums Leben gekommenen Brüdern seit dem 3. Lebensjahr groß geworden war und die meiste Zeit gelebt hatte.

Nach der Priesterweihe begann sein Einsatz zunächst wie allgemein üblich als Kaplan: Die Stationen waren von 1953 bis 1964: Essen, Düsseldorf-Derendorf, Köln-Lindenthal und Mettmann. Danach fand er seinen Platz im Schuldienst an Berufs- und Fachschulen: Als Lehrer am Düsseldorfer Heinrich-Hertz-Kolleg unterrichtete der begeisterte Fußballspieler und lebenslange Fußballfan die Fächer Religion, Geschichte und Sport. Ab 1978 übernahm er zusätzlich die Aufgaben des Lehrbeauftragten für Einführung und Exegese des Neuen Testaments am Erzbischöflichen Diakoneninstitut, ebenso die des Geistlichen Beirats der Redaktion der Kölner Kirchenzeitung. Als er als Oberstudienrat pensioniert wurde, übernahm er 1989 die Leitung der Kirchenzeitung, 2002 wurde er ihr Chefredakteur und blieb ihr und der Leserschaft, als seine Aufgabe in die jüngeren Hände von Robert Boecker übergegangen war, als »freier Mitarbeiter« durch Beiträge in Wort und Bild bis zu seinem Tod treu.

Von 1965 bis 2002 tat er seinen priesterlichen Dienst auch als Subsidiar in seiner Heimatpfarrkirche; über viele Jahre war er neben dem Schuldienst ein eifriger Bezirkspräses der Schützenbruderschaften im Bereich Rhein-Wupper-Leverkusen, er engagierte sich im Deutschen Verein für das Heilige Land, die irdische Heimat Jesu, die er besonders liebte; auch heute stößt man dort auf unübersehbare Spuren seiner Person. Israel hat er viel häufiger als zahlreiche andere Länder unserer Erde besucht, in denen er seit jungen Jahren wagemutig, wissbegierig und aufgeschlossen in den Ferien unterwegs war, nicht ohne zahllose Eindrücke, Andenken und Fotos mitzubringen, die ihm in der Schule wie in seiner publizistischen Tätigkeit immer wieder zugutekamen. Es würde zu weit führen, hier all das zusammenzutragen, was in den zahlreichen Nachrufen über Erich Läufer gesagt beziehungsweise geschrieben wurde.

Das in den vier kanonischen Evangelien überlieferte Jesuswort (Joh 4,44 par.), wonach ein Prophet in seiner Heimat nicht geehrt wird, bewahrheitete sich bei Erich Läufer nicht. Im Gegenteil. Die Teilnahme so vieler Menschen an der Totenvesper, den Exequien und der Beisetzung war nicht nur schönes, beeindruckendes Zeichen ihrer Verbundenheit, Achtung und Dankbarkeit, sondern darüber hinaus ein Zeugnis des Glaubens an die Wahrheit der Frohen Botschaft, die der Verstorbene in Wort und Tat verkündet hat.

Msgr. Heinz-Peter Teller, Pfarrer und Stadtdechant in Leverkusen und nicht-residierender Domkapitular, sprach bei der Totenvesper am 8. März 2024 in seiner handfesten Art kurz und bündig in sechs Punkten über das, was er persönlich von Erich Läufer gelernt hat. Am Schluss sagte er – und die Zuhörer schmunzelten: »Jeder ist auch schwierig.« Das hätte Erich nach all dem Lob ganz gewiss gefallen. »Requiescant in pace!« *ga*

Dombauhütte und Dombauverwaltung

Neue Mitarbeiterinnen und Mitarbeiter
01. 04. 2024   Kathrin Bommes, *Steinrestauratorin*
01. 04. 2024   Dr. Carolin Wirtz, *Archivarin (befristet für 3 Monate)*
01. 07. 2024   Alexandra Schmauch, *Glasrestauratorin*
01. 08. 2024   Konstantin Schubert, *Auszubildender, Steinmetz*
01. 09. 2024   Solveig Hoffmann, *Metallrestauratorin*

Austritte
31. 08. 2023   Florian Hecker, *Auszubildender, Metallbauer*
01. 12. 2023   Robert Hofstätter, *Steinmetz*
31. 01. 2024   Dr. Ulrich Back, *Archäologe*
29. 02. 2024   Daniel Schubert, *Steinmetz*
31. 03. 2024   Timo Schwinn, *Steinmetz*
31. 03. 2024   Jasper Völkert, *Steinrestaurator*
31. 03. 2024   Katharina Vollmer, *Steinmetzin*
31. 07. 2024   Rita Portugall-Vogel, *Besucherbetreuung*

Verstorben
08. 10. 2024   Dr. Georg Hauser, *Archäologe*

Ehemaliger Grabungsleiter Georg Hauser verstorben
Am 8. Oktober 2024 ist der langjährige Leiter der Kölner Domgrabung Dr. Georg Hauser im Alter von 77 Jahren überraschend verstorben. Bis zuletzt war er dem Dom, der Dombauhütte und der Domgrabung eng verbunden.

Georg Hauser wurde am 21. November 1946 im niedersächsischen Sittensen geboren. Nach dem Abitur am Märkischen Gymnasium in Schwelm begann er zunächst ein Germanistikstudium. Da offenbar seine eigentliche Leidenschaft der Geschichte und Archäologie galt, wechselte er aber bereits nach kurzer Zeit das Fach und nahm das Studium der Vor- und Frühgeschichte auf. Es führte ihn über Kiel und Freiburg im Breisgau nach Bochum. Seit den frühen 1970er-Jahren nahm Georg Hauser an mehreren Grabungskampagnen zur Erforschung des Tells von Elazığ in der Osttürkei teil.

1978 promovierte Hauser mit einer Arbeit unter dem Titel »Beiträge zur Erforschung hoch- und spätmittelalterlicher Irdenware aus Franken« bei Prof. Dr. Gerhard Mildenberger in Bochum. Zunächst am Deutschen Bergbau-Museum in Bochum tätig, wechselte er 1979 an die Kölner Dombauhütte. Hier war er mit der Bearbeitung der Funde der 1946 begonnenen Domgrabung betraut. Seine Aufgabe war damit die Inventarisierung und wissenschaftliche Bearbeitung sämtlicher Funde einer der größten und bedeutendsten Kirchengrabungen in Europa, die bis dahin nur teilweise publiziert worden waren. Erste Ergebnisse fanden 1984 beim Kolloquium »Die Domgrabung Köln« Eingang in die Forschung. 1987 wurde Hauser Leiter der Domgrabung.

Durch seine Forschungen war Georg Hauser nicht nur ausgewiesener Domexperte, sondern auch einer der führenden Fachleute für mittelalterliche Keramik. In wissenschaftlichen Publikationen, auf Kolloquien und in Vorträgen hat er sein profundes Wissen mit der wissenschaftlichen Fachwelt geteilt. In seinem Grabungsführer »Schichten und Geschichte unter dem Dom«, der 2003 in der Reihe »Meisterwerke des Kölner Domes« erschienen ist, hat er den Forschungsstand zur Domgrabung auch den interessierten Laien auf eine gut verständliche Weise erschlossen. Seine ebenso kenntnisreichen wie unterhaltsamen Führungen durch die Ausgrabungen des Domes werden vielen Domfreunden unvergessen bleiben.

Zum 30. November 2011 wurde Dr. Georg Hauser in den Ruhestand verabschiedet. Dem Dom blieb er aber als Führender in der Ausgrabung, als Mitautor des Grabungsbandes »Der Alte Dom zu Köln« und als Domblattautor verbunden. So hat er bis zuletzt mit großer Leidenschaft zur Geschichte und Archäologie des Domes geforscht – zuletzt etwa zur Weihe des Alten Domes. Von den Mitarbeiterinnen und Mitarbeitern der Dombauhütte wurde er als großzügiger und stets hilfsbereiter Kollege sehr wertgeschätzt. *md*

Generationenwechsel in der Kölner Dombauhütte

In den vergangenen Jahren hatte sich in der Kölner Dombauhütte ein Generationenwechsel abgezeichnet, der für 2023/24 noch zwei Nachträge zu verzeichnen hat. Zum 1. Dezember 2023 ging nach 43 Jahren Tätigkeit für den Kölner Dom der Steinmetz Robert Hofstätter in den wohlverdienten Ruhestand. Hofstätter hatte als 15-Jähriger am 4. August 1980 seine Ausbildung zum Steinmetz in der Kölner Dombauhütte begonnen und konnte nach seiner Gesellenprüfung im Juli 1983 als Steinmetzgeselle von der Dombauhütte übernommen werden. Bereits im Sommer 1983 sammelte er beim Einbau der von der Firma Strattner erstellten Steingusskopien der Archivoltenfiguren des Petersportals erste Erfahrungen als Versetzsteinmetz. Hierin fand er seine eigentliche Profession, sodass er, wie bereits zuvor sein Vater, nahezu seine gesamte Dienstzeit als

Versetzsteinmetz auf den zahlreichen Baustellen des Domes tätig war. In den 1980er- und 1990er-Jahren konzentrierten sich die Arbeiten hier vor allem auf die Erneuerung des Strebewerks und der Obergadenwände an der Westseite des Nordquerhauses. Hierfür fertigte er Anfang der 1990er-Jahre auch sein Meisterstück. Weitere große Baustellen, an denen er zu dieser Zeit beteiligt war, waren die Sanierung und der folgende Ausbau des Sakristeikellers zur neuen Domschatzkammer und die Restaurierung der im Zweiten Weltkrieg beschädigten Fenstermaßwerke im 1. Obergeschoss des Nordturms. Ab den 2000er-Jahren standen die Verblendung der oberen Bereiche der sogenannten Ziegelplombe am nordwestlichen Nordturmpfeiler sowie Versetzarbeiten im Bereich des Strebewerks auf der nördlichen Langhausseite und am Obergaden und Strebewerk der Westseite des Südquerhauses im Fokus. Über viele Jahre arbeitete Hofstätter in einem Team zusammen mit Michael Schlig.

Nach etwa 23 Jahren Dienstzeit ist Rita Portugall-Vogel in den Ruhestand gegangen. Als Mitarbeiterin der Besucherbetreuung war es ihre Aufgabe, Tag für Tag ungezählte Telefonate entgegenzunehmen und immer wieder geduldig und freundlich Auskunft über die verschiedenen Führungsangebote in den Sonderbereichen des Domes zu geben sowie die Buchungen zu verwalten. Vielen Dombegeisterten ist ihre Stimme daher gewiss gut vertraut. 2001 war Portugall-Vogel zunächst als Urlaubsvertretung für vier Wochen in der Besucherbetreuung eingestellt worden. Zu ihrer großen Überraschung erhielt sie am Ende ein festes Stellenangebot – oder wie ein ehemaliger Kollege zu ihr sagte: »Der Kölner Dom sucht sich halt seine Leute selbst.«

Auf eine immerhin etwa 10-jährige Dienstzeit können Dipl.-Rest. Jasper Völkert und Daniel Schubert zurückblicken. Völkert arbeitete von 2013 bis 2024 als Steinrestaurator in der Dombauhütte und hat sich in den vergangenen Jahren unter anderem der Restaurierung des historischen Fußbodenmosaiks im Domchor angenommen. Daniel Schubert kam 2015 als Auszubildender im Steinmetzhandwerk in die Dombauhütte und wurde nach seiner Lehrzeit übernommen. Er arbeitete teils als Steinmetz in den Werkstätten, teils als Versetzsteinmetz auf verschiedenen Außenbaustellen des Domes – in den vergangenen Jahren insbesondere im Bereich der Südquerhausfassade. Beide haben die Dombauhütte auf eigenen Wunsch verlassen, um sich beruflich neu zu orientieren. *md*

Der langjährige Domarchäologe Ulrich Back in Rente

Als die Ausgrabungen im Kölner Dom Mitte der 1980er-Jahre nach kurzer Unterbrechung weitergeführt werden sollten, war es notwendig, diesen Neuanfang auch personell zu begleiten und die Koordination der Arbeiten in versierte Hände zu legen. Glücklicherweise konnte der junge Archäologe Dr. Ulrich Back für die Leitung der Grabungsarbeiten vor Ort gewonnen werden. Frisch promoviert trat Ulrich Back am 1. November 1986 seinen Dienst in der Domgrabung an.

Allerdings war dies ein Start zu ungewöhnlichen Konditionen, hatte Back doch bereits bei Dienstantritt seine Beurlaubung in der Tasche, die ihn für ein volles Jahr freistellen sollte. So kehrte er nach wenigen Monaten dem Dom den Rücken, um als Inhaber des begehrten Reisestipendiums des Deutschen Archäologischen Instituts das Mittelmeer zu umrunden. Mit seiner Rückkehr folgten für Back viele Jahre intensiver und erfolgreicher Grabungstätigkeit. Befördert durch den damals gehegten Plan, im Untergrund der Kathedrale den Raum für ein neu einzurichtendes Dommuseum zu schaffen, bot sich die Möglichkeit, die Ausgrabungen großflächig auszudehnen. So konnten große Teile des Langhauses sowie der Türme untersucht und im Fundamentbereich freigelegt werden. Die hier gewonnenen Erkenntnisse gestatteten es Back, den hochmittelalterlichen Baubetrieb in den Fokus zu nehmen und nicht nur die logistischen Herausforderungen eines solchen Großprojektes zu beleuchten, sondern auch die Baugeschichte des gotischen Domes in manchen Punkten umzuschreiben.

Die intensive Phase der Aufarbeitung folgte schließlich auf die 1997 gefällte Entscheidung, die Ausgrabungen im Dom nurmehr im Bedarfsfall in baubegleitenden Maßnahmen weiterzuführen. So konzentrierte sich Ulrich Back von nun an auf eine vollständige Katalogisierung und digitale Erfassung der seit Beginn der Ausgrabungen aufgedeckten archäologischen Befunde. In der ihm eigenen systematischen Art und Weise sichtete er, gleichsam in einer zweiten Ausgrabung am Schreibtisch, die bisherige Grabungsdokumentation mit rund 2.500 Zeichnungen, 15.000 Fotos und nicht zuletzt dem unter Otto Doppelfeld 1946 begonnenen handschriftlichen Grabungstagebuch. In akribischer Detektivarbeit trug Back alle greifbaren Informationen zu rund 2.200 Mauern, Fußböden, Gruben, Gräbern und Erdschichten zusammen, als Grundlage für deren weitere wissenschaftliche Nutzung.

In der Reihe Studien zum Kölner Dom legte Ulrich Back im Jahr 2008 seine Auswertung zur gotischen Bauzeit im Rahmen eines gewichtigen, über 500 Seiten umfassenden Werkes vor unter dem Titel »Die Baugeschichte des Kölner Domes nach archäologischen Quellen«. Dieser, wie auch der wenige Jahre später folgende und nicht minder umfangreiche Band »Der Alte Dom zu Köln« entstanden in geradezu vorbildlicher Teamarbeit, deren Koordination ohne Ulrich Back kaum denkbar gewesen wäre. Seit Beginn seiner Tätigkeit am Dom hat er zudem in regelmäßigen Publikationen unter anderem im Kölner Domblatt fortlaufend über die aktuellen Aktivitäten und Erkenntnisse der Grabungen informiert und nahm diese auch immer zum Anlass für detailliertere Überlegungen. Sie führten von Datierungsfragen der römischen Stadtmauer über die architektonische

Umsetzung frühmittelalterlicher Liturgie oder die Statussymbolik in der Ausstattung merowingerzeitlicher Frauengräber bis hin zu den Gussstätten der mittelalterlichen Großglocken oder der Gasbeleuchtung des Domes während des 19. Jahrhunderts. Dies umreißt nicht nur die enorme, durch dieses einmalige Forschungsprojekt abgedeckte Zeitspanne, sondern auch das universelle Forschungsanliegen von Ulrich Back.

Zum Abschluss seiner beruflichen Tätigkeit ist es Back gelungen, die Ergebnisse der hoch komplexen 1946 begonnenen Ausgrabungen unter dem Dom in einer umfassenden und hervorragend strukturierten Publikation vorzulegen. Das Werk ermöglicht einen kompakten und spannenden Einstieg in die »Archäologie im Kölner Dom«.

Nach 37 Jahren ist Dr. Ulrich Back im Januar 2024 in den wohlverdienten Ruhestand gegangen. Die Domgrabung verliert mit ihm nicht nur einen hochgeschätzten Mitarbeiter, sondern vielmehr einen überaus angenehmen und liebenswerten Kollegen. Er hinterlässt am Dom eine schmerzliche Lücke. *rs*

Jubiläumsjahr 200 Jahre Wiederbegründung Kölner Dombauhütte

Vor 200 Jahren wurde die Kölner Dombauhütte wiederbegründet. Aus Anlass dieses Jubiläums war die gemeinsame Sommerausstellung des Domforums und der Kölner Dombauhütte im Jahr 2024 dem Thema »200 Jahre Wiederbegründung der Kölner Dombauhütte« gewidmet. Sie war vom 14. Juni bis zum 18. August 2024 im Foyer des Domforums zu sehen. Auf vier Informationsstelen wurde über die Vorgeschichte der Dombauhütte, ihre Wiederbegründung, die Anfangsjahre und ihre weitere Geschichte berichtet. Im Kino des Domforums wurde aus Anlass des Jubiläums am 30. Juli, 5. August und 7. September der im vergangenen Jahr vorgestellte Film von Marcus Laufenberg zur Kölner Dombauhütte gezeigt.

Die Kölner Dombauhütte geht letztlich auf eine Institution zurück, die im Jahr 1248 mit dem Bau des heutigen hochgotischen Domes begann. Auch nach der Einstellung der Bauarbeiten in den 1520er-Jahren existierte zumindest die für die Organisation und Finanzierung des Dombaus zuständige Domfabrik fort, um die notwendigen Erhaltungsarbeiten zu koordinieren. Die vom Jesuitenpater Hermann Crombach in der Mitte des 17. Jahrhunderts formulierte Idee einer Domvollendung war aufgrund der Zeitumstände zum Scheitern verurteilt.

Die Zeit um 1800 brachte nicht nur die Wiederentdeckung der Gotik als Baustil, sondern war zugleich auch eine Zeit größter Gefährdung für den Dom. Zwei Jahre nach der Besetzung der Stadt durch französische Revolutionstruppen 1794 wurde der Dom für Gottesdienste geschlossen und diente in der Folgezeit als Korn- und Futtermagazin sowie zeitweise als Kriegsgefangenenlager. Vor allem

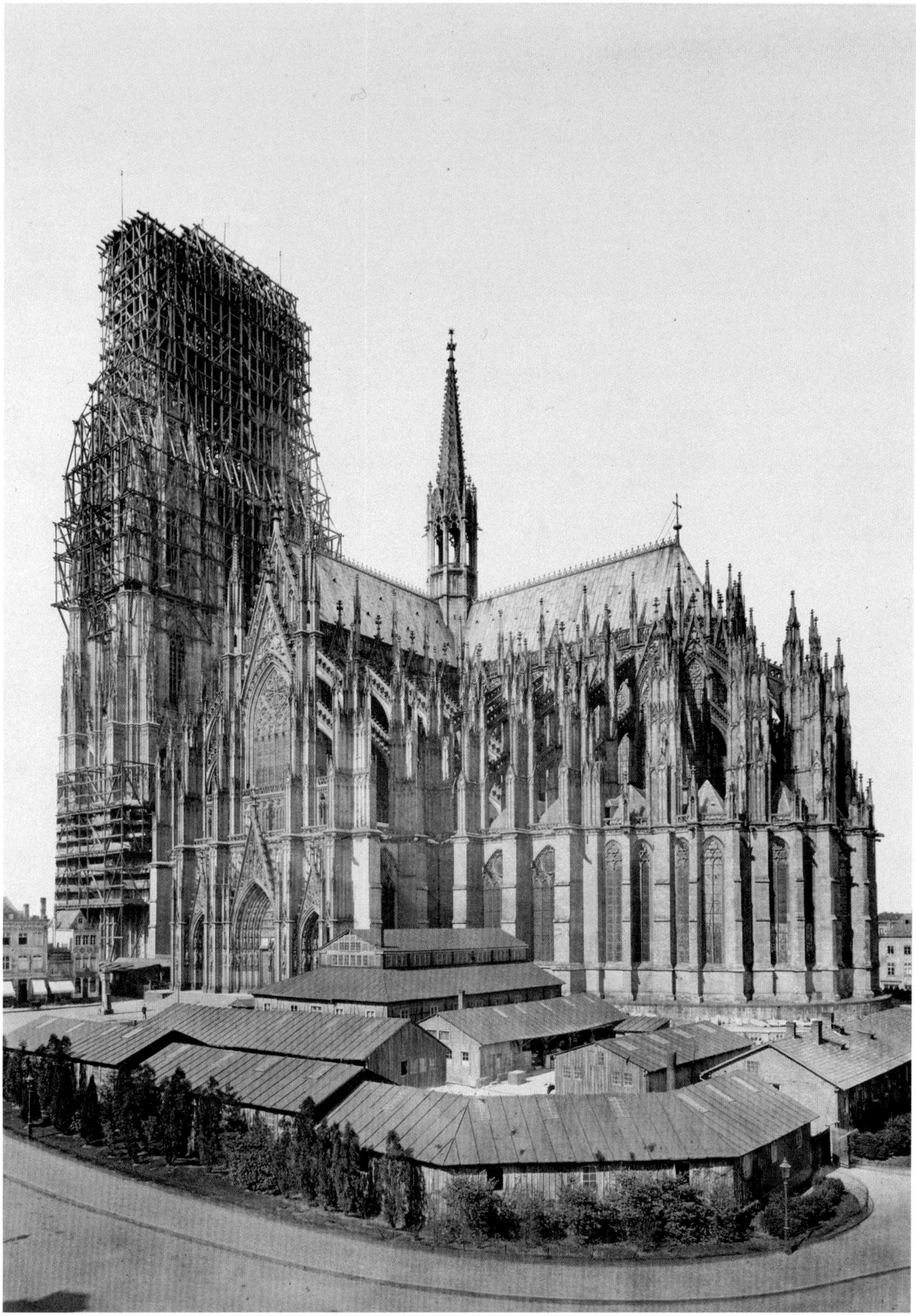

aber wurden alle Instandhaltungsarbeiten eingestellt, was im Lauf der folgenden Jahrzehnte zu einem massiven Verfall des kolossalen Bauwerks führte. Ab 1808 war es vor allem der Kölner Kaufmannssohn Sulpiz Boisserée, der sich den Erhalt und die Vollendung des Kölner Domes zur Lebensaufgabe machte. Durch die Herausgabe eines großen Kupferstichwerkes zum Kölner Dom, vor allem aber durch zahlreiche Kontakte zu den politischen und geistigen Größen seiner Zeit, gelang es ihm in den folgenden Jahrzehnten erfolgreich für sein Projekt zu werben. Er war es auch, der 1812 als erster die Idee der Wiedereinrichtung einer festen Dombauhütte in Köln formulierte. Boisserée kann somit als geistiger Vater der heutigen Kölner Dombauhütte gelten.

Die Gründung selbst war ein langwieriger Prozess, der nicht zuletzt durch den preußischen Architekten Karl Friedrich Schinkel vorangetrieben wurde. In seinem Baugutachten von 1816 wies er auf den erschreckenden Zustand insbesondere der Dächer und des Chorstrebewerks hin und empfahl ebenfalls die Einrichtung einer festen Bauhütte. Erst sechs Jahre später, im Dezember 1822, wurde der Bauinspektor Friedrich Adolf Ahlert, der bereits drei Jahre zuvor mit einem Gutachten und Kostenvoranschlag für notwendige Erhaltungsmaßnahmen am Dom beauftragt worden war, von allen anderen Aufgaben entpflichtet und gänzlich mit der Vorbereitung der Restaurierungsarbeiten am Dom betraut. Damit war ein erster Schritt zur Gründung einer Bauhütte vollzogen.

Die Einrichtung der Bauhütte selbst war ein schleichender Prozess. Erste Restaurierungsarbeiten begannen noch im Winter 1822/23. Diese wurden zunächst von selbstständigen Unternehmen durchgeführt. Auch wenn sich formal daran auch in den kommenden Jahren nichts änderte, bildete sich dennoch bald ein fester Stamm an Mitarbeitern heraus, die ausschließlich für den Dombau tätig waren. Im Sommer 1824 verdichtete sich dieser Prozess. So datiert der früheste Eintrag in der Stammrolle der Steinmetzen, in der im 19. und frühen 20. Jahrhundert alle am Dombau beschäftigten Steinmetzen registriert wurden, vom 15. Juni 1824. Er nennt den Kölner Steinmetzen Peter Sturm. Am 2. August 1824 wurde auf der Westseite des Domes eine feste Werkstatt für die Steinmetzen der Bauhütte eingerichtet, womit die Dombauhütte auch baulich ins Leben gerufen war.

Zur Ausstellung ist eine Broschüre mit allen Texten und Bildern entstanden. Sie ist im Domforum gegen eine Schutzgebühr von € 3,00 erhältlich. *md*

Studienfahrt der Kölner Dombauhütte

Nachdem im vergangenen Jahr eine etwas längere Studienfahrt die Kölner Dombauhütte nach Berlin geführt hatte, stand 2024 wieder ein Tagesziel in der weiteren Umgebung von Köln auf dem Programm. So brachen die aktiven und ehemaligen Mitarbeiterinnen und Mitarbeiter der Kölner Dombauhütte in den Morgenstunden des 28. Juni 2014 ins belgische Liège (Lüttich) auf, wo sie vom Historiker und Kunsthistoriker Clemens M. M. Bayer ebenso fachkundig wie unterhaltsam durch die Stadt und Kirchen geführt wurden. Auf dem Programm standen unter anderem der im Übergangsstil von der Gotik zur Renaissance im frühen 16. Jahrhundert errichtete Fürstbischöfliche Palast, die Passage Lemonniere, die heutige Kathedralkirche und ehemalige Kollegiatskirche St-Paul inklusive Dachwerk und Schatzkammer – die ursprüngliche Kathedrale Notre-Dame-et-St-Lambert fiel der Französischen Revolution zum Opfer –, ein kleiner Beginenhof, die ehemalige Benediktinerabteikirche St-Jacques-le-Mineur und der vom spanischen Architekten Santiago Calatrava errichtete Bahnhof Liège-Guillemins. Das Programm bildete somit eine kleine Zeitreise durch die Stadt- und Architekturgeschichte vom Mittelalter bis zum 21. Jahrhundert, wobei es sich Clemens M. M. Bayer nicht nehmen ließ, auch auf die zahlreichen Bausünden der Nachkriegsjahrzehnte in der vom Zweiten Weltkrieg weitgehend verschonten Stadt hinzuweisen. Der Tag klang bei einem gemeinsamen Abendessen in Köln-Deutz aus. *md*

Tag der offenen Tür
Aufgrund der umfassenden Bauarbeiten an den Decken über den Werkstätten der Dombauhütte musste in diesem Jahr der Tag der offenen Tür in der Dombauhütte, der gewöhnlich mit dem Tag des offenen Denkmals in Köln korreliert, entfallen. Daneben gab es aus Anlass des Tages des offenen Denkmals am Samstag, den 7. September 2024, aber eine ganze Reihe von Aktionen rund um den Dom. So hatte das frühchristliche Baptisterium hinter dem Domchor geöffnet. Mitarbeiterinnen und Mitarbeiter der Domgrabung gaben den interessierten Gästen Auskunft über diesen besonderen archäologischen Schatz.

Ferner boten das Domforum und Mitarbeiter der Dombauhütte unter dem Titel »Wahrzeichen mit Abstand. Der Dom und sein städtebauliches Umfeld« Führungen zum Außenbau des Domes und zur Domumgebung an. Hier wurden Spuren der Geschichte von der mittelalterlichen Bauzeit bis zur Gegenwart näher beleuchtet. Auch die gemeinsame Ausstellung des Domforums und der Dombauhütte zum 200-jährigen Jubiläum der Bauhütte war nochmals im Dreikönigensaal des Domes zu sehen. Dort war auch der ZDV mit einem Infostand präsent und informierte über sein Engagement für den Erhalt der Weltkulturerbestätte. In der Domschatzkammer wurden Sonderführungen von Mitarbeiterinnen angeboten. *md*

Dom und Ausstattung

Internationaler Kunstwettbewerb

Der im vergangenen Jahr der Öffentlichkeit vorgestellte Internationale Kunstwettbewerb (KDbl. 2023, 88, S. 283–284) ist 2024 in seine erste zentrale Phase gegangen. 15 Künstlerinnen und Künstler, die zur Teilnahme am Wettbewerb eingeladen worden sind, waren am 23. Januar bei einem Auftaktkolloquium in Köln zu Gast. Im Laufe des Tages hatten sie die Gelegenheit, den Dom und die Mitglieder der Wettbewerbsjury kennenzulernen. In diesem Rahmen konnten sie Fragen zu den künstlerischen Erwartungen sowie zum Ablauf des Verfahrens stellen.

Zunächst stand für die Künstlerinnen und Künstler eine Führung durch den Dom und hier vor allem zu den antijüdischen Artefakten auf dem Programm. Anschließend startete das Auftaktkolloquium im Maternushaus mit einem Grußwort von Weihbischof Rolf Steinhäuser, Domkapitular und Bischofsvikar für Ökumene und interreligiösen Dialog im Erzbistum Köln. In zwei Podiumsdialogen mit anschließenden Diskussionen hatten die Künstlerinnen und Künstler die Gelegenheit, sich detailliert über den Wettbewerb zu informieren. Im ersten Podiumsdialog fasste Weihbischof Steinhäuser zunächst die Genese und Vision des Planungswettbewerbs zusammen, bevor er sich mit Abraham Lehrer, Vorstandsmitglied der Synagogen-Gemeinde Köln und Vizepräsident des Zentralrats der Juden in Deutschland, über die Geschichte und die Gegenwart des Verhältnisses zwischen Christentum und Judentum austauschte. Lehrer bezeichnete das Vorhaben als eine »fantastische Idee, zu der man das Domkapitel nur beglückwünschen könne«. Aufgabe des neuen Kunstwerks sei es nicht, einen »Schlussstrich unter die Vergangenheit zu ziehen, sondern vielmehr eine Tür für die Zukunft zu öffnen«.

Dr. Stefan Kraus, Leiter des Kolumba Kunstmuseums des Erzbistums Köln und Jurymitglied, erläuterte anschließend die künstlerischen Erwartungen und Beurteilungskriterien. Er bezeichnete die erstmals von Prof. Dr. Reinhard Hoeps im Kölner Domblatt 2008 formulierte Idee, auf die Bilder im Dom mit Kunst zu reagieren, als »richtigen Weg«, der eine »große Strahlkraft« besitze – »zumindest in Europa, aber auch darüber hinaus«.

Im zweiten Podiumsdialog wurden die Kunstschaffenden durch Simon Hubacher vom verfahrensbegleitenden Kölner Büro neubig hubacher Architekten und Stadtplaner PartG mbB und Dombaumeister Dipl.-Ing. Peter Füssenich über den Ablauf des Wettbewerbs und seine Rahmenbedingungen informiert.

In den Folgemonaten bis Mitte August 2024 hatten die Künstlerinnen und Künstler Zeit, ihre Ideen auszuarbeiten. Am 19. September 2024 hat die Wettbewerbsjury unter dem Vorsitz der Saarbrücker Architektin Prof. Andrea Wandel aus den 15 eingegangenen Entwürfen vier besonders überzeugende Umsetzungsideen ausgewählt. Sie sollen von den Finalisten in der nun folgenden Vertiefungsphase des Wettbewerbs konkretisiert werden.

Mitglieder der Wettbewerbsjury sind unter anderem Domkapitular und Weihbischof Rolf Steinhäuser, Abraham Lehrer (Vorstandsmitglied der Synagogen-Gemeinde Köln und Vizepräsident des Zentralrats der Juden in Deutschland), Dombaumeister Peter Füssenich, Dr. Yilmaz Dziewior (Direktor des Museum Ludwig in Köln), Rabbiner Dr. Jehoshua Ahrens (ehrenamtlicher Direktor des Center for Jewish-Christian Understanding and Cooperation in Jerusalem), der Schweizer Jesuit und Judaist Prof. Dr. Christian Rutishauser (SJ) und Prof. Dr. Jürgen Wilhelm, Vorsitzender der Kölnischen Gesellschaft für Christlich-Jüdische Zusammenarbeit.

»Wir haben 15 sehr unterschiedliche Ideen für das neue Dom-Kunstwerk zum christlich-jüdischen Dialog kennenlernen dürfen«, bilanziert Weihbischof Rolf Steinhäuser, Domkapitular und Bischofsvikar für Ökumene und interreligiösen Dialog im Erzbistum Köln. »Einige Konzepte haben uns zum Nachdenken gebracht, andere in ihrer potenziellen Raumwirkung und mit ihrer Aussagekraft überrascht. Wieder andere haben uns ästhetisch wie interpretatorisch herausgefordert und zu intensiven Diskussionen und einem längeren Meinungsaustausch angespornt.« »Die vier Finalistinnen und Finalisten haben ganz unterschiedliche, sehr inspirierende grundsätzliche Herangehensweisen für ein neues Kunstwerk im Kölner Dom vorgelegt«, sagt Prof. Andrea Wandel, die Vorsitzende der Wettbewerbsjury.

Die Entwürfe der vier Finalistinnen und Finalisten wurden im nächsten Schritt von technischen Sachverständigen geprüft. Anschließend sind die Kunstschaffenden über das Ergebnis der technischen Prüfung informiert und über die Stärken, welche die Jury in ihren jeweiligen Entwürfen gesehen hat, unterrichtet worden.

Am 4. Februar 2025 endet die Frist für die Weiterentwicklung der Arbeiten. In einer Jurysitzung am 20. März 2025 soll dann die Arbeit ausgewählt werden, die dem Domkapitel zur Umsetzung empfohlen wird. Anfang April 2025 wird das als Siegerentwurf prämierte Kunstprojekt gemeinsam mit allen anderen Entwürfen der Öffentlichkeit vorgestellt. *mf*

Tastmodell

Seit dem 20. September 2024 steht vor dem mittelalterlichen Petersportal ein kleiner, aber sehr detaillierter Zwilling des Kölner Domes aus Bronze. Auf Initiative und finanziert vom Kölner Karnevalsverein Domsitzung e. V. wurde ein

Tastmodell des Domes für Blinde und sehbehinderte Menschen geschaffen, das an diesem Tag im Rahmen eines Gottesdienstes von Dompropst Msgr. Guido Assmann enthüllt werden konnte. Heinz Theo Müller, Vorsitzender von Domsitzung e. V., freut sich, dass Menschen mit Sehbehinderung nun die Möglichkeit haben, »die majestätische Architektur des Domes zu erkunden«. Besonderen Dank schulde der Verein allen Spendern, Partnern und Freiwilligen, ohne deren Unterstützung das Projekt nicht möglich gewesen wäre. Finanziert worden sei das rund € 40.000 teure Modell durch die Einnahmen der Karnevalssitzungen des Vereins. 2018 hatte der Verein mit der Sammlung von Geldern begonnen.

Geschaffen wurde das Modell vom Kölner Künstler, Goldschmiedemeister und Innungsmeister Ingo Telkmann. Der Entstehungsprozess beginnend mit Fotografien, Zeichnungen und kleinen Formmodellen, über die Gestaltung des großen Gussmodells aus Bildhauerwachs bis hin zum Bronzeguss war überaus zeitaufwendig, denn es galt die »komplexe Komposition« des Domes »mit seinem Grundthema und den darauf aufbauenden kraftvollen, lauten und bisweilen auch leisen Melodien« in eine gut lesbare Form zu übersetzen. Beraten wurde er dabei von Wolfram Floßdorf, der seit seinem 20. Lebensjahr komplett erblindet ist, sowie von Vertretern der Blindenseelsorge des Erzbistums Köln. In Bildern und Texten hat Telkmann den langwierigen Prozess auf einer Website (www.tastmodell-dom.koeln/) anschaulich dargestellt. Gegossen wurde das Modell schließlich im Mai 2024 in der Kölner Kunstgießerei Martin Schweitzer.

Die Grundplatte des Tastmodells, auf der Tast- und Schriftfelder mit Informationen zum Kölner Dom in Braille- und Druckschrift angebracht sind, ist etwa 65 mal 90 cm groß. Es hat eine Höhe von etwa 70 cm. Der Steinsockel wurde nach Entwürfen von Wolfgang Küpper unter Mitarbeit von Stephan Wieczorek und der Auszubildenden Samira Dykstra in der Dombauhütte geschaffen. Er zeigt verschiedene Maßwerkformen des Domes: zwei unterschiedliche Dreipässe, einen Vierpass und einen Fünfpass.

Der 1996 gegründete Verein Domsitzung e. V. setzt sich für den Erhalt und die Förderung des Domes ein. Es ist sein Anliegen, das Bewusstsein für die Bedeutung des Domes sowohl in der lokalen wie auch in der internationalen Gemeinschaft zu stärken. *md*

Domschatzkammer

Ausgegraben – Archäologische Schätze aus dem Kölner Dom

Vom 15. Dezember 2023 bis zum 31. März 2024 war in der sogenannten Bibliothek der Domschatzkammer die Ausstellung »Ausgegraben – Archäologische Schätze aus dem Kölner Dom« zu sehen. Sie wird seit dem 7. September bis zum Jahreswechsel 2024/25 erneut präsentiert. Anhand ausgewählter archäologischer Funde wird in der Ausstellung die wechselvolle Geschichte des Domes und seiner Vorgängerbauten von der Römerzeit bis in das 19. Jahrhundert exemplarisch nacherzählt. Gewidmet ist sie dem langjährigen Domarchäologen Dr. Ulrich Back, der Anfang 2024 in den Ruhestand gegangen ist.

1946 sind unter der Leitung von Otto Doppelfeld erste archäologische Ausgrabungen im Inneren des Domes begonnen worden. Sie wurden über Jahrzehnte hinweg weitergeführt und dauern in Einzelprojekten bis heute an. Durch diese Arbeiten sind unterhalb des Domes Räume entstanden, die sich mittlerweile unter nahezu allen Bereichen des heutigen Kirchenbodens erstrecken und eine Fläche von rund 4.000 Quadratmetern umfassen. Damit gehört die Kölner Domgrabung nicht nur zu den umfangreichsten Kirchengrabungen Deutschlands, sondern sie kann über geführte Rundgänge auch besichtigt werden.

Im Zuge der archäologischen Untersuchungen wurden Grundrisse und innere Strukturen verschiedener älterer Gebäude freigelegt, unter denen nicht nur der Alte Dom, sondern weitere Vorgängerbauten hervorzuheben sind. Gemeinsam mit zahlreichen Architekturresten und einer immensen Anzahl archäologischer

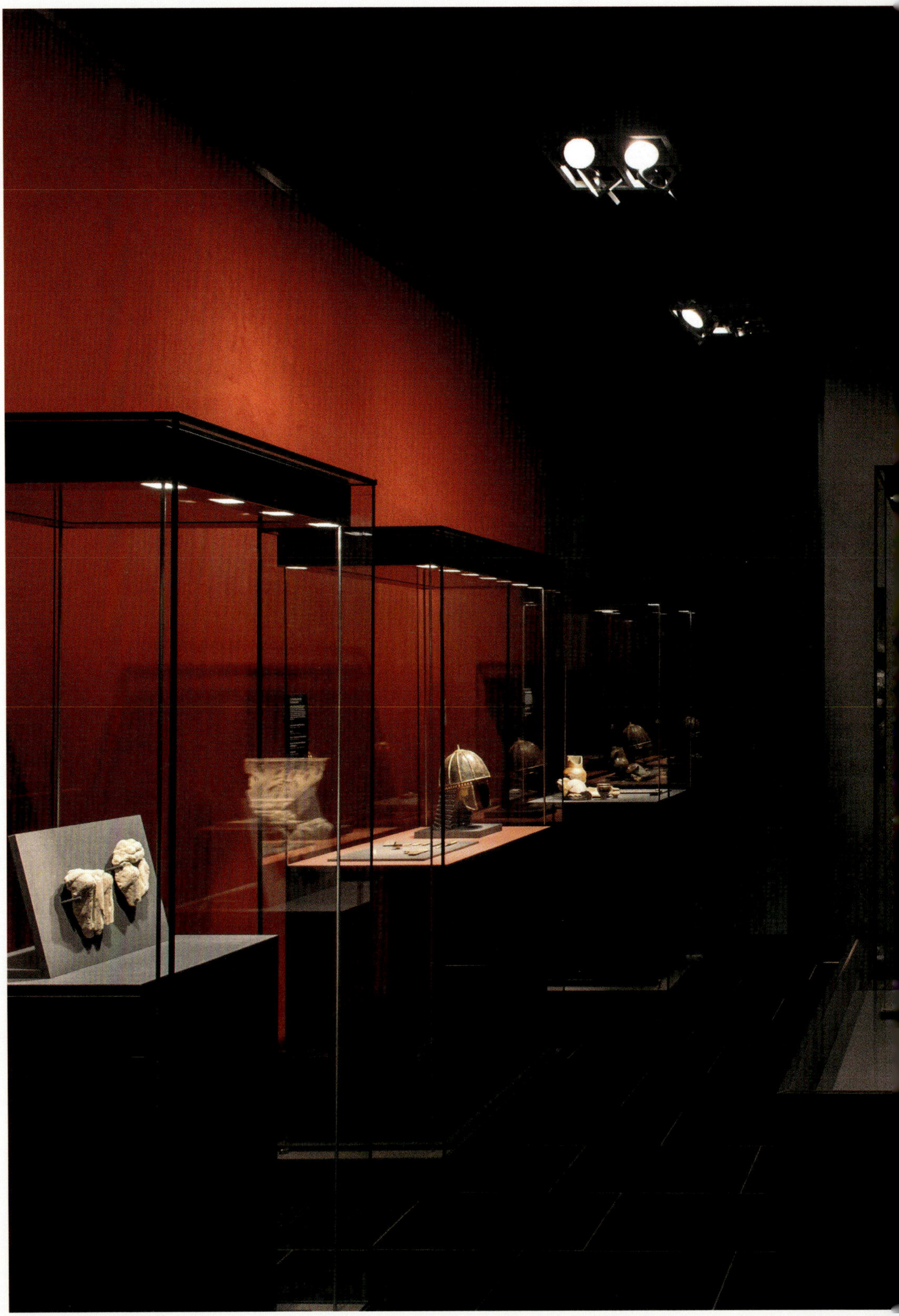

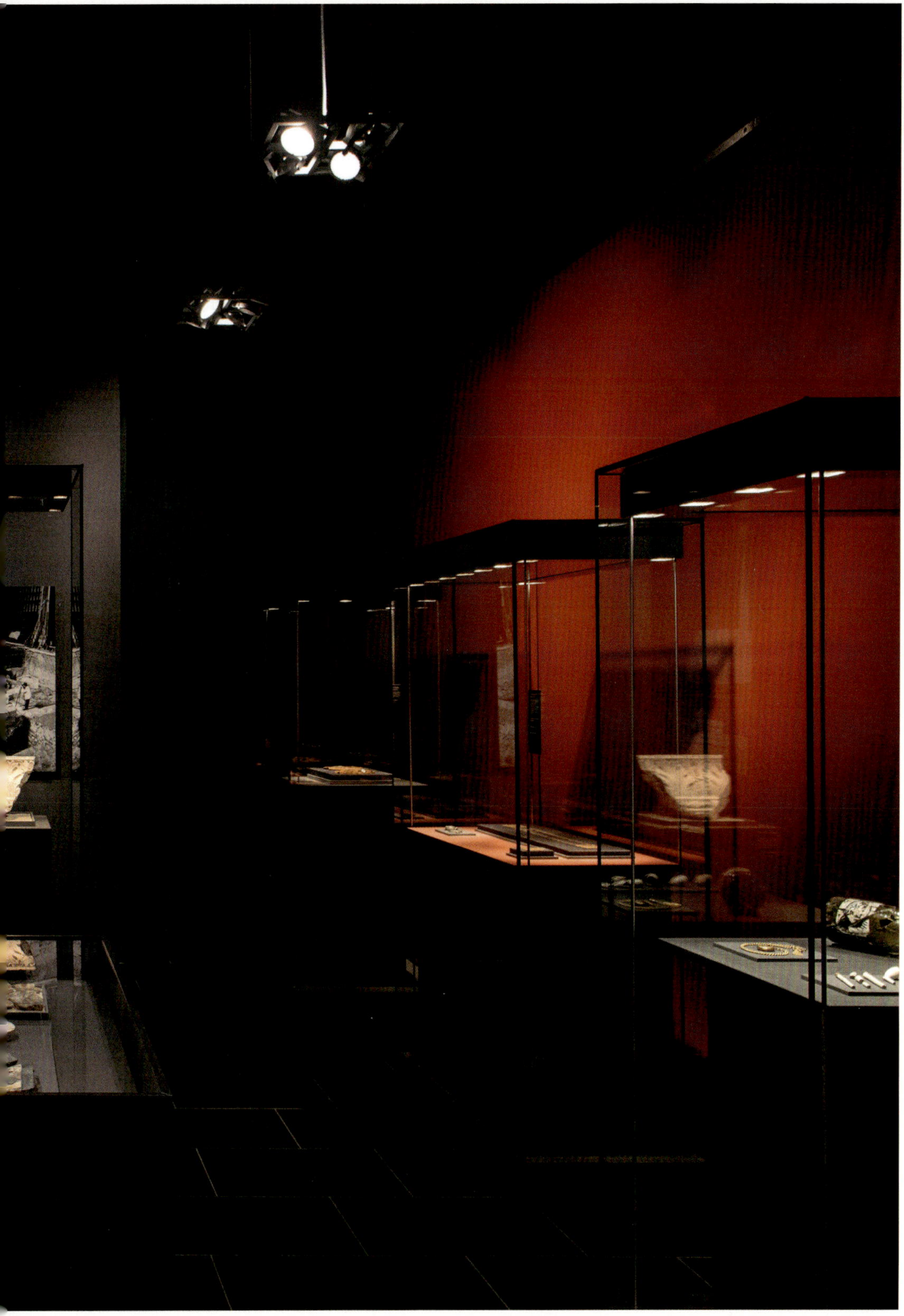

Fundstücke, circa 260.000, bezeugen sie die Entwicklung von einem gehobenen römischen Stadtquartier zum christlichen Zentrum Kölns und vermitteln zudem, mit Blick auf die gewaltigen Fundamente der gotischen Kathedrale, einen Eindruck von Aufwand und Ablauf ihrer Entstehung.

Die Ausstellung in der Kölner Domschatzkammer präsentiert eine Auswahl von charakteristischen Exponaten aus den verschiedenen Epochen der Domgeschichte bis in die Frühzeit der christlichen Gemeinde und zurück in römische Zeit. Den Fragmenten eines römischen Matronensteins sind verschiedene Fundstücke aus dem 4.-6. Jahrhundert zur Seite gestellt, die auf das Adelsgeschlecht der Merowinger verweisen, deren Gräber 1959 unter dem Binnenchor entdeckt wurden. Ihre bedeutenden Grabausstattungen gehören zur ständigen Ausstellung der Schatzkammer. Aus dem gut dokumentierten, karolingischen Alten Dom, dem Vorgängerbau des heutigen gotischen Domes, zeigt die Ausstellung kostbare Reste des Fußbodenbelages und Wandmalereifragmente sowie einen Gesimsstein mit Palmettendekor, der zu den qualitätvollsten Überresten der Bauplastik dieser Zeit zu zählen ist. Die gotische Großbaustelle ist durch Alltagsgeschirr der Arbeiter, einen goldenen Fingerring und eine Goldmünze, durch deren Fundort die Arbeiten am Südturmfundament datiert werden können, dokumentiert. Textilfunde aus Gräbern von Geistlichen veranschaulichen Bestattungsriten des 17. und 18. Jahrhunderts. Schließlich geben die profanen Fundstücke aus dem 19. Jahrhundert einen Einblick in das Leben der Menschen rund um den Dom bis zu seiner Vollendung 1880.

Elisabeth Treskow 1898–1992 – Goldschmiedin in Köln

Vom 20. April bis zum 25. August 2024 war in der Bibliothek der Domschatzkammer eine Sonderausstellung zu der Kölner Gold- und Silberschmiedemeisterin Elisabeth Treskow (1898–1992) zu sehen. Anhand einer vielfältigen Auswahl von Exponaten wurde das Werk der Künstlerin von den Anfängen bis in die 1960er-Jahre präsentiert. Sakralen Schatzstücken wurden profane Werke Treskows gegenübergestellt, wie die Amtskette der Kölner Oberbürgermeister oder die Meisterschale für den Deutschen Fußball-Bund (1948–1949) – sie war in der Ausstellung als Replikat zu sehen.

Elisabeth Treskow war eine der bedeutendsten und produktivsten deutschen Goldschmiedinnen ihrer Zeit, die sich bereits als junge Frau in dem zur damaligen Zeit noch traditionell von Männern dominierten Handwerkszweig der Gold- und Silberschmiedekunst behaupten konnte. Es gelang ihr, einen ganz eigenen Stil zu entwickeln, der vom Ideal der sachlichen Form und von der Loslösung von historisierenden Dekoren geprägt war. Ihre Werke bestechen daher durch wohlproportionierte Gestaltung, sparsame Verzierung und ihre perfekte handwerkliche Ausführung. Ihre künstlerische Bandbreite war groß und umfasst silberne Tafel- und Kleingeräte ebenso wie liturgische Gefäße und Reliquiare, Schmuck für private Auftraggeberinnen und Auftraggeber wie auch Insignien für kirchliche und weltliche Würdenträger. Ausgelöst durch ihr Interesse an antiker Kunst und Literatur widmete sie sich speziell dem Studium der etruskischen Kunst, und sie entdeckte für sich die von den Etruskern angewandte Technik der Granulation. Dabei werden feine, zum Teil staubkorngroße zu Ornamenten oder figürlichen Darstellungen angeordnete Goldkügelchen auf einen Metallträger aufgelötet, ohne im Feuer zu schmelzen. Gerade mit dieser Technik bringt man Treskows Arbeiten in Verbindung.

Nachdem Elisabeth Treskow 1948 zur Leiterin der Gold- und Silberschmiedeklasse der Kölner Werkschulen berufen worden war, wurden auch vermehrt Aufträge zur Herstellung und Pflege von Objekten der kirchlichen Kunst an sie herangetragen. So wurde sie vom Metropolitankapitel des Kölner Domes mit der provisorischen Wiederherstellung des Dreikönigenschreins nach seiner Auslagerung im Zweiten Weltkrieg beauftragt. Hinzu kamen weitere Werke wie beispielsweise die Anfertigung eines Kreuzreliquiars für den Kölner Dom.

Einer ihrer repräsentativsten Aufträge war der Entwurf und die Anfertigung der Amtskette für die Kölner Oberbürgermeister in den Jahren 1954–1955; der zweifellos populärste Auftrag war 1948–1949 die Herstellung der Meisterschale für den Deutschen Fußball-Bund. Zur Ausstellung ist im Kölner Domverlag ein Katalog erschienen. *md*

Kölner Domverlag

Archäologie im Kölner Dom

Im Dezember 2024 erschien im Kölner Domverlag die Publikation des langjährigen Domarchäologen Ulrich Back »Archäologie im Kölner Dom. Forschungsergebnisse zu seiner Vor- und Baugeschichte«. Der Band fasst erstmals die bisherigen Untersuchungsergebnisse der 1946 begonnenen archäologischen Ausgrabungen unter dem Kölner Dom zusammen. Er ermöglicht somit einen kompakten Einstieg in die Archäologie der Kathedrale auf dem aktuellen Stand der Forschung.

Die seit fast acht Jahrzehnten andauernden archäologischen Forschungen zum Dom haben im Lauf der Zeit eine große Fülle an größeren und kleineren Publikationen hervorgebracht, von denen die zahlreichen Grabungsberichte im Kölner Domblatt sowie die großen und umfassenden, im Kölner Domverlag erschienenen Studienbände zu den Funden und Befunden des gotischen Domes und seiner Vorgängerbauten besonders hervorzuheben sind.

Bisher fehlte allerdings eine umfassende und kompakte Darstellung der gesamten Baugeschichte des Domes und seiner Vorgängerbauten von der Römerzeit bis in die Gegenwart, in die sämtliche bisherigen archäologischen Forschungsergebnisse einfließen. Mit dem vorliegenden Band ist es Ulrich Back gelungen, diese Lücke zu schließen und eine fundierte Publikation vorzulegen, die nun sowohl für Wissenschaftler als auch für interessierte Laien den perfekten Einstieg in die Archäologie des Domes bildet.

Da eine monografische Publikation zu den römischen Befunden und Funden unter dem Kölner Dom aussteht – diese ist langfristig im Zusammenhang mit einer größeren Publikation der archäologischen Grabungen im weiteren Domumfeld geplant –, schließt der Band von Ulrich Back auch in diesem Bereich eine Lücke. Ein Detail ist für die Geschichte der römischen Stadt von besonderem Interesse. So kann Back ein in seinem Inneren mit Lisenen verstärktes Mauergeviert, in dem die ältere Forschung zunächst den Unterbau eines Tempels, später einen Getreidespeicher sah, nun mit guten Gründen als kleines Bibliotheksgebäude, Archiv oder Schatzhaus identifizieren.

Bisher nur über den Befundkatalog der Domgrabung und Bauphasenzeichnungen publiziert, waren aber auch etwa die Befunde zu späteren Umbauten und zur Nachfolgebebauung des frühmittelalterlichen Baptisteriums, das spätestens bei Errichtung des Alten Domes um 800 als Bauwerk wohl gänzlich aufgegeben wurde. Es gibt deutliche Indizien, dass hier bereits in der Frühzeit des Alten Domes ein Atriumshof als Vorgänger des in der Mitte des 11. Jahrhunderts zusammen mit der Stiftskirche St. Maria ad Gradus errichteten Ostatriums bestanden haben dürfte. Kaum publiziert waren bisher auch die wahrscheinlich aus dem Alten Dom stammenden Wandmalereifragmente, die in der Aufschüttung für das neue Ostatrium gefunden wurden. Sie wurden in den vergangenen Jahren von Anna Skriver untersucht. Ein eigener Forschungsband des Kölner Domverlags hierzu ist in Vorbereitung.

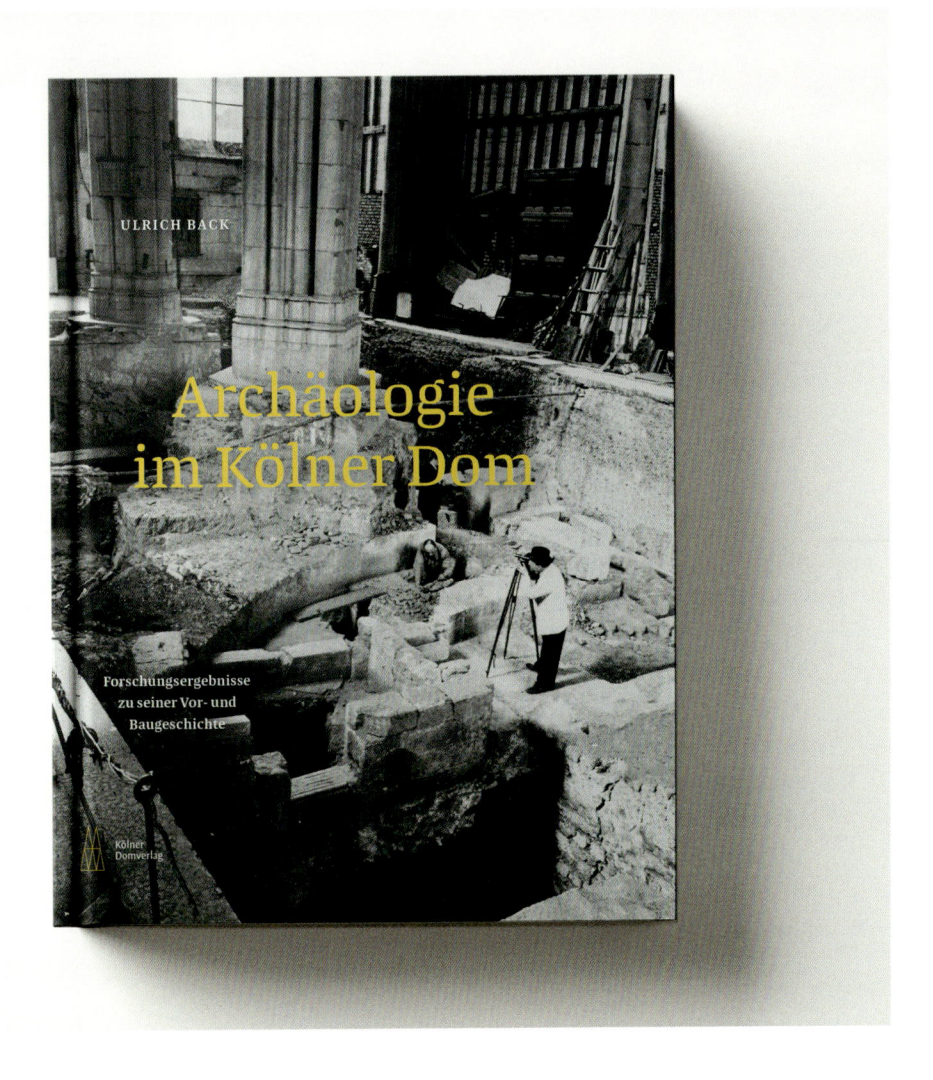

Eine Lücke schließt der Band aber auch mit der Darstellung der bisher kaum beachteten archäologischen Befunde aus der Neuzeit. Für diese ist keine eigene Publikation geplant. So stellt Back die Grabungsergebnisse zu neuzeitlichen Gräbern und Gruftanlagen unter dem Kölner Dom vor – aber etwa auch zur Umgebungsbebauung des Domes wie etwa der barocken Pfarrkirche St. Johannes Baptist oder der Domterrasse des 19. Jahrhunderts. Selbst die im Untergrund des

Domes verlegten Gasleitungen für die Dombeleuchtung des 19. Jahrhunderts werden erstmals zusammenhängend beschrieben.

Die Drucklegung des Buches wurde durch die freundliche finanzielle Unterstützung des Erzbistums Köln, des Landschaftsverbands Rheinland (LVR) und der Stiftung für Kunst und Baukultur Britta und Ulrich Findeisen ermöglicht. Das Buch ist zu einem Preis von € 56,00 im Buchhandel, im Kölner Domshop oder direkt über den Kölner Domverlag erhältlich. md

Elisabeth Treskow 1898–1992 – Goldschmiedin in Köln

Zur Ausstellung über die bedeutende Kölner Gold- und Silberschmiedemeisterin Elisabeth Treskow (1898–1992) in der Kölner Domschatzkammer (vgl. Berichte, Domschatzkammer) ist im Kölner Domverlag ein Ausstellungskatalog von Leonie Becks erschienen. Er stellt alle ausgestellten Objekte in Wort und Bild vor. Der Katalog ist zu einem Preis von € 10,00 im Buchhandel oder direkt über den Kölner Domverlag erhältlich. md

Offizieller Kölner Domkalender

Im Kölner Domverlag ist unter dem Titel »Kölner Dom. Die Kölner Dombauhütte« ein neuer Wandkalender für 2025 erschienen. Im Jubiläumsjahr der 200-jährigen Wiederbegründung der Dombauhütte ist der Kalender dieser für den Erhalt des Domes unverzichtbaren Institution gewidmet.

Auf zwölf Fotografien wird die Tätigkeit der Dombauhütte bei der Domvollendung des 19. Jahrhunderts, bei der Wiederherstellung des Kölner Wahrzeichens nach dem Zweiten Weltkrieg und bei der kontinuierlich fortgeführten Erhaltung des gewaltigen Bauwerks beleuchtet. Drei der Fotografien halten den Fortschritt der Domvollendung des 19. Jahrhunderts fest. Die Domansicht von Johann Franz Michiels aus dem Jahr 1855, eine der frühesten Domfotografien überhaupt, zeigt neben der Baustelle des Domes auch die eindrucksvollen Werkgebäude der Bauhütte.

Jüngere historische Fotos haben die Restaurierung des Chorstrebewerks in den 1930er-Jahren und den Wiederaufbau des im Zweiten Weltkrieg schwer getroffenen Kirchenbaus im Bild festgehalten. Die historischen Ansichten alternieren mit fünf Fotos der vergangenen Jahre, die die vielfältigen Tätigkeiten der Kölner Dombauhütte in unserer Zeit einfangen. Sie geben Einblick in die Arbeit der Steinmetzinnen und Steinmetzen, Glasrestauratorinnen, Gerüstbauer und Dachdecker. Der Kalender bietet somit eine kleine Zeitreise durch die Arbeiten der Bauhütte in den vergangenen 200 Jahren. Er ist zu einem Preis von € 24,00 im Kölner Domshop, im Buchhandel oder direkt über den Kölner Domverlag erhältlich. Mitglieder des ZDV erhalten ihn zu einem Vorzugspreis von € 20,00. md

Zweite Auflage der Publikation »Der Kölner Dom und ›die Juden‹«
Zeitgleich zur ersten Jurysitzung innerhalb des Internationalen Kunstwettbewerbs (vgl. Berichte, Dom und Ausstattung) ist im Kölner Domverlag die zweite, erweiterte Auflage der Broschüre »Der Kölner Dom und ›die Juden‹ – Ein thematischer Rundgang« erschienen.

Abgesehen von kleineren Änderungen enthält die neue Auflage der vom Metropolitankapitel der Hohen Domkirche Köln herausgegebenen Broschüre zwei weitere Texte zu Artefakten im Dom, deren antijüdische Tendenz erst in den vergangenen Jahren erkannt wurde. Bei dem einen handelt es sich um das Tympanon des mittelalterlichen Petersportals, in dem Juden als Gefolgsleute des Widersachers der Apostel Petrus und Paulus, des Magiers Simon Magus, dargestellt sind. Dieser galt im Mittelalter als Präfiguration des Antichristen. Sie sind durch Judenhüte gekennzeichnet, deren Schäfte zu einem unbekannten Zeitpunkt abgearbeitet wurden – weshalb die antijüdische Aussage des Reliefs lange nicht erkannt wurde. Am Kirchenportal angebracht richtete sich das Bildwerk, anders etwa als die judenfeindlichen Darstellungen im Domchor, an ein breites Publikum. Bei dem anderen Artefakt handelt es sich um zwei Reliefs des Kreuzwegs aus dem 19. Jahrhundert. Sie zeigen in der Darstellung des Hohepriesters eine Tendenz, die antijüdisch verstanden werden kann.

Die Broschüre ist zu einem Preis von € 5,00 im Kölner Domshop, im Buchhandel oder direkt über den Kölner Domverlag erhältlich. *md*

Kleine Nachrichten

Entrauchungsübung im Kölner Dom
Am 25. Oktober 2023 wurde durch die Berufsfeuerwehr der Stadt Köln und die Freiwillige Feuerwehr Strunden in enger Zusammenarbeit mit der Dombauhütte zwischen 20.00 und 22.00 Uhr eine Entrauchungsübung im Dominnenraum durchgeführt. Um auszutesten, wie Rauch am schnellsten und effektivsten aus dem Dom entfernt werden kann, wurde mit einer Nebelmaschine künstlicher Rauch erzeugt. Durch das Öffnen verschiedener Türen und den Einsatz eines Löschunterstützungsfahrzeugs (LUF) wurden das Strömungsverhalten der Luft im Dom getestet. Dadurch sollten Erfahrungswerte gesammelt werden, wie man die Kunstwerke des Domes im Brandfall vor Rauch und Rußablagerungen schützen kann.

Dombaumeister Peter Füssenich zog im Anschluss der Übung eine positive Bilanz: »Die Übung war aus unserer Sicht ein voller Erfolg und hat gezeigt, dass man den Dom schnell und effizient entrauchen kann. Wir danken der Berufsfeuerwehr der Stadt Köln und der Freiwilligen Feuerwehr Strunden für ihren nächtlichen Einsatz. Es ist beruhigend zu wissen, dass der Dom und seine bedeutenden Kunstwerke in guten Händen sind.« Solche Übungen unter Realbedingungen durchführen zu können, sind für die Feuerwehr ein Gewinn und nicht selbstverständlich. Dank der so gesammelten Erfahrungen kann das Einsatzkonzept fortgeschrieben und der Brandschutz des Domes weiter verbessert werden *mf*

Schließung des Domes wegen Anschlagsgefahr
Aufgrund der Warnung vor einem angeblich für Silvester geplanten terroristischen Anschlag des sogenannten Islamischen Staates auf mehrere europäische Kathedralkirchen musste der Kölner Dom vom 24. Dezember 2023 bis zum 10. Januar 2024 für touristische Besuche geschlossen werden. Auch die Turmbesteigung und die Domschatzkammer waren nicht zugänglich, Führungen in den Sonderbereichen des Domes erst ab dem 11. Januar wieder möglich. Für die Gottesdienste und zum Besuch der Beichte blieb der Dom aber unter besonderen Sicherheitsvorkehrungen zugänglich, sodass keine Gottesdienste entfallen mussten.

Der Dom stand in dieser Zeit unter permanentem Polizeischutz. Beim Betreten der Kirche erfolgten Personenkontrollen, die Mitnahme von Gepäckstücken war untersagt. Da es die Sicherheitslage auch nicht erlaubte, den Gläubigen außerhalb der Gottesdienstzeiten Zutritt zum Dom zu gewähren, um eine Kerze zu entzünden, hat die Domkirche mit freundlicher Unterstützung der Polizei Köln und der Betreiber des Weihnachtsmarktes am 25. Dezember kurzfristig einen Ersatz improvisiert. Neben dem Petersportal wurde ein Weihnachtsmarktstand aufgestellt und mit einigen Kerzenbänken aus dem Dom ausgestattet. Dort hatten alle Menschen die Möglichkeit, eine Kerze zu entzünden – für ihre ganz privaten Anliegen, aber auch als Friedenszeichen in diesen krisenhaften Zeiten. Unter dem Motto »Krippche luure 2.0« war es zumindest über den offiziellen Auftritt des Domes auf Facebook möglich, jeden Tag andere Details der Weihnachtskrippe im Dom anzuschauen.

Bei einer gemeinsamen Pressekonferenz mit der Oberbürgermeisterin Henriette Reker und dem Polizeipräsidenten Johannes Hermanns hat sich Dompropst Msgr. Guido Assmann bei allen Sicherheitskräften für die gute, reibungslose und vertrauensvolle Zusammenarbeit bedankt. »Die Einsatzkräfte, die zu Weihnachten im Dom waren, haben ihren Dienst gewissenhaft und mit großer

Sensibilität und Freundlichkeit ausgeübt – auch, wenn sie dafür auf ihr eigenes familiäres Weihnachtsfest verzichten mussten. Für viele von ihnen war es eine ›Ehrensache‹, das Wahrzeichen der Stadt zu schützen. Wir sind überwältigt von so großer Einsatzbereitschaft für und Identifikation mit dem Dom.« Den vielen Besuchern, die keine Möglichkeit hatten, den Dom zu besichtigen, dankte Assmann für ihr Verständnis.

Einige Sicherheitsmaßnahmen, wie etwa Personenkontrollen durch das Dompersonal, wurden auch nach dem 11. Januar 2024 wegen der angespannten Sicherheitslage fortgeführt. *md*

Abschied von der Historischen Mitte

Im Januar hat die Hohe Domkirche der Stadt Köln mitgeteilt, die bisherigen Planungen für das Neubauprojekt Historische Mitte, das von der Domkirche und der Stadt als Gesellschafter über mehrere Jahre gemeinsam verfolgt worden war, aufgrund der gestiegenen Kosten nicht fortzuführen.

Mit der abgeschlossenen Entwurfsplanung war im September 2023 den beiden Gesellschaftern eine aktuelle Kostenberechnung vorgelegt worden. Demnach wurde der geplante Neubau mit Gesamtkosten in Höhe von rund € 207 Millionen veranschlagt. Nach dem vereinbarten Kostenschlüssel sollte die Stadt Köln davon 80 %, die Hohe Domkirche 20 % tragen. Die Entwicklung der erheblich gestiegenen Baukosten haben in den vergangenen Jahren zu einem stetigen Anstieg des Investitionsvolumens geführt. Erste Schätzungen der Gesamtkosten beliefen sich im Jahr 2018 noch auf etwa € 135 Millionen; im Jahr 2021 lagen die Kosten für das Projekt im Rahmen einer vertieften Kostenschätzung bereits bei € 183 Millionen.

Dompropst Msgr. Guido Assmann bedauerte außerordentlich, das Projekt aufgrund der veränderten wirtschaftlichen Rahmenbedingungen nicht fortführen zu können. »Die Planungsgespräche mit der Stadt Köln sind von großem Vertrauen und gegenseitiger Achtung geprägt. Das aktuelle Projekt nicht weiterzuführen ist eine wirtschaftliche Vernunftentscheidung, denn wir sind verpflichtet, die uns zur Verfügung gestellten Mittel verantwortungsvoll einzusetzen. Aber zugleich ist es ein Entschluss, der unglaublich schmerzt. Denn die Idee einer Historischen Mitte ist nach wie vor ein ›Herzensanliegen‹ für den Dom – eine einmalige und historische Gelegenheit, die Zukunft des Domumfelds zu prägen, indem an diesem Ort historische Wurzeln zusammengebracht werden.« *mf*

Krypto-Briefmarke zum Kölner Dom

Die am 6. Juni 2024 im Domforum der Öffentlichkeit vorgestellte zweite Briefmarke der Sonderpostwertzeichen-Serie »Historische Bauwerke in Deutschland« ziert eine KI-Interpretation des Kölner Domes. Für Dompropst Msgr. Guido Assmann zeigt die Gestaltung der Marke, die in der Öffentlichkeit sehr kontrovers diskutiert wurde, die Möglichkeiten und Grenzen künstlicher Intelligenz auf. Schon häufig sei der Dom auf einer Briefmarke dargestellt worden – aber noch nie habe ihn zu diesem Zweck eine Künstliche Intelligenz interpretiert, so Assmann. »Es ist verblüffend, was technisch möglich ist. Und zugleich tröstlich, dass die KI nicht perfekt ist. Wer unsere Kölner Kathedrale mit all ihrer Perfektion bis ins kleinste Detail erleben möchte, der muss nach wie vor zu uns an den Rhein kommen. Denn der wahre Dom ist menschengemacht – und den gibt es nur hier in Köln.«

Die erste deutsche Krypto-Briefmarke war im November 2023 mit dem ebenfalls von einer KI interpretierten Brandenburger Tor als Motiv erschienen. Bei der Krypto-Briefmarke des Kölner Domes handelt es sich um eine Kombination aus einer klassischen Briefmarke mit einem Portowert von 100 Cent und ihrem digitalen Abbild in Form eines NFT (Non-Fungible Token), also einer Art digitaler Besitzurkunde, die via Blockchain-Technologie verwaltet wird. Die Auflage beträgt 100.000 Exemplare. Die Marke ist in den Farbdesigns Pink, Blau, Lila und Gelb erhältlich. Jede Farbvariante wurde in einer begrenzten Stückzahl produziert: Die pinkfarbene Variante ist auf 2.000 Exemplare, die blaue Variante auf 10.000 Exemplare, die lilafarbene Variante auf 25.000 Exemplare und die gelbe Variante auf 63.000 Exemplare limitiert. Während die selbstklebende Briefmarke in allen Farbvarianten motivgleich ist, unterscheidet sich das farbliche Design des Produkts und des dazugehörigen NFT. Beim Bestellvorgang erhielten Kunden ihre Krypto-Briefmarke nach dem Zufallsprinzip in einem neutralen Umschlag. Eine Bestellung einzelner Farbvarianten war nicht möglich, da die Auswahl rein zufällig erfolgte.

Neben der Krypto-Briefmarke wurde das Motiv auch als herkömmliche nassklebende Briefmarke in einer Auflage von 982.000 Stück veröffentlicht. Herausgeber aller »Deutschland-Briefmarken« ist das Bundesministerium der Finanzen. *mf*

Italienischer Staatspräsident Sergio Mattarella besucht den Kölner Dom
Dompropst Msgr. Guido Assmann hat am 28. September 2024 den italienischen Staatspräsidenten Sergio Mattarella und seine Tochter Laura Mattarella im Kölner Dom empfangen. Begleitet wurden die beiden Staatsgäste von Bundespräsident Frank-Walter Steinmeier und seiner Frau Elke Büdenbender sowie NRW-Ministerpräsident Hendrik Wüst und seiner Frau Katharina Wüst.

Der Dompropst hieß den prominenten Besuch am Hauptportal des Kölner Domes willkommen. Es folgte eine kurze Führung für die Staatsgäste durch das

Langhaus und einen Teil des 1322 geweihten Domchores. Besonders beeindruckt zeigten sich die Staatsgäste vom Dreikönigenschrein der Heiligen Drei Könige , dem künstlerisch bedeutendsten und inhaltlich anspruchsvollsten Reliquiar des Mittelalters.

Der Tradition der zeitgleich stattfindenden Dreikönigswallfahrt folgend lud der Dompropst die Staatsgäste abschließend dazu ein, unter dem Dreikönigenschrein hindurchzugehen. »Damit reihen Sie sich in die Riege der vielen Pilgerinnen und Pilger ein, die den Schrein jedes Jahr zur Wallfahrtszeit in Prozessionen unterschreiten, um den Heiligen Drei Königen auf diese Weise besonders nahe zu sein«, erklärte der Propst seinen Gästen.

Der italienische Staatspräsident Sergio Mattarella und seine Tochter Laura Mattarella waren vom 26. bis 28. September 2024 auf Staatsbesuch in der Bundesrepublik Deutschland. Nach zwei Besuchstagen in Berlin haben Bundespräsident Frank-Walter Steinmeier und seine Frau Elke Büdenbender ihre Gäste am 28. September nach Bonn begleitet und dort das Klimasekretariat der Vereinten Nationen besucht. Anschließend folgte eine gemeinsame Schifffahrt nach Köln, der Besuch im Dom und ein Treffen mit Vertreterinnen und Vertretern der italienischen Gemeinschaft im Historischen Rathaus. Abschließend hatte Ministerpräsidenten Hendrik Wüst zu einem Abendessen im Festhaus der Flora, des Botanischen Gartens, geladen. *mf*

Neues Design für das Kölner Domblatt

Nach ungefähr 25 Jahren war es an der Zeit, das Design des Kölner Domblattes einmal zu überdenken und eine Modernisierung der grafischen Gestaltung anzugehen. Gemeinsam mit dem ZDV entschied die Redaktion des Domblattes daher, einen begrenzten Wettbewerb auszuschreiben, zu dem Grafikbüros aus Köln und Düsseldorf eingeladen wurden, mit denen die Dombauverwaltung und der Kölner Domverlag in den vergangenen Jahren bereits in verschiedenen Bereichen zusammengearbeitet hatten.

Aus diesem Wettbewerb ging der Kölner Designer Marko Seeber als Sieger hervor, dessen Entwurf sich durch eine zurückhaltende Modernisierung, klare, frische und vor allem gut lesbare Schriften, eine Auflockerung des Satzspiegels und damit verbunden eine größere Flexibilität in den Bildgrößen sowie ein ansprechendes neues Cover auszeichnete.

Zudem wurde die Innenklappe vergrößert, um den Einband zu verstärken und die Innenseite des Umschlages mit einem Bildmotiv bedruckt. Marko Seeber hat auch den Satz des Domblattes übernommen, eine Aufgabe, die zuvor von der Druckerei übernommen worden war. *kh*

Auflösung der Namenskürzel

ga Günter Assenmacher · *rb* Robert Boecker · *md* Matthias Deml · *mf* Markus Frädrich
kh Klaus Hardering · *pm* Pia Modanese · *rs* Ruth Stinnesbeck

Bildnachweis

Arolsen, Museum Bad Arolsen (Sandra Simshäuser M. A.): *Puls Abb. 7*
Bergheim, Robert Boecker: *Brautmeier Abb. 6, 9–10, 13; Berichte Abb. S. 246–247, 251, 253, 264, 278*
Berlin, Stiftung Historische Kirchhöfe und Friedhöfe in Berlin-Brandenburg (Juliane Bluhm): *Puls Abb. 6*
Bern, Berner Münsterstiftung: *Völkle Abb. 2–16*
Bern, Burgerbibliothek: *Völkle Abb. 1*
Florenz, Gallerie degli Uffizi - Gabinetto Fotografico: *Jürkel Abb. S. 226*
Freiburg, Freiburger Münsterbauverein: *Brehm/Borsdorf Abb. 13–14*
Freiburg, Freiburger Münsterbauverein (Tilman Borsdorf): *Brehm/Borsdorf Abb. 2, 5–12*
Freiburg, Freiburger Münsterbauverein (Claudia Faller-Tabori): *Brehm/Borsdorf Abb. S. 160*
Freiburg, Freiburger Münsterbauverein (Andreas Schedlbauer): *Brehm/Borsdorf Abb. 3*
Freiburg, Freiburger Münsterbauverein (Uwe Zäh): *Brehm/Borsdorf Abb. 15*
Freiburg, Johanna Quatmann: *Brehm/Borsdorf Abb. 4*
Koblenz, Bundesarchiv (B 145 Bild-P008041 / CC BY-SA 3.0): *Brautmeier Abb. 11*
Koblenz, Mittelrhein-Museum (MRM M 2003_7): *Puls Abb. 1*
Köln, DBA: *Dombaubericht Abb. 1; Brautmeier Abb. S. 193, Abb. 5, 7, 12; Puls Abb. 2; Berichte Abb. S. 259, 282–283*
Köln, DBA (Dombauhütte): *Pinkale/Tröger: Abb. 6*
Köln, DBA (Glasrestaurierungswerkstatt): *Dombaubericht Abb. 19*
Köln, DBA (Goldschmiedewerkstatt): *Dombaubericht Abb. 23–24a–b*
Köln, DBA (Steinrestaurierungswerkstatt): *Dombaubericht Abb. 9; Pinkale Abb. 1*
Köln, DBA (Michael Bastgen): *Dombaubericht Abb. 16*
Köln, DBA (Kathrin Bommes): *Bommes/Mascha Abb. 3, 4*
Köln, DBA (Matthias Deml): *Dombaubericht Abb. 31; Berichte S. 274*
Köln, DBA (Albert Distelrath): *Dombaubericht Abb. 3–7, 10–12, 14–15, 22; Distelrath Abb. 1– 8; Pinkale/Tröger Abb. 12–13*
Köln, DBA (Peter Füssenich): *Berichte Abb. S. 237*
Köln, DBA (Dorothea Hochkirchen/Konstantin Kruse): *Dombaubericht Abb. 25*

Köln, DBA (Michael Jürkel): *Jürkel Abb. 1, 3–5*
Köln, DBA (Tanja Pinkale): *Pinkale Abb. S. 84, Abb. 7–8*
Köln, DBA (Jennifer Rumbach): *Dombaubericht Abb. 8, 13, 17–18, 26–30, 32; Distelrath Abb. S. 71; Pinkale/Tröger Abb. S. 174, Abb. 4, 7–11; Abb. S. 215; Puls Abb. S. 216, Abb. 3–4; Berichte Abb. S. 266–267, 269*
Köln, DBA (Rumbach/Unkelbach): *Pinkale/Tröger: Abb. 3, 5*
Köln, DBA (Uwe Schäfer): *Pinkale Abb. 3–5*
Köln, DBA (Mira Unkelbach): *Bommes/Mascha Abb. S. 150*
Köln, DBA (Mira Wurth): *Pinkale Abb. 2, 6*
Köln, Kölner Domverlag: *Berichte Abb. S. 271*
Köln, Kölnisches Stadtmuseum (HM 1910/312): *Puls Abb. 5*
Köln, NS-Dokumentationszentrum (F. Wollersheim): *Brautmeier Abb. 2*
Köln, Rheinisches Bildarchiv: *Brautmeier Abb. 3*
Köln, Stadt Köln – Stadtkonservator: *Brautmeier Abb. 4*
Köln, Wasel (Markus Oerter): *Dombaubericht Abb. S. 6, Abb. 2*
Köln, Anne Hauser: *Berichte Abb. S. 255*
Köln, Konstantin von Hoensbroech: *Berichte Abb. S. 275*
Köln, Uta-Barbara Riecke: *Dombaubericht Abb. 20–21a–b*
London, H. M. Stationary Office: *Brautmeier Abb. 8*
London, The National Archives (T 209/24): *Brautmeier Abb. 1*
Montemerlo, Michelangelo dalla Francesca: *Jürkel Abb. 2*
Repro: *Brautmeier Abb. 14*
St. Johann im Pongau, Linsinger ZT-Gmbh: *Pinkale/Tröger Abb. 1–2*
Utrecht, Rothuizen Erfgoed: *De Wild Abb. 2, 5, 8, 10, 15, 16a*
Utrecht, Gemeinde Utrecht (D. Claessen): *De Wild Abb. 16c*
Utrecht, Gemeinde Utrecht (H. Wynia, D. Claessen): *De Wild Abb. S. 115*
Utrecht, Het Utrechts Archief (Nr. 221727): *De Wild Abb. 1*
Utrecht, E. J. Brans: *De Wild Abb. 3*
Utrecht, Karlijn M. L. De Wild: *De Wild Abb. 4, 6–7, 9, 11–14, 16b, 17a–b*
Wien, Bildarchiv der Österreichischen Nationalbibliothek: *Völkle Abb. S. 98*
Wien, Universität für angewandte Kunst (Johannes Weber, Elisabeth Mascha): *Bommes/Mascha Abb. 1*
Wien, Elisabeth Mascha: *Bommes/Mascha Abb. 2, 4–6*
Wiesbaden, Hochschule RheinMain (Nikolaus Koch): *Brehm/Borsdorf Abb. 1*
Xanten, Dombauhütte Xanten: *Schubert/Knapp Abb. S. 139, Abb. 1–14*

Kölns Geschenk an Notre-Dame Es ging so schnell, daß die Kölner es gar
sie ihren Dom beim Rosenmontagszug zum letztenmal bewußt ins Auge faßten, w
und Steinmetze schon dabei, im Innern des südlichen Turmhelmes das Stahlgerüs
die einzelnen Steine mit Nummern zu versehen. Die eigentliche Demontage ging d
Nacht vor sich. Der Abtransport mit 150 überschweren Zugmaschinen der Mor
wie am Schnürchen. Zwölf Stunden nach der Abfahrt des ersten Wagens von

Rampe konnte die Pariser Kolonne mit dem Aufbau auf dem rechten Stummel-Turm von Notre-Dame beginnen. Als die Pariser sich am 1. April 1953 den Schlaf aus den Augen rieben, fanden sie ihre seit Jahrhunderten vertraute Stadtsilhouette ebenso verändert wie die Kölner die ihrige. — Der Bundeskanzler hat durch seine Morgengabe an den französischen EVG-Partner der deutsch-französischen Freundschaft ein Denkmal errichtet, wie es großartiger nicht erdacht werden konnte. Eine einmalige Idee überwand technische Hindernisse ebenso wie die Bedenken der Kunstexperten

Herausgeber
Peter Füssenich, Klaus Hardering

Schriftleitung
Klaus Hardering

Unter Mitarbeit von
Petra Böttcher, Matthias Deml und Tina Weber

Bildrecherche
Christine Di Costanzo

Gestaltung & Satz
Marko Seeber

Herstellung
Warlich Druck Meckenheim GmbH

© 2024 Kölner Domverlag e.V. & Dombauarchiv
Kölner Domverlag e.V.
Roncalliplatz 2
50667 Köln
www.koelner-domverlag.de

ISBN 978-3-9823582-9-1
ISSN 0450-6413